Das asexuelle Spektrum

»Substanz«

Marta press

Carmilla DeWinter

Das asexuelle Spektrum

Eine Erkundungstour

Marta press

Die Deutsche Bibliothek verzeichnet diese Publikation
in der Deutschen Nationalbibliografie.
Detaillierte bibliografische Daten sind im Internet abrufbar unter
http://dnb.d-nb.de

1. Auflage Februar 2021

www.marta-press.de

Printed in Germany.
ISBN 978-3-944442-97-6

Inhalt

Einleitung

Wer bin ich und warum schreibe ich ein Buch über Asexualität?

Im Alter zwischen zwölf und sechzehn Jahren fühlte ich mich, als sei ich unfreiwillig auf einem fremden Planeten gelandet. Die anderen Mädchen in der Schule waren fast sämtlich von einem Schuljahr zum anderen komplett ausgeflippt. Da wurde demonstrativ vor dem Unterricht Make-up aufgetragen, um zu beweisen, wie erwachsen die Betreffende schon war. Die T-Shirts wurden enger, die Ausschnitte tiefer, die Absätze höher. Stundenlange Gespräche drehten sich zeitweilig nur darum, wie süß dieses oder jenes Mitglied einer Boyband bzw. eine Person in näherer Reichweite sei. Eigene Erfahrungen wurden mit Checklisten aus irgendwelchen Mädchenzeitschriften abgeglichen. Musste man mit sechzehn mal wen geküsst haben? Ja oder ja?

Mit den paar Jungs, mit denen ich so zu tun gehabt hatte, war auch nicht mehr zu reden. Die waren zu sehr damit beschäftigt, sich als Macker zu markieren und zwei introvertierte Jungs zu mobben. Nicht so nett war auch, dass manche Lehrer sich nicht verkneifen konnten, in diverse Ausschnitte zu schielen und anzügliche Witze zu reißen.

In dem Wissen, dass ich alles las, was mir in die Finger kam, ließ meine Mutter an strategischen Stellen Aufklärungsbücher herumliegen. Nach deren Lektüre kam ich zu folgenden Erkenntnissen:

a) Alle drehten beim Thema Sex total durch. Irgendwie schienen neben mir nur meine beste Freundin und eine Handvoll anderer Menschen in der Jahrgangsstufe die einzigen vernünftigen Teenager auf der Erde zu sein.

b) Von mir wurde erwartet, dass ich beim Thema Sex ebenfalls durchdrehte. Da ich das nicht schaffte und auch nicht den Vorteil hatte, bei Ballsportarten talentiert zu sein, wurde ich zur langweiligen Streberin abgestempelt. Die „In-Crowd“ ignorierte mich konsequent. Meine beste Freundin und ich waren diejenigen, die fast immer als letzte in irgendwelche Mannschaften gewählt wurden.

Dies brachte mich zu:

c) Wie ich mich wahrnahm und wie die Welt mich wahrnahm, waren zwei sehr unterschiedliche Perspektiven. Obwohl ich keine Lust hatte, der Welt zu glauben, bekam mein ohnehin schon eingedelltes Selbstwertgefühl ein paar mehr Macken.

Nun war es nicht so, dass ich überhaupt kein Interesse am Thema Sex hatte. Mein Körper machte seltsame Dinge – wie von den Büchern prophezeit. Weiterhin prophezeit wurde, dass ich deswegen irgendwann mal mit einem Jungen Sex haben wollen würde. Da ich in den 1990er Jahren aufwuchs, stand in den Zeitschriften und Büchern nichts von effektiver Selbstbefriedigung oder Sex unter Frauen. Der einzig akzeptable und daher genannte Weg zum Lustgewinn war Penis-in-Vagina-Sex. Dabei waren für Frauen neben Verhütung und „pass bloß in der Disko auf dein Getränk auf" noch ein paar Dinge zu beachten, damit frau nicht als zu locker erschien. (Die jungen Männer schienen es aus meiner Warte wesentlich einfacher zu haben.)

Ich glaubte das Mantra „Du wirst irgendwann mal Sex haben wollen" und hielt das für ein Gefühl, das sich einstellen würde, sobald ich in einer Beziehung war. Und so eine Beziehung klang schon ganz nett. Ich wünschte mir jemanden, mit dem ich an langweiligen Sonntagen spazieren gehen und über Bücher und das Leben philosophieren konnte – gern auch mit Kuscheln. Jemanden, mit dem ich Konzerte hätte rocken und Musik hätte machen können. (Und wenn diejenige Person den doofen Weibern aus der Stufe ein respektvolles Nicken abgenötigt hätte, wäre ich auch nicht böse gewesen.) Aber unbewusst war mir klar, dass für derlei Partnerschaft neben Kuscheln auch Knutschen, Fummeln und Sex erwartet wurde, und das … nun ja, das erfüllte mich neben einer gewissen Neugier vor allem mit Unbehagen. Meine eigenen, unbeholfenen Flirtversuche blieben unerwidert. Und während meiner Schulzeit zeigte niemand an mir Interesse. Erst im Nachhinein ging mir auf, dass ich eventuelle Avancen gar nicht bemerkt hätte.

Eine ganze Weile spazierte ich deshalb als selbst betitelte „misstrauische Heterosexuelle" durchs Leben, und fuhr damit während des Studiums ganz gut. An der Uni wurde ich öfter angeflirtet und sammelte Erfahrungen. Zum Ende des Studiums hatte ich mit dem Thema Männer abgeschlossen. Frauen waren nie ein Thema gewesen – darüber hatte ich mich aber dennoch befragt und mir sehr kurz gewünscht, wenigstens lesbisch zu sein, denn dann gäbe es für meine eingebaute Distanz zum Männervolk wenigstens eine einleuchtende Erklärung. Aber eine solche ließ auf sich warten. Egal, ich wollte sowieso lieber schreiben als Kinder großziehen.

Im Jahr 2005 stolperte ich über einen Zeitschriftenartikel mit etwa folgendem Inhalt: „Asexualität! Leute, die keinen Sex wollen, aber vielleicht eine Partnerschaft! Wer hätte gedacht, dass solche Menschen existieren?" Ich recherchierte im Internet weiter. All das passte zwar, aber ich wollte erst einmal darüber nachdenken. Ein böser Streit mit einem hoffnungsvollen Verehrer führte mir 2010 meine Flirt-Legasthenie überdeutlich vor Augen. Ich las noch einmal gründlich nach und entschied, dass ich mich in diese „Schublade" einsortieren würde.

Ich ging Anfang 2011 zu einem neu gegründeten Stammtisch in meiner Nähe und hatte das Glück, einige sehr nette Menschen zu treffen. Andere Leute hatten nicht so viel Glück. Sie fanden die Begriffe nicht rechtzeitig und erzählten von gescheiterten Beziehungen, von traumatisierenden Erfahrungen und von wesentlich mehr Dellen in ihrem Selbstwertgefühl als bei mir. Andere hatten geweint, als sie das Wort gefunden hatten, das ihre Empfindungen endlich beschrieb.

Sechzehn Jahre, nachdem es das Wort „Asexualität" nach Deutschland geschafft hatte, gab es immer noch kein ordentliches Buch in unserer Sprache zum Thema. Deswegen fing ich einfach an, eines zu schreiben.

Für wen ist dieses Buch?

Dieses Buch möchte eine geführte Tour durch das asexuelle Spektrum sein. Wie alle geführten Touren ist der Text leider nicht in der Lage, jede Nische des Gebiets vollständig auszuleuchten. Zumal das Gebiet ständig im Wandel ist und, noch besser, es wächst. 2011 war es mir möglich, die wichtigsten Blogs samt aller alten Postings innerhalb von einem Vierteljahr zu lesen. Mittlerweile hat sich das Thema glücklicherweise verselbstständigt, sodass das schriftliche Material online kaum mehr in einem Leben zu sichten ist. Es wird nicht nur in einem Forum und einigen Blogs darüber geredet, sondern es gibt außerdem zahllose Einträge in diversen sozialen Netzwerken wie Facebook und tumblr.

Die Auswahl der wichtigen Themen erfolgte subjektiv. Ich kann ohnehin selten mit meiner Meinung hinter dem Berg halten. Außerdem habe ich eine Neigung zu Galgenhumor, anders hätte ich meine Jugend wohl kaum überstanden.

In erster Linie ist diese Tour gedacht für die unsichtbaren Menschen aus dem asexuellen Spektrum, die dringend etwas brauchen, um vorzuführen, dass das kein Internethype ist. Oder die über manche Sachen nicht sprechen können, aber trotzdem jemanden informieren möchten. (Wie oben gezeigt, helfen strategisch platzierte Bücher manchmal weiter.) Ihr seid nicht allein.

Einige interessieren sich vielleicht auch dafür, warum manche Dinge so sind, wie sie sind. Viele Neulinge wissen nicht, woher die Flagge und verschiedene Begriffe kommen, oder warum Erfahrene bestimmte Ermahnungen wiederholen.

Dieses Buch ist auch für allosexuelle Menschen – solche, die nicht zum asexuellen Spektrum gehören. Einige von ihnen haben Angehörige oder Lieblingsmenschen aus dem asexuellen Spektrum, und sie interessieren sich für deren Lebensrealitäten. Sie sind mit ihren Fragen, Bedenken und Sorgen ebenfalls nicht allein.

Dieses Buch ist für Menschen, die in der Aufklärungsarbeit und Sichtbarmachung aktiv sind. Menschen, die lieber ein Buch lesen, statt hundert Internetadressen zu wälzen. Abgesehen davon lassen sich Bücher einfach besser zitieren.

Es ist für Menschen, die im Berufsalltag mit Asexualität zu tun haben: Für andere Schreibende als Recherchewerkzeug, für Menschen in der Psychotherapie und in anderen Heilberufen als Handreichung für das Basiswissen.

Und zuletzt freue ich mich über alle, die das Buch einfach so lesen, weil sie Interesse an dem Thema haben.

Was machen diese Sternchen da?

Ich komme aus dem feministischen Dunstkreis und bin darauf sehr stolz. In Texten dieser Filterblase achten wir gewöhnlich darauf, Sprache zu gendern, das heißt, immer (mindestens) die männliche und die weibliche Form zu nennen. Dies sollte in einer Weise geschehen, dass die von der Gesellschaft wahrgenommene Einteilung in männlich und weiblich als menschengemacht dargestellt wird. Außerdem sollen sich Menschen wiederfinden, die weder männlich noch weiblich sind. Zu diesem Zweck ist neben dem Unterstrich auch das Sternchen im Umlauf, das ich persönlich als weniger störend beim Lesen empfinde.

Üblicherweise sieht das dann so aus, wenn ich von dem Menschen spreche, mit dem eine langfristige romantische oder platonische Beziehung geführt wird: Partner*in. Das ist, sagen wir mal, für ungeübte Menschen schwierig zu entziffern. Um den Lesefluss ein bisschen zu entzerren, also Worte nur in Ausnahmefällen trennen zu müssen, benutze ich meist folgende Variante: Ihr Partner*Ihre Partnerin.

Ganz auf das Sternchen verzichten möchte ich nicht, denn bei dem sogenannten generischen Maskulinum, also wenn die männliche Form alle Geschlechter meinen soll, denkt man Frauen gewöhnlich nicht mit, geschweige denn Menschen, die sich weder als Frauen oder Männer bezeichnen. Als Selbsttest stellen Sie sich folgende Frage: Wer ist Ihr Lieblingsschauspieler? Danach fragen Sie sich, warum Ihnen keine Schauspielerin eingefallen ist, obwohl die Person, die Sie im Fernsehen/Kino ab liebsten sehen, eine Frau ist.

1. Was ist Asexualität? Vom Leben auf mehr als einem Spektrum

Worin die Autorin zu erklären versucht, was Asexualität ist. Danach folgt ein Abriss über die Geschichte der Erklärung, bevor wir uns zum Lieblingswort der Community vorwagen: Dem Spektrum, und wer da alles lebt.

1.1. Asexualität: Eine Begriffsklärung

> „Können wir nicht einfach sagen: Wir sind genau wie ihr, wir wollen genau das Gleiche wie ihr, bloß ohne den Sex?“[1]

Können wir das einfach so sagen? Jein.
Die meisten asexuellen Menschen teilen die folgenden Erfahrungen[2]:

Asexualität bedeutet, dass eine Person keine sexuelle Anziehung verspürt.

Ein asexueller Mensch hat niemals das Gefühl, das dazu führt, dass er sexuellen Kontakt zu einer anderen Person sucht.

Asexuelle Menschen denken niemals: „Wow! Diese Person ist so attraktiv, die würde ich nicht von der Bettkante stoßen, wenn sie mir Sex anbieten würde.“

Asexuelle Menschen wissen auf einer fundamentalen Ebene nicht, was „geil“, „heiß“ oder „scharf“ in Bezug auf andere Menschen bedeutet. Sie

---

[1] Vorschlag einer Kurzerklärung von einer asexuellen Person in einem persönlichen Gespräch mit der Autorin.
[2] Die Listen erheben aber keinen Anspruch auf Vollständigkeit.

erschließen sich die Bedeutung dieser Begriffe aus dem, was andere Leute sagen.

Asexuelle Menschen wissen nicht, wie es ist, von einer Stimme oder einem Körperteil – also beim bloßen Hinsehen oder Hinhören – in sexuelle Erregung versetzt zu werden.

Asexuelle Menschen wissen nicht, wie es sich anfühlt, eine Person sexuell zu begehren.

Asexuelle Menschen können nur mit dem Verstand, aber niemals gefühlsmäßig nachvollziehen, warum manche Leute One-Night-Stands haben.

Asexuelle Menschen können Schönheit erkennen, werden aber nicht „schwach", wenn diese Schönheit wenig Kleidung und einen Schlafzimmerblick trägt. Sie wären keine geeigneten Opfer für James Bonds übliche Masche.

Asexualität bedeutet, dass eine Person kein Verlangen nach sexueller Interaktion hat.

Asexuelle Menschen denken niemals: „Ich brauche diese Person auf sexuelle Weise."

Asexuelle Menschen kennen das Verlangen nicht, mit einer anderen Person einen sexuellen Höhepunkt zu erleben.

Asexuelle Menschen kommen von allein nicht auf die Idee, anderen Menschen Sex vorzuschlagen.

Asexuelle Menschen kommen auch selten auf die Idee, dass jemand anders mit ihnen Sex haben will – sie schließen von sich auf andere. Deswegen merken sie nicht immer, wenn jemand sie begehrt.

Asexuelle Menschen, die merken, dass sie begehrt werden, sind mit der Situation oft überfordert und bevorzugen es, sich ihr zu entziehen. Oder sie versuchen, gar nicht erst in eine solche Situation zu geraten. Auf die Information, dass eine Person Sex mit ihnen will, verzichten sie lieber.

Asexuelle Menschen haben wenig bis kein Interesse an Sex.

Asexuelle Menschen fühlen sich in Beziehungen ohne Sex wohler als in solchen mit Sex.

Wollen asexuelle Menschen genau das Gleiche wie alle anderen? Jein.

Manche asexuellen Menschen finden Sex schön. Manche suchen einen sexuellen Höhepunkt mit anderen Menschen, aber nicht, weil sie die Menschen attraktiv finden.

Manche asexuellen Menschen finden Sex langweilig, oder so lala, und entscheiden sich dafür, weil sie es nicht schlimm finden und einem Lieblingsmenschen einen Gefallen tun möchten. Oder weil sie Kinder möchten. Oder aus ganz anderen Gründen.

Manche wollen unter keinen Umständen Sex haben und finden die Vorstellung irgendwie ein bisschen abstoßend.

Wichtig hier: Was „Sex" heißt, ist dabei nicht ganz klar, so wie es auch der Gesellschaft als solches nicht ganz klar zu sein scheint. Fast alle in dieser Gesellschaft tun so, als wüssten sie, worum es geht, wenn jemand von „Sex" spricht – vielleicht auch, weil eine Menge umschreibende und beschönigende Begriffe im Umlauf sind. Dabei ist das gar nicht so klar, wenn man fragt, was einzelne Personen sich dazu denken.

Manche asexuellen Menschen gehen, wie viele andere davon aus, dass Sex ein „Stecksystem" beinhalten muss. Und zwar muss ein Mann seinen Penis irgendwo einführen, sonst zählt es nicht. Diese Ansicht ist in unserer Kultur seit vielen Jahrhunderten verbreitet und hält sich hartnäckig.[3]

Andere meinen mit „Sex" jegliche Tätigkeit, die auf einen Orgasmus in Interaktion mit einem anderen Menschen abzielt. Und andere meinen alles, was mit sexueller Erregung in Anwesenheit eines oder mehrerer anderer Menschen zu tun hat.

---

[3] Bei dieser Ansicht wird auch sehr häufig davon ausgegangen, dass nur Männer Penisse haben. Für Beleuchtungen dieser Definition von Sex vgl. auch Beauvoir (2019), Zweites Buch, Erster Teil, oder Schönherr-Mann (2015).

Manche asexuellen Menschen ekeln oder langweilen sich, wenn sie in Büchern oder Filmen über eine Sexszene stolpern. Andere haben damit keine Probleme oder finden es sogar ganz nett, auf fremden Gefühlen mitreiten zu dürfen, solange sie nicht selbst mitmachen müssen.

Manche asexuellen Menschen befriedigen sich selbst, manche nicht.

Manche asexuellen Menschen suchen eine romantische Beziehung, andere nicht. Manche können sich verlieben, andere nicht. Weil das so vielfältig ist, haben sie eine ganze Menge neue Wörter dafür erfunden. (Dazu einfach weiterlesen.)

Andererseits: Der Rest der Welt will ja auch nicht immer genau das Gleiche. Was für ein gelungenes Leben gehalten wird, hängt von Kultur, sozialem Umfeld, Bildung und so weiter ab.

Sind asexuelle Menschen „genau wie ihr"? Jein.

Asexuelle Menschen sind sehr unterschiedlich, genau wie diejenigen, die mit „ihr" gemeint sind.

1.2. Wieso stehen da zwei Erklärungen?

Vom Ringen um die Definition

Asexualität, die sich auf Menschen bezieht, spukt seit 1886 durch die wissenschaftliche Literatur. Damals veröffentlichte der Psychiater Richard von Krafft-Ebing die *Psychopathia sexualis*. Asexuell seien Männer, die vor der Pubertät kastriert worden seien.[4] Man sollte meinen, dass das meilenweit von allem entfernt ist, was Menschen heutzutage denken. Trotzdem hörte ich schon bei einem Infostand die Frage, ob denn alle „Teile" in der passenden Größe und Anordnung vorhanden seien.

---

[4] Price, J. (2015).

In den 1940er Jahren befragte Alfred Kinsey, der ebenso berühmte wie umstrittene Sex-Forscher, zahlreiche *weiße* Menschen in den USA nach ihrem Privatleben. Seine für Konservative am bedrohlichsten erscheinende Erkenntnis war, dass es viel mehr Menschen gibt, die Sex mit Personen des gleichen Geschlechts haben, als man bis dahin glaubte. Bei diesen Erhebungen fand Kinsey auch einen Prozentsatz Menschen, die weder Sex hatten noch „sexuelle Reaktionen" zeigten. Diese Gruppe platzierte er als „X" außerhalb seiner Skala für sexuelle Orientierung und ignorierte sie dann.[5]

Zahl auf der Kinsey-Skala	Bedeutung[6]
0	ausschließlich heterosexuelle Erfahrung
1	gelegentliche homosexuelle Erfahrungen
2	mehr als gelegentliche homosexuelle Erfahrungen
3	gleich viel heterosexuelle und homosexuelle Erfahrungen
4	mehr als gelegentliche heterosexuelle Erfahrungen
5	gelegentliche heterosexuelle Erfahrungen
6	ausschließlich homosexuelle Erfahrungen
X	keine soziosexuellen Kontakte oder Reaktionen

Was von Kinseys Erkenntnissen geblieben ist: Die Skala teilt das alles relativ willkürlich. Es gibt, wie in der Biologie üblich, fließende Übergänge. Und daher ist die Mär vom „homosexuellen Menschentypus" genau das: Ein Märchen. Erfunden wurde es allerdings aus gutem Grund. Die ersten Verteidiger der von ihnen so betitelten „Homosexualität" brauchten dieses angeblich angeborene Anderssein, diese andere menschliche Essenz, um gegen Gesetze zu protestieren, die gleichgeschlechtliche Sexualkontakte

[5] Price, J. (2015).
[6] Adaptiert von Haeberle (1994).

unter Strafe stellten. (Zum Argument des sogenannten Essentialismus bitte weiterlesen.)

Erst in den 1970er Jahren fand das Wort „Asexualität“ wieder mehr Erwähnungen, vor allem in feministischen Kreisen. Hierbei schienen sich die Schreibenden aber uneinig, ob sie von einer sexuellen Orientierung oder einer Art Mönchtum (beziehungsweise einem Nonnentum) sprachen.[7] Mit selbstgewählter Enthaltsamkeit verweigere man sich den Anforderungen der Männer auf Sex. Ein Akt des Widerstands gegen das Patriarchat? Prominentestes Beispiel dieser Haltung ist wohl das *Asexual Manifesto,* das von Lisa Orlando und Barbara Getz entworfen wurde und 1972 im Umkreis der New York Radical Feminists entstand. Ihre damalige Definition von Asexualität ist der gegenwärtigen sehr ähnlich:

> „Wir wählten als Selbstbeschreibung den Begriff ‚Asexualität‘, weil sowohl ‚enthaltsam‘ also auch ‚anti-sexuell‘ Konnotationen haben, die wir vermeiden wollten: Ersteres impliziert, dass man Sexualität für einen höheren Zweck geopfert hat, letzteres, dass Sexualität erniedrigend oder irgendwie von Natur aus schlecht ist. ‚Asexuell‘, wie wir es benutzen, heißt nicht ‚ohne Sex‘, sondern ‚sich sexuell auf niemanden beziehend‘. Dies schließt natürlich Selbstbefriedigung nicht aus, sondern meint, dass, wenn man sexuelle Gefühle hat, man nicht unbedingt eine andere Person benötigt, um diese auszudrücken.“[8]

---

[7] https://asexualagenda.wordpress.com/2018/08/29/asexuality-in-early-radical-feminism-part-1/#more-9751 Zuletzt abgerufen 04.11.2018.

[8] We chose the term “asexual” to describe ourselves because both “celibate” and “anti-sexual” have connotations we wished to avoid: the first implies that one has sacrificed sexuality for some higher good, the second that sexuality is degrading or somehow inherently bad. “Asexual”, as we use it, does not mean “without sex” but “relating sexually to no one”. This does not, of course, exclude masturbation but implies that if one has sexual feelings they do not require another person for their expression. – https://app.box.com/s/p7ngvv3iueaj0hk7xadkwd92af2zx4yz Zuletzt abgerufen 23.10.2019 16:54.

Diese Definition entstand nicht, weil die Autorinnen keine sexuelle Anziehung spürten, sondern stellte sich als Ergebnis einer bewussten Entscheidung dar, weder sich noch andere für Sex und Nähe auszubeuten.

Spätere Diskussionen bezogen sich wieder auf Krafft-Ebing und seine Kastrations-Definition und sahen Asexualität als eine Art körperliches oder soziales Geschlecht. Andere meinten damit eher, dass sie keine Lust auf romantische Beziehungen und Sex hatten und so weiter. Es herrschte viel Unklarheit.[9]

Näher an der heutigen Erklärung liegt Storms' Modell von 1978. Es stammt aus einem wissenschaftlichen Aufsatz über sexuelle Orientierung. Storms nimmt ein Modell, das schon Magnus Hirschfeld, ein bedeutender Forscher in Sachen Homosexualität, postuliert hatte[10], und denkt es konsequent zu Ende. Er trägt homoerotische Anziehung (Hirschfelds „Drang zum eigenen Geschlecht") und heteroerotische Anziehung (Hirschfelds „Drang zum anderen Geschlecht") jeweils auf einer x- und einer y-Achse auf. Dadurch entsteht zwingend ein Bereich, in dem sowohl die eine wie die andere Anziehung sehr gering bis nicht vorhanden sein kann. Dafür benutzt Storms die Begriffe „asexuell" und „anerotisch".[11]

[9] https://graphicexplanations.info/2017/10/29/asexuality-bc-before-cake/ Abgerufen 27.10.2018 17:00.

[10] Vgl. Haeberle (1994).

[11] Storms, M. D. (1978).

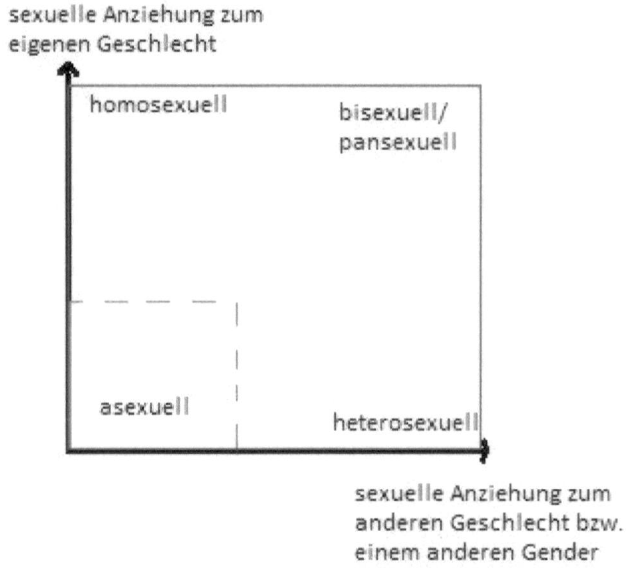

Abb.: Das Modell der sexuellen Anziehung nach Storms (1978).

1997 verwendete Zoe O'Reilly für sich das Wort „asexuell" in dem Online-Artikel „My life as an amoeba" („Mein Leben als Amöbe")[12]. In der Folge meldeten sich Dutzende Personen, denen es ähnlich ging.[13] Zahlreiche Menschen organisierten sich daraufhin in Mailinglisten, Yahoo-Gruppen und auf der Blogplattform LiveJournal. Besonders hervorzuheben ist *Haven For The Human Amoeba*, eine Yahoo-Gruppe, die aber wahrscheinlich demnächst (wie alle Yahoo-Gruppen) stillgelegt wird.[14]

---

[12] http://web.archive.org/web/20030210212218/http://dispatches.azstarnet.com/zoe/amoeba.htm (23.04.2019).
[13] https://theoutline.com/post/5065/tumblr-asexual-history-bloggers-ace-historical?zd=3&zi=dxjbeyu7 (01.11.2018).
[14] https://groups.yahoo.com/neo/groups/havenforthehumanamoeba/info?guccounter=1 (23.10.2019).

Dieser „Rückzugsort für menschliche Amöben" spielt, wie der Titel von Zoe O'Reillys Aufsatz auf die Tatsache an, dass noch im Gründungsjahr 2000 alle Suchmaschinen beim Stichwort „asexuell" nur die Fortpflanzung von Einzellern (wie Amöben und Bakterien) und Pflanzen fanden. Biologisch gesehen ist asexuelle Fortpflanzung etwas, das ohne die Mischung von Genen aus zwei Geschlechtern auskommt: Wie bei Ablegern von Pflanzen oder der Teilung von Bakterien.

David Jay genügten diese Angebote aber nicht. Er schuf einen virtuellen Ort, wo sich asexuelle Menschen und Interessierte unterhalten und Informationsmaterial finden konnten.[15] Im Jahre 2001 stellte er seine erste Seite zu Asexualität online. Sie enthielt folgende Begriffserklärung:

> „Asexualität ist, wenn eine Person keine sexuelle Anziehung verspürt."[16]

Aus den Diskussionen der Gründungsgeneration hatte sich nämlich diese Erklärung als brauchbarste herauskristallisiert, um Menschen zusammenzubringen. Außerdem war sie kurz und einprägsam. Das ist ein Vorteil, wenn man Öffentlichkeitsarbeit leisten will.

David Jays Errungenschaft heißt demnach AVEN – Asexuality Visibility and Education Network (Netzwerk zur Sichtbarmachung und Aufklärung über Asexualität). Dieses „Netzwerk" war zunächst nur eine statische Seite mit ein paar Informationen und Theorien über Asexualität von David Jay. Erst 2002 zog es um zu asexuality.org und bekam ein Forum. Damit wurde es zu einem echten Netzwerk. (Das im August 2002 41 Mitglieder hatte. Ein Jahr später waren 483, 2004 waren es 1252.)

Passend zu AVENs Definition schlug 2004 der Sexologe Anthony F. Bogaert „Abwesenheit sexueller Anziehung" als Arbeitsdefinition für die

---

[15] https://en.wikipedia.org/wiki/David_Jay (23.04.2019) und https://slate.com/culture/2017/01/a-sexuals-david-jay-and-angela-tucker-talk-depictions-of-asexuality-on-represent-podcast.html (23.04.2019).

[16] https://graphicexplanations.info/2017/10/29/asexuality-bc-before-cake/ (27.10.2018).

Wissenschaft vor.[17] Es gibt zwar Vorschläge, dies zu ändern oder anzupassen, diese haben sich jedoch bislang nicht durchgesetzt. Die Idee dazu lieferte Bogaert übrigens eine große Gesundheitsstudie in Großbritannien. Etwa ein Prozent der Befragten hatte angegeben, noch nie von jemandem sexuell angezogen gewesen zu sein. Bogaert postulierte, dass diese Menschen wohl am passendsten mit dem Begriff „asexuell" zu beschreiben seien.

Je nach Fragestellung geben neuere Studien mehr oder weniger asexuelle Menschen an. Das eine Prozent bleibt aber die bislang verlässlichste Hausnummer. Die Wahrscheinlichkeit, dass Sie in Ihrer Umgebung Menschen haben, die sich als asexuell beschreiben können, ist demnach recht hoch.

Trotz seiner noch überschaubaren Mitgliederzahl hatte AVEN 2004 auch einige Menschen angezogen, die Englisch nicht als Muttersprache hatten. 2005 gründete sich der deutschsprachige Ableger von AVEN. Xaida, die 2019 immer noch in der Öffentlichkeitsarbeit aktiv ist, hatte um ein Unterforum auf Deutsch gebeten, und David Jay alias AVENguy richtete es am 18. Januar ein. Zunächst hieß es „AVENs kleine Schwester". Xaida stieß Ende Januar 2005[18] eine Diskussion an, ob man die Erklärung der englischen Hauptseite übernehmen wollte.[19] Grund ihrer Zweifel war, dass „sexuelle Anziehung" in einer Erklärung für Menschen, die keine Ahnung hatten, wie sich das anfühlte, kaum weiterhalf. Man einigte sich zunächst auf „Asexualität – fehlender Wunsch, mit einer anderen Person Geschlechtsverkehr zu haben".[20] Dirk Walter war von Anfang an dabei. Er schreibt:

> „[Eine einfache Übersetzung] kam 2005 nicht wirklich in Frage, weil zum einen implizit im Raum stand, dass die

---

[17] Bogaert (2004), Bogaert (2012).

[18] https://www.aven-forum.de/viewtopic.php?p=9 (15.11.2018).

[19] https://aven-forum.de/viewtopic.php?t=40&postdays=0&postorder=asc&start=45 (09.04.2019).

[20] https://web.archive.org/web/20050308132057/http://www.asexuality.org:80/de/ (09.04.2019).

> ‚kein Wunsch mit einer anderen Person Geschlechtsverkehr zu haben'-Definition das sei, was die Amerikaner innerhalb des amerikanischen Forums eigentlich meinen würden – und die amerikanische Definition vor allem dasteht, weil sie ‚gut klingt'."[21]

Diese Beobachtung ist nicht völlig von der Hand zu weisen: AVEN war wie gesagt von Anfang an als ein Netzwerk zur Öffentlichkeitsarbeit geplant gewesen. Ein leicht zu merkender Slogan hilft bei so etwas ungemein. Ende 2005 wurde für den ersten deutschsprachigen Flyer nachjustiert:

> „Asexuelle Menschen verspüren kein Verlangen nach sexueller Interaktion."

Allerdings: Es gibt asexuelle Menschen, die manchmal Lust auf einen Orgasmus mit einem anderen Menschen haben, obwohl sie die Personen selbst nicht sexuell attraktiv finden. Für die passt die Erklärung mit der „sexuellen Interaktion" nicht. Andere wiederum haben niemals Lust auf einen Orgasmus. Da herauszufinden, was der nicht vorhandenen Anziehung und was dem nicht vorhandenen Verlangen geschuldet ist – wie soll das bitte funktionieren? Manche asexuellen Menschen empfinden sich so abgestoßen vom Thema Sex, dass sie das mit der Anziehung genauso wenig herausfinden können. Einige haben nie Verlangen nach einer sexuellen Interaktion, verspüren aber gelegentlich eine geringfügige Anziehung. Weil sie sehr ähnliche Erfahrungen machen, wäre es unsinnig, sie auszusperren. (Wobei manche davon wieder ein eigenes Wort haben, siehe später im Text). Und dann gibt es noch den großen Teil asexueller Menschen, auf die beide Varianten passen. Seitdem wird im deutschsprachigen Forum teils erbittert diskutiert, welche die bessere Definition sei.[22] Es wird häufig davon ausgegangen, dass es eine einzige, wahre Definition geben muss, und dass diese sich durch Argumente finden lassen kann. (Haben zu wenige von uns Kinsey gelesen?) Meine Diskussionen diesbezüglich führte ich eher offline, bis ich es irgendwann satt hatte, mich ums Rechthaben zu

---

[21] Privater Mailverkehr vom 14.11.2018.
[22] https://aven-forum.de/viewtopic.php?t=2314 (01.11.2018).

streiten.[23] (Die Definition mit der Anziehung gefällt mir persönlich aber immer noch besser, weil sie meine Wahrnehmung beschreibt.) Eingeholt wurde das von Diskussionen im englischsprachigen Internet mit ähnlichen Bedenken, sodass sich mittlerweile beide Welten einander wieder angenähert haben.[24] Weil derartige Grabenkämpfe unnötige Energie binden, nennt der deutsche Verein AktivistA – ein Verein zur Sichtbarmachung des asexuellen Spektrums – seit 2016 beide Definitionen gleichwertig nebeneinander.[25] Das englischsprachige Wikipedia benutzt eine noch etwas weiter reichende Erklärung:

> „Asexualität ist der Mangel an sexueller Anziehung zu anderen, oder ein niedriges bis nicht vorhandenes Interesse an oder Verlangen nach sexueller Betätigung.“[26]

Das mangelnde Interesse wird in asexuellen Communities allerdings fast immer als eine Folge der beiden anderen Dinge betrachtet, und das aus gutem Grund: Es ist doch ein bisschen was anderes, kein Interesse zu haben, als keinen „Drang“ zu irgendeinem Geschlecht zu verspüren. Wenn ich trotz meines Desinteresses an Fußball zu einem Spiel von Bayern München gehe, schadet das meinen persönlichen Grenzen und meinem Selbstbewusstsein viel weniger, als wenn ich meinen abwesenden Drang zu einem Geschlecht ignoriere und Sex habe, der mir widerstrebt.

In informellen Gesprächen, wie beispielsweise bei einem Coming-out, kann es aber sein, dass eine asexuelle Person aus Gründen der Einfachheit von „kein Interesse“ spricht, weil es vielleicht das ist, was ihr die größten Schwierigkeiten im Leben bereitet. Zugegeben ist das alles recht kompliziert, und Coming-out-Situationen sind häufig Stress pur. Wenn dann der Grund für das mangelnde Interesse auf der Strecke bleibt (sofern man ihn denn festmachen kann), ist das nur zu verständlich.

---

[23] https://dertorheitherberge.wordpress.com/2011/09/21/die-sache-mit-der-definition/ (23.04.2019).

[24] https://asexualagenda.wordpress.com/tag/asexual-ambiguity/ (01.11.2018).

[25] https://web.archive.org/web/20160211084646/http://aktivista.net:80/ (01.11.2018).

[26] „Asexuality is the lack of sexual attraction to others, or low or absent interest in or desire for sexual activity.“ https://en.wikipedia.org/wiki/Asexuality (15.06.2019).

Die Abwesenheit von sexueller Anziehung

Hier beschreibt die Erklärung vor allem, wie asexuelle Personen sich und ihre Umwelt wahrnehmen und was sie sich wegen dieser Wahrnehmung von anderen wünschen. Ein Mensch, der eine Person sexuell anziehend findet, sieht diese Person anders an und behandelt sie anders als eine Person, die er nicht sexuell anziehend findet. Logisch. Menschen, die keine sexuelle Anziehung kennen, nehmen Brüste oder muskulöse Oberarme oder einen wohlgeformten Hintern zwar wahr, aber sie wollen eine Person wegen solcher Merkmale weder anfassen noch ihr einen Orgasmus verschaffen. Menschen ohne sexuelle Anziehung sind demnach frei von sexuellen Hintergedanken. Wenn, dann schauen sie nur, weil sie jemanden schön finden und wie ein Gemälde oder einen Sonnenuntergang betrachten möchten. Oder weil sie glauben, dass die Person gute Umarmungen verteilt. Es bedeutet außerdem, dass asexuelle Menschen den Rest der Menschheit nicht wertend in „sexuell attraktiv genug" und „nicht sexuell attraktiv genug" einteilen.

Demnach können Sie sich auch als nicht-asexuelle Person in etwa vorstellen, wie meine Wahrnehmung funktioniert. Stellen Sie sich vor, Sie werden von jemandem angeflirtet, für den*die Sie überhaupt kein Fitzelchen sexuelle Anziehung aufbringen können. In den meisten Fällen werden Sie mit „Bäh, nein danke!" reagieren. Stellen Sie sich vor, Sie begegnen in Ihrem Leben nur solchen Menschen, für die Sie keinerlei sexuelle Anziehung aufbringen. Je nachdem, wie stark Ihre Libido ist und welche Einstellung Sie zu Sex mit Menschen haben, die Sie nicht begehrenswert finden, werden Sie wahrscheinlich auch keinen Sex haben wollen. Eine eventuelle Sehnsucht nach einer verlässlichen Partnerschaft wäre davon aber verständlicherweise nicht betroffen.

Die Abwesenheit von Verlangen nach sexueller Interaktion

Hier beschreibt die Erklärung, was sich ein Mensch von anderen Menschen wünscht und wie dieser Mensch die sozialen Kontakte gestaltet. Tatsächlich gibt es asexuelle Menschen, die sofort wissen, was mit „sexueller Anziehung" gemeint ist. Entweder, weil sie diese Anziehung „kaum" statt „nie" spüren. Oder weil sie sie früher einmal gespürt haben und sich ihre Wahrnehmung seitdem geändert hat.

Aber nur, weil ein Mensch sexuelle Anziehung kennt, heißt das nicht, dass er auch das Verlangen hat, diese auszuleben. Vielleicht, weil sie eben zu gering oder zu kurzlebig ist. Vielleicht hat der betreffende Mensch keine Libido. Libido ist in diesem Fall das Verlangen nach sexueller Stimulation oder einem Orgasmus. Eine Person ohne Libido wird kaum in die Verlegenheit kommen, sich einen Menschen für Sex zu suchen. Menschen, die kein Verlangen nach sexueller Interaktion kennen, werden eine Beziehung, die Sex als einen wichtigen Bestandteil betrachtet, eher als Qual denn als Bereicherung empfinden.

1.3. Was es nicht ist

Die Erklärungen sollten recht eindeutig sein. Einige Menschen jedoch meinen besser als asexuelle Menschen zu wissen, was „Asexualität" bedeutet, ohne je eine Erklärung dazu gehört zu haben. Sie bringen dann ihre Einwände vor, ohne die Person ausreden zu lassen, die ihnen etwas erklären möchte. Andere bilden sich lieber ihre eigene Meinung, was „Asexualität" eigentlich heißt.

Intersex: Von der Frage, ob denn alle „Teile" vorhanden seien, habe ich zuvor schon berichtet. Eine intersexuelle Person kann entweder aus ihrer Anatomie, ihrer Genetik oder ihrer hormonellen Situation nicht eindeutig als körperlich weiblich oder männlich eingeordnet werden. Wie viele davon asexuell sind, darüber gibt es bislang nur eine Zahl aus Großbritannien. Bei einer Umfrage zum Thema Gleichstellung meldeten sich knapp 2000

Menschen mit Intersex, das waren zwei Prozent aller Befragten. Davon beschrieben sich wiederum zwei Prozent als asexuell.[27] Personen mit Intersex haben in der Gesamtbevölkerung einen Anteil von grob geschätzt 0,1 Prozent.[28] Persönlich kenne ich keine Menschen, die asexuell und offen inter* sind.

Etwas gefährlicher sind folgende Verwechslungen:
Zölibat: Damit beschreibt man die religiöse Vorschrift für (zumeist katholische oder orthodoxe) Geistliche, Mönche und Nonnen, keine weltliche Ehe einzugehen. Der Verzicht auf Sexualität mit anderen Menschen bzw. mit sich selbst heißt „Keuschheit" und ist mit inbegriffen. Dabei handelt es sich um ein Gelübde, das eine Person ablegt. Der Verzicht soll freiwillig sein und zur höheren Ehre Gottes erfolgen. Jemand, der sich diesen Verzicht abringt, tut dies „um des Himmelreichs willen"[29]. Andere Religionen (wie der Buddhismus) kennen ähnliche Gelübde, die selbstverständlich anders begründet sind.
Enthaltsamkeit: Manchmal dient der Verzicht auf Sex einem höheren Zweck, wie beispielsweise dem Himmelreich, kommt aber ohne Kirchenamt daher. In diesem Fall heißt er gelegentlich auch Enthaltsamkeit. Sehr religiöse Menschen, für die Sex vor der Ehe eine Sünde ist, leben daher freiwillig enthaltsam. Andere benutzen „Enthaltsamkeit" auch, wenn sie unfreiwillig keinen Sex haben – etwa, weil sie niemanden finden für Sex. Sie meinen damit, dass sie gezwungenermaßen auf Sex verzichten. Eine, wie ich meine, unglückliche Wortwahl, denn sie enthalten sich ja keineswegs. Ich kann mich meiner Stimme in einer Wahl nur enthalten, wenn ich eine Wahl habe.

In diesem erweiterten Sinne sind asexuelle Menschen, die dankend auf Sex verzichten, der ihnen angeboten wird, enthaltsam. Die meisten jedoch

---

[27] Government Equalities Office (2018).
[28] Bauer, Markus und Truffer, Daniela (2016).
[29] http://www.kathpedia.com/index.php?title=Z%C3%B6libat (20.11.2018).

werden das Wort nicht verwenden, weil sie nichts entbehren, sondern einfach ihrer Neigung gemäß leben. Asexuelle Hirnverschaltungen haben nichts mit einem religiösen Zweck zu tun, sie existieren einfach so.

1.4. Der Geist, der stets verneint

Wir haben also eine Liste mit Punkten, was Asexualität nicht ist. Und oben habe ich viel von „Abwesenheit" gesprochen. Es gibt zwar Versuche, Asexualität „positiv" zu beschreiben, also als etwas, das ist, und nicht als etwas, das nicht ist. Aber das gestaltet sich extrem schwierig.[30] Warum? Weil Menschen leben, und zum Leben gehört zumeist das Weiterlebenwollen. Frei nach Robert Sapolsky gehört es zur Evolution, dass jedes Lebewesen möglichst viele Kopien des eigenen Erbguts in Umlauf bringen möchte, wenn es selbst schon sterben muss.[31] Das kann direkt durch Fortpflanzung geschehen und indirekt, indem man Verwandten die Fortpflanzung erleichtert. Oder auch nur, indem man Pseudoverwandten hilft. Pseudoverwandte sind Wesen, von denen wir glauben, dass sie ähnliche Gene haben wie wir selbst. Und dadurch wird für Menschen, die sich als Säugetiere sexuell fortpflanzen[32], jeder soziale Umgang wenigstens ein bisschen sexuell eingefärbt. Sex schwingt in unserer Sprache in Worten, Mimik und Gesten, in jeder Berührung mit, denn wir wissen ja, dass die meisten anderen Menschen durch Sex entstanden sind, dass sie in Gebärmuttern herangewachsen sind und selbst sehr wahrscheinlich irgendwie zum Fortkommen der eigenen Gene beitragen möchten.

Selbst das, was ich hier tue – meinen pseudoverwandten Menschen aus dem asexuellen Spektrum durch mein Schreiben zu helfen – lässt sich evolutionär betrachten. Es wäre demnach ein Versuch, Menschen mit vermut-

---

[30] Van Houdenhove, Enzlin und Gijs (2017).
[31] Sapolsky (2017).
[32] Das heißt: Durch Kombination von Genmaterial.

lich ähnlichen Genen wenn nicht unbedingt bei der Fortpflanzung zu unterstützen, so doch zu verhindern, dass sie sich vorzeitig aus dem Leben verabschieden.

„Kein Sex" ist etwas, das eine Verneinung ist, weil jemand verzichtet, ablehnt oder abgelehnt wird. Er ist „noch nicht" bei jungen Menschen oder „nicht mehr" bei alten oder kranken Menschen. Immer schwingt etwas Fehlendes mit, eine Lücke. Julie Sondra Decker vergleicht das mit einem Multiple-Choice-Test. Die Gesellschaft legt uns üblicherweise drei mögliche Kreuzchen vor: Homosexuell, heterosexuell, und bi- bzw. pansexuell. Habe ich nur diese drei Kreuze zur Auswahl, muss ich entweder lügen oder nicht antworten. Erst mit Kreuz vier: „Keins davon" würde ich wahrheitsgemäß antworten. Diese Antwort klingt gleich sehr viel anders als keine Antwort.[33]

Hinzu kommt, dass unsere Gesellschaft Sexualität mit Bedeutung geradezu überfrachtet. Sexyness (vor allem die von Frauen) wird dazu benutzt, alles Mögliche zu vermarkten. Wenn wir die zahlreichen Botschaften kombinieren, die uns täglich erreichen, könnten wir zu folgenden Eindrücken gelangen: Mit wem wir, wie oft wir und auf welche Weise wir Sex haben, ist nicht nur Ausdruck von persönlichen Vorlieben oder Moral, sondern beschreibt angeblich den Wesenskern eines Menschen. Sex zu wollen ist gesund, Sex zu haben ist ein Ausdruck von Freiheit. Wer nur Blümchensex hat, ist langweilig. Wer aber stattdessen auf ein Rollenspiel angewiesen ist, ist auch nicht mehr ganz richtig. Wenn eine*r der Beteiligten keinen Orgasmus hatte, war die ganze Übung umsonst, denn Sex soll Spaß und glücklich machen. Und so weiter. Sex sells. Sex ist für Erwachsene, Sex ist *der* Meilenstein beim Erwachsenwerden. Sex entscheidet, ob eine Beziehung zwischen zwei nicht verwandten Menschen wichtig ist oder ob es sich „nur" um Freundschaft handelt. Selbstverständlich kann nur Sex eine intime, bedeutsame und tiefe Verbindung zwischen zwei Menschen herstellen.[34] Unter anderem gegen diese verallgemeinerten Einstellungen protestierte übrigens das *Asexual Manifesto* von Lisa Orlando.

---

[33] Vgl. Decker (2014), Seite 5.

[34] Vgl. Hills (2015) und Decker (2014).

Für asexuell brauchen wir demnach die Vorsilbe „a“ wie „ohne“, weil unsere Gehirne das zumeist gar nicht anders begreifen können. Asexuelle Menschen, für die Sex an sich bedeutungslos wäre, sind in dieser Gesellschaft gezwungen, sich mit Sex auseinanderzusetzen. Wer die Sprache der Sexualität nicht versteht, fällt ab einem gewissen Alter unangenehm auf. Und wer zu dieser Konstruktion von „Sex“ sagt „Ist mir egal!“ stellt (unabsichtlich) in Frage, was gesellschaftlich als wichtig und normal gilt. Das ist unbequem und erntet oft Unmutsbekundungen.[35]

Womit wir beim Titel dieses kleinen Abschnitts wären. Der nimmt Bezug auf Goethes *Faust*. Mephisto ist „der Geist, der stets verneint“:

> „Ein Teil von jener Kraft / Die stets das Böse will und
> stets das Gute schafft.“[36]

Mephisto zerstört, weil er nicht anders kann. Obwohl er weiß, dass aus jeder seiner Zerstörungen etwas Neues geschaffen wird. Asexualität hat nun wenig mit den theologischen Überlegungen zu tun, die Mephisto bewegen, aber die Verneinung hier zwingt das „Ja“ dazu, sich zu erklären und über sich selbst nachzudenken.[37]

Was glauben wir eigentlich über das menschliche Verhalten und die menschliche Sexualität im Besonderen? Warum glauben wir das? Warum haben frühere Generationen anderes geglaubt? Warum glauben wir, dass es ein „Nein“ nicht geben darf? Und warum finden wir es so ungeheuerlich, wenn jemand dem „Ja“ ein endgültiges „Nein“ entgegensetzt?

So leben asexuelle Menschen in einer Welt, in der sie dem Sex nicht entkommen können, dessen Bedeutung sie für sich aber verneinen. Eine ziemlich anstrengende Angelegenheit, die anders als Mephistos Scheitern an Faust allerdings für die verneinende Person sehr sinnstiftend sein kann.

---

[35] Dazu später mehr.
[36] Goethe/Trunz (1986/2014). Zitate aus den Zeilen 1335/1336 und 1338.
[37] Goethe/Trunz (1986/2014) S. 533 f. Trunz zitiert Komerell: „Damit Farbe sei, bedarf es der Mithilfe des Finsteren.“

Und wer weiß, vielleicht erwächst aus dieser Verneinung ja irgendwann einmal eine sprachliche Neuschöpfung?

1.5. Woher es kommt

Wenn jemand ohne etwas so angeblich Essentielles wie sexuelle Anziehung auskommt, stellt sich die Frage, warum die Person „so anders“ ist. Diese Frage ist sehr schwierig zu beantworten. Zumal Asexualität, wie wir unter „Vom Spektrum“ sehen werden, ein Phänomen ist, das sehr unterschiedliche Ausprägungen haben kann. Sicher ist, dass das kein westliches Internetphänomen ist, und dass auch Menschen in Japan und China sich damit auseinandersetzen.[38]

Es gibt Menschen, die ihre Asexualität an einer bestimmten Ursache festmachen. Wenn ein Mensch dies tut, möchte man ihm bitte weder widersprechen noch erläutern, dass er „in echt“ gar nicht asexuell sein kann. (Mehr dazu in Kapitel 2.) Wenn eine Person eine für sich zufriedenstellende Erklärung gefunden hat, sollte man ihr nichts ausreden. Der größte Teil aller Menschen, die sich im asexuellen Spektrum verorten, wird sagen, dass das einfach so ist. Weil die Menschheit aber grundsätzlich gern nach Ursachen fragt, werde ich hier kurz einen Abriss geben, was meines Wissens nach der Forschungsstand ist.

Dass Lebewesen keinen Sex haben, ist unter Säugetieren gar nicht so selten. Abgesehen von einigen Widdern und Mäuserichen, die selbst bei Gelegenheit lieber für sich blieben, als sich zu einem Weibchen zu gesellen[39], haben die meisten europäischen Wildtiere nur zu bestimmten Zeiten im Jahr Sex (und das nur zur Fortpflanzung) und leben den Rest der Zeit gut ohne.[40] Hier unterdrücken Mechanismen im Gehirn den Sexualtrieb, damit der Nachwuchs nur dann zur Welt kommt, wenn genug Futter vorhanden ist.

---

[38] Vgl. z.B. Zhen und Su (2018).
[39] Bogaert (2012).
[40] Prof. Gustav Jirikowski, Universität Jena, im privaten Mailkontakt.

Gibt es im Gehirn von asexuellen Menschen einen dauerhaften Unterdrückungsmechanismus? Oder sind die Andockstationen für die Hormone, die für die Libido zuständig sind, nicht so empfindlich oder weniger bis gar nicht vorhanden? Oder bei manchen so, den anderen so? Um diese Fragen hat sich noch niemand gekümmert. Anthony Bogaert hatte aber in seiner Auswertung der großen britischen Studie festgestellt, dass asexuelle Menschen im Schnitt kleiner zu sein scheinen als die Restbevölkerung. Außerdem bekommen laut dieser Studie asexuelle Frauen ihre erste Regelblutung später als der Durchschnitt.[41] Zehn Jahre nach Bogaert beschäftigten sich Lori Brotto, Morag Yule und Boris Gorzalka[42] mit der Thematik. Forschungen bis zu dem Zeitpunkt hatten ergeben, dass homosexuelle Männer eher linkshändig oder beidhändig sind als heterosexuelle Männer. Außerdem haben rechtshändige Schwule mit größerer Wahrscheinlichkeit ältere Brüder als rechtshändige Heteros. Es wird vermutet, dass hier zum einen Gene am Werk sind, aber auch Hormone, die den Fötus in der Frühschwangerschaft beeinflussen. Gilt das auch für asexuelle Menschen? Tatsächlich tut es das. Asexuelle Menschen sind mit größerer Wahrscheinlichkeit als heterosexuelle Menschen links- oder beidhändig.[43] Asexuelle rechtshändige Männer haben mit größerer Wahrscheinlichkeit ältere Geschwister als ihre heterosexuellen Gegenstücke. Andererseits haben asexuelle Frauen, vor allem die rechtshändigen, weniger häufig ältere Geschwister. Dass asexuelle Frauen oft älteste Schwestern (oder Einzelkinder) sind, wird durch anekdotische Beobachtungen meinerseits gestützt.[44]

Asexualität ist also keine Einbildung und scheint – wie Homo- und Bisexualität – von Genen, dem Hormonbad während der Schwangerschaft und zahlreichen anderen Umständen beeinflusst. Welche das sind, weiß niemand, und ich hoffe, dass das auch so bleibt. Fehlt noch, dass irgendwer

---

[41] Bogaert (2004).

[42] Yule, Brotto und Gorzalka (2014a).

[43] Aber natürlich nicht alle. Von Linkshändigkeit darauf zu schließen, dass eine Person nicht heterosexuell ist, klappt also nicht.

[44] Aber auch hier: Nicht jede älteste Schwester ist asexuell. Allerdings passt das zu den Vorurteilen über ältere Schwestern. Die seien ruhiger und vernünftiger als ihre jüngeren Geschwister.

einer werdenden Mutter einen genauen Hormonspritzplan macht, damit das Kind nachher hetero wird.

1.6. Die Selbstbeschreibung als Maßstab allen Umgangs

Von der Identitätspolizei

Sehen wir uns die beiden Erklärungen an, wird klar, dass dies schnell zu Ausschlüssen führen kann. Die asexuelle Community möchte sich natürlich vor schädlichen Einflüssen und „falschen" Asexuellen schützen. Die seien eigentlich in Wahrheit nur verklemmt oder was auch immer. Und schon geht es los mit den Türstehersprüchen:
„Wie, du hast freiwillig Sex? Du kannst nicht asexuell sein!"
„Wie, du hast mal als Jugendliche sexuelle Anziehung gespürt? Du kannst nicht asexuell sein!"
„Wie, du empfindest eine starke Abneigung gegen Sex? Bist du sicher, dass das nichts Psychologisches ist?"
Und so weiter. Das alles verletzt Menschen, die sowieso meistens schon Verletzungen mitbringen. Außerdem erreicht man am Ende nur, dass man sich aneinander aufreibt, statt um bessere gesellschaftliche Bedingungen für alle zu kämpfen.

Identität oder Gebrauchsgegenstand?

Woran liegt das, dass da so erbittert gekämpft wird? Einerseits sind Menschen immer gern dazu bereit zu streiten, wenn es um eine höhere Sache geht. Nicht umsonst werden seit Jahrhunderten Glaubenskriege geführt. In diesem Fall geht es darum, die eigene, neu gefundene Community gegen Menschen zu verteidigen, die „in echt" gar nicht asexuell sind. Solche „unechten" Asexuellen könnten ja der Glaubwürdigkeit schaden. Wie ich unten beweisen werde: Die Glaubwürdigkeit ist ständig unter Beschuss.

Andererseits ist der Begriff sowohl ein Gebrauchsgegenstand als auch eine Identität. Die Informationsmaterialien von AVEN und auch von AktivistA laden dazu ein, den Begriff für sich zu verwenden, wenn er nützlich ist. „Asexualität" hilft dir, dein eigenes Empfinden zu beschreiben? Dann benutze das Wort. Und wenn es nicht mehr passt? Lass es sein.

Höflicherweise sollte ein Mensch bei einem solchen Vorgang nicht behaupten, dass er jetzt „geheilt" oder „gerettet" sei. Das hieße nämlich, dass alle anderen asexuellen Menschen sich noch irren und sich heilen oder retten lassen sollten. Die meisten sind aber ganz glücklich mit dem Wort, sobald sie sich daran gewöhnt haben. Wie gesagt, die Glaubwürdigkeit ist ständig unter Beschuss.

Gleichzeitig ist „asexuell" aber auch zu einer Identität geworden. Unter ihrer Flagge werden politische Forderungen gestellt, Konferenzen organisiert, Freundschaften geschlossen und Fehden gegen Truppen mit anderen Flaggen geführt. So etwas schweißt zusammen. Und für manche wird die Selbstbezeichnung zum wichtigsten Teil ihres Selbstverständnisses. Jede Person, die die Bezeichnung für sich ablegt, stellt dieses Selbstverständnis infrage und verkleinert nebenbei das politische Gewicht der Truppe. Dass manche dann enttäuscht auf vermeintlich Fahnenflüchtige reagieren, ist verständlich. Dass eine Person wütend reagiert, wenn jemand ihre Identität, ihr Selbstverständnis infrage stellt, ebenfalls. Doch eine derartige Identitätspolizei sorgt für ein Klima dauernden Misstrauens.

Vom Leben ohne Türkontrolle

Weil diese Kämpfe schon vor der Gründung des englischsprachigen AVEN-Forums aktuell waren, entstand dort folgende Regel: Eine Person ist dann asexuell, wenn sie sich selbst so beschreibt.[45]

---

[45] https://web.archive.org/web/20160702175245/http://www.asexualexplorations.net/home/reflections.html (01.11.2018).

Niemand kann anderen in die Psyche oder in den Körper sehen. Wir können keine Ferndiagnosen stellen. Wir können nicht nachträglich beurteilen, ob eine historische Persönlichkeit keinen Sex aus Mangel an Gelegenheit oder aus mangelndem Verlangen hatte. Zumal der Schluss von „nicht verheiratet" zu „hatte keinen Sex" auch für frühere Zeiten recht gewagt ist. Wir können die Gründe nicht sehen, warum ein Mensch sich mit dem Wort „asexuell" beschreibt, und haben daher kein Recht, es ihm abzusprechen, selbst wenn dieser Mensch die Kriterien nicht zu einhundert Prozent erfüllt. Wir haben kein Recht, eine Person abzuweisen, die eine offensichtliche Ursache für ihre Asexualität nennt. Sei es sexualisierte Gewalt, bestimmte Medikamente oder sonst etwas: Wenn diese Person den Begriff hilfreich für sich findet, soll sie ihn benutzen. Wie Blogger Siggy schreibt: Die eng gefassten Erklärungen dienen durchaus als Tür. Sie sollten jedoch keine Kontrollfunktion haben, sondern dem Ganzen Struktur geben und den Leuten sagen, wo die Party ist.[46]

1.7. Orientierungs-los

Die Sache mit den zwei Erklärungen hat noch einen Haken: Ist Asexualität eine sexuelle Orientierung oder irgendetwas komplett anderes, für das die Menschheit noch keine Kategorie hat?

Im englischsprachigen Internet, das von der asexuellen Community beeinflusst ist, scheint die Sache klar: Asexualität ist die Abwesenheit von sexueller Anziehung. „Sexuelle Orientierung" beschreibt, von welchem Geschlecht ich mich sexuell angezogen fühle. „Homosexuell" von „dem gleichen Sexus/dem gleichen Geschlecht", „heterosexuell" von „einem anderen Sexus/einem anderen Geschlecht", und asexuell „kein Geschlecht".

[46] https://asexualagenda.wordpress.com/2015/12/09/the-gathering-at-the-gates/ (01.11.2018).

Das hat zunächst nichts mit „Sex haben“ zu tun. Demnach wäre Asexualität die sexuelle Orientierung nach nichts. Zumal es einige offensichtliche Gemeinsamkeiten gibt[47]:

- Die meisten asexuellen Menschen haben das immer schon so gefühlt und es in dem Alter bemerkt, in dem auch andere junge Menschen ihre Sexualität entdecken.
- Wie bereits erwähnt sind biologische Merkmale wie Nicht-Rechtshändigkeit ähnlich häufig wie bei schwulen, lesbischen und bisexuellen Menschen.[48]
- Es ist eine sehr stabile Eigenschaft, das heißt, sie unterliegt auf Jahrzehnte hin höchstens geringen Schwankungen. Es handelt sich also keinesfalls um eine Phase.
- Das Verhalten der meisten asexuellen Menschen spiegelt ihre nicht vorhandene sexuelle Anziehung: Sie haben eben selten bis nie Sex.
- Die Erfahrungen, die asexuelle Menschen bei der Selbstfindung machen, ähneln denen, die andere sexuelle Minderheiten kennen.[49]

Das Online-Magazin Daily Xtra fasste zusammen:

> „Wenn es watschelt wie eine sexuelle Orientierung und wenn es quakt wie eine sexuelle Orientierung, dann ist es wahrscheinlich eine sexuelle Orientierung.“[50]

Eigentlich eine logische Sache. Wären da nicht die Menschen, die die zweite Definition bevorzugen und ihre Asexualität eindeutig an ihrem mangelnden Verlangen nach sexueller Interaktion festmachen. Hinzu kommen einige Zweifelnde aus den Sozialwissenschaften. Manche von diesen Personen führen nämlich an, dass die Definition von „sexueller Orientierung“ folgende ist:

---

[47] https://www.psychologytoday.com/intl/blog/living-single/201609/asexuality-is-sexual-orientation-not-sexual-dysfunction (27.10.2018).
[48] Yule, Brotto und Gorzalka (2014a).
[49] Brotto, Knudson, Inskip, Rhodes und Erskine (2009).
[50] https://www.dailyxtra.com/is-asexuality-a-sexual-orientation-72539 (27.10.2018), Übersetzung der Verfasserin.

> „Sexuelle Orientierung (auch Sexualorientierung oder Geschlechtspartner-Orientierung) erfasst die nachhaltigen Interessen einer Person bezüglich des Geschlechts eines potentiellen Partners auf der Basis von Reproduktionsinteresse, Emotion, romantischer Liebe, Sexualität und Zuneigung.“[51]

Als Quelle gibt Wikipedia die American Psychiatric Association an.[52] Hier werden sogar explizit „emotionale, romantische *und/oder* sexuelle Anziehung“ als Kriterium für die sexuelle Orientierung beschrieben.[53]

Für die sexuelle Orientierung wäre Sex demnach nur geringfügig von Belang. Wer eine romantische Partnerschaft ohne Sex sucht, habe trotzdem die sexuelle Orientierung, auf die das Geschlecht des oder der Wunschlieblingsmenschen hinweise. Ein bis jetzt nicht zu lösendes Dilemma.

Das wäre auch nicht weiter dramatisch, und wir könnten die Feinheiten getrost den Gender Studies überlassen, wenn so etwas keine Auswirkungen im täglichen Leben hätte: Stellen wir uns vor, es gibt ein Gesetz, das verbietet, Menschen aufgrund ihrer sexuellen Orientierung zu benachteiligen. Wenn Asexualität eine sexuelle Orientierung ist und jemand Anlass zur Klage hat, ist alles klar: Ein Gericht wird wahrscheinlich zugunsten der benachteiligten Person entscheiden. Wenn Asexualität aber nicht als sexuelle Orientierung anerkannt ist und jemand wegen Asexualität benachteiligt wird, darf die Person zwar klagen, aber ihr Recht bekommt sie wahrscheinlich nicht.

---

[51] https://de.wikipedia.org/wiki/Sexuelle_Orientierung (27.10.2018). Diese Definition scheint ursprünglich aus den „Yogyakarta-Prinzipien zur Anwendung der Menschenrechte in Bezug auf sexuelle Orientierung und Geschlechtsidentität“ zu stammen (https://yogyakartaprinciples.org/introduction/ (21.04.2019), die ebenfalls ein „und“ verwenden.

[52] https://www.apa.org/topics/lgbt/orientation (21.04.2019).

[53] Hervorhebung durch die Verfasserin. Dieser Auffassung folgt beispielsweise das Netzwerk LSBTTIQ Baden-Württemberg, wo „und/oder“ in den Definitionen für Lesbisch, Schwul und Bisexuell aufzufinden ist. Vgl. http://www.netzwerk-lsbttiq.net/lsbttiq (21.04.2019).

Außerdem gibt es Gruppen und Verbände, die „sexuelle Minderheit" definieren als Menschen mit einer sexuellen Orientierung, die nicht Heterosexualität ist. Wenn asexuelle Menschen mitmachen wollen und die Gruppe die oben zitierte Wikipedia-Definition mit dem „und/oder" verwendet, haben sie Pech gehabt. Oder die asexuellen Menschen werden aufgenommen, müssen aber dauernd beweisen, dass sie nicht-hetero genug sind.

Angeborene Eigenschaften können außerdem schlecht hinterfragt werden. So beharren die meisten homosexuellen Menschen zu Recht darauf, dass die sexuelle Orientierung keine Entscheidung ist. Wer sich nicht für das eigene Anderssein aktiv entschieden hat, muss demnach das Recht auf gesetzliche Gleichbehandlung haben. Asexuelle Menschen versuchen mit dem gleichen Argument, ihr Recht auf gesellschaftliche Akzeptanz einzufordern. Kritische Menschen nennen solche Argumente „Essentialismus" und „Respektabilitätspolitik". Essentialismus meint den Glauben, dass manche Eigenschaften eben angeboren seien, egal, ob es sich um sexuelle Vorlieben oder Charaktereigenschaften jeder Art handelt. Meistens ist ein solcher Glaube, dass Menschengruppen von ihrer „Essenz", also ihrem Wesenskern her unterschiedlich seien, eher störend, weil er Vorurteile begünstigt. Aber manchmal benutzen ihn die Minderheiten, die von den Vorurteilen getroffen werden, um darzustellen, dass man so geboren sei. Und wer nichts dafür kann, wie er ist, der verdient auch gesetzliche Gleichbehandlung und Akzeptanz, nicht wahr?

Kritische Menschen meinen dann, man tue dadurch so, als sei man genauso „normal" und „anständig" und angepasst wie diejenigen, die einen verachten. Und alle, die sich nicht anpassen könnten, würden dadurch noch mehr ins Abseits geraten. (Diese Menschen haben nicht ganz unrecht. Wenn Sie neugierig sind, geben Sie „hetero-like" in die Suchmaschine Ihres Vertrauens ein.)

Theoretisch sollte es nämlich egal sein, *warum* ein Mensch keinen Sex hat. Oder warum ein Mensch lieber mit einer Person des gleichen Geschlechts Sex haben möchte. Oder warum ein Mensch mit einem Penis einen vermeintlichen „Mädchennamen" und Kleider mit Rüschen tragen möchte. Nein heißt nein, Gefühle benötigen keine Rechtfertigung, und die

Kategorie „Geschlecht“ hat mehr zu bieten als zwei sofort erkennbare Schubladen. Solange niemand dabei zu körperlichem, materiellem oder seelischem Schaden kommt, sollte kein Mensch sich anmaßen, die eine über die andere Entscheidung zu stellen. Selbst, wenn es tatsächlich „nur“ eine Entscheidung ist.

Derartige Meinungen finden Sie offen ausgesprochen außerhalb gewisser Blasen wahrscheinlich nicht oft.

Eine weitere Folge dieser Überlegungen ist, dass sich „sexuelle Orientierung“ als ein Modell entpuppt. So sprengen vor allem asexuelle Menschen den Rahmen, den das „und/oder“ der Definition von sexueller Orientierung vorgibt. Damit ist „sexuelle Orientierung“ nach der „und/oder“-Definition ein Konstrukt, das manche Menschen nicht nützlich finden und das somit nicht auf alle Menschen angewendet werden kann. Wie wir an anderer Stelle noch sehen werden, bilden auch andere Modelle die Wirklichkeit nicht zu einhundert Prozent ab.

1.8. Vom Spektrum

Nicht nur in der Gesamtgesellschaft, sondern selbst unter den Personen, die sich als asexuell beschreiben, herrscht also keine selige Einigkeit. Und auch diejenigen, die sich über die Erklärung einig sind, ziehen ihre Grenzen unterschiedlich, was sie als „sexuelle Interaktion“ empfinden und was nicht. Für manche sind Zungenküsse okay. Andere mögen diese nicht, haben aber keine Probleme mit nackten Oberkörpern, wenn sie mit ihrem Lieblingsmenschen kuscheln. Manche verlieben sich, manche nicht. Manche haben eine Libido, manche nicht. Manche wissen, wie sich sexuelle Anziehung anfühlt, weil sie diese manchmal empfinden.

Wenn es um romantische Gefühle und Selbstbefriedigung geht, werden Unterschiede ziemlich schnell deutlich. In den ersten englischsprachigen

Diskussionen wurde deswegen vorgeschlagen, asexuelle Menschen in vier Basis-Typen einzuteilen[54]:

Typ A: Eine Person, die eine Libido hat, aber keine romantische oder sonstige Anziehung kennt.
Typ B: Eine Person ohne Libido, die romantische und vielleicht auch andere Anziehung verspürt.
Typ C: Eine Person, die eine Libido hat und romantische oder andere Anziehung verspürt, die beiden Dinge aber nicht als zusammenhängend wahrnimmt.
Typ D: Eine Person ohne Libido, die keine romantische oder sonstige Anziehung verspürt.[55]

Um diese Vielfalt zu beschreiben, warf eine nicht mehr zu identifizierende Person etwa im Jahr 2003 den Begriff „Spektrum" in den Raum. Andere fanden den Begriff so nützlich, dass sie ihn sofort ebenfalls benutzten. So verbreitete sich der Begriff weiter. Seit etwa 2010 ist das Wort „Spektrum" aus der asexuellen Community nicht mehr wegzudenken. Das führte auch dazu, dass 2010 bei der Abstimmung um die zukünftige Flagge ein Entwurf gewann, der eine schwarz-grau-weiße Farbabstufung für das Spektrum enthielt.

---

[54] https://www.asexuality.org/en/topic/55678-updating-the-wiki/?page=2&tab=comments#comment-1721183 (11.11.2018).
[55] http://wiki.asexuality.org/ABCD_types (01.11.2018).

Abb.: Die Flagge für Asexualität.

Der schwarze Balken steht demnach für die asexuellen Menschen, der graue für die im Graubereich, der weiße für nicht-asexuelle Verbündete und Lebenspartner*innen, und der violette für Gemeinschaft.

Weil englischsprachige Menschen gern alles abkürzen, wurde aus „asexual" bald „ace" – das englische Wort für Ass. Und am Schluss für „asexual spectrum" ein „aspec" für „asexuelles Spektrum".[56]

Mittlerweile umschließt das A von „aspec" nicht mehr nur asexuelle Menschen, sondern auch aromantische und manchmal zudem aplatonische Personen.[57] Auf Deutsch neigen die Menschen weniger zum Abkürzen. Meines Wissens nach war es A. Profus, dier mit dem Zine *Wer A sagt, muss nicht B sagen* das erste Mal „A_sexualität" mit Unterstrich verwendete.[58] Damals sollte es um Asexualität und Sexualität gehen und um alles

[56] http://historicallyace.tumblr.com/post/161502315942/do-you-per-chance-know-when-asexuals-first (01.11.2018).

[57] Zum Thema Aromantik finden Sie das Kapitel 1.13. „Romantische Orientierung". Aplatonisch nennen sich Menschen, die keine platonische Anziehung verspüren bzw. eine freundschaftliche Beziehung nicht mit „Liebe" beschreiben würden. Vgl. https://lgbta.wikia.org/wiki/Aplatonic (10.10.2020).

[58] https://aven-forum.de/viewtopic.php?t=8218 (06.11.2018) und: „wer a sagt, muss nicht b sagen. ein sexpositives zine über a_sexualtiät", Zine, A. Profus (Herausgebende*r), 2011.

dazwischen. Annika Spahn vom Queer-Lexikon nahm den Ball auf.[59] Der Verein AktivistA fand das Konzept so gut, dass er in seinen Schriftstücken immer „A_sexualität“ verwendet, wenn das asexuelle Spektrum gemeint, aber wenig Platz vorhanden ist.[60] Die Fügung „aspec“ hat es aber selbstverständlich ebenfalls in den deutschen Sprachraum geschafft und ist daher seit 2018 mit zunehmender Häufigkeit anzutreffen.

Das klingt alles sehr harmonisch, aber natürlich hatte auch das Wort „Spektrum“ seine Wachstumsschmerzen. Vor allem 2013/2014 wurde online darüber gestritten, was das mit dem Spektrum jetzt eigentlich bedeuten sollte, und wer vom grauen Bereich das Recht hatte, den Hashtag „asexuality“ zu verwenden. Diejenigen, die zum Abgrenzen neigten, hatten offensichtlich die schlechteren Argumente.[61] Und auch jetzt gibt es noch Menschen, die zweifeln.

Das ABCD-Modell ist dabei längst über Bord geworfen, weil es nur eine sehr grobe Einteilung ermöglicht. Um Gemeinsamkeiten und Unterschiede zu finden, entstanden im Lauf der Zeit eine ganze Menge neue Wörter.

Das Wort „Spektrum“ klingt ja so, als wäre alles eine gerade Linie, wie das Lichtspektrum: Eine spezielle Wellenlänge gibt eine spezielle Farbe. Dabei ist das nicht korrekt. Sexualität ist eben kein Licht, das an- oder ausgeknipst ist. So gehört zwischen Homo- und Heterosexualität wie bei einem Dimmer die Bisexualität. Gleichzeitig weist „pansexuell“ darüber hinaus: Es gibt Menschen, die sich zu allen Geschlechtern, nicht nur Männern und Frauen, sexuell hingezogen fühlen.[62] Dementsprechend gibt es zwischen Asexualität im engsten Sinn und Allosexualität eine ganze Menge Platz für Varianten: Menschen, die sich verlieben und solche, die es nicht

---

[59] https://aktivista.net/konferenz/aktivista-2015/ (20.11.2018).

[60] https://aktivista.net/2016/01/13/a_sexualitaet/ (07.11.2018).

[61] https://theacetheist.wordpress.com/2019/05/22/2013-2014-in-ace-tumblr-the-gray-wars/ (25.05.2019).

[62] Ja, ja. Ich weiß, dass Bisexualität für manche Leute auch „mein eigenes und ein anderes oder andere Geschlechter“ heißt und sie das zusätzliche Label „pansexuell“ irgendwie überflüssig finden. Lassen Sie mich bitte in diesem Streit außen vor. Wenn niemand das Wort bräuchte, würde es nicht benutzt.

tun. Menschen, auf die „verspürt keine sexuelle Anziehung“ nicht exakt zutrifft, die aber mehr mit asexuellen Menschen gemeinsam haben als mit nicht-asexuellen Menschen. Menschen, die asexuell sind und jeder Erwähnung von Sex ausweichen, und asexuelle Menschen, die das nicht tun. Und so weiter.

1.9. Moment, da ist dieses „allo“ schon wieder!

Stimmt. In den Jahren vor 2014 wurde das Wort „sexuell“ für alle diejenigen benutzt, die sich nicht zum asexuellen Spektrum zählten. Auch heutzutage erscheint es, da sich der Ersatz aus dem englischen Sprachraum noch nicht komplett in den deutschen ausgebreitet hat. (Und auch im englischen Sprachraum hält sich das „sexuell“ an manchen Orten hartnäckig.[63]) Alles hätte so einfach sein können. Dann kam die große tumblr-Debatte von 2011/2012.[64]

Unmittelbar vorher hatte in den USA eine Telefon-Hotline für selbstmordgefährdete Jugendliche, die lesbisch, schwul, bisexuell, transgender[65] oder queer sind, Asexualität in die Trainingsmaterialien aufgenommen. Einige Leute fühlten sich davon benachteiligt. Sie begannen, die Aces auf der Blogplattform tumblr mit Kritik und Beschimpfungen zu überrollen. Es wurde fleißig zurückgeschimpft. Irgendwann bekamen diese kritischen Personen mit, dass sie als „die Sexuellen“ bezeichnet wurden. Das sei beleidigend, denn das klinge so, als sei Sex das Einzige, was sie beschreibe,

---

[63] Vgl. Bellamy (2017).

[64] http://historicallyace.tumblr.com/post/149146363062/a-history-of-words-used-to-describe-people-that (12.11.2018). Auf tumblr ist immer noch Debatte, vulgo „The Discourse“.

[65] Die Menschen in den USA sagen üblicherweise nur trans oder transgender. An der Diskussion darüber, ob da jetzt noch ein Sternchen an das „trans“ soll oder nicht, beteilige ich mich nicht, da ich weder betroffen bin noch so richtig verstehe, warum Leute sich darüber streiten. Es gibt auch Menschen in meinem Bekanntenkreis, die beim Wort „Identität“ Ausschlag kriegen. Lassen Sie mich bitte damit in Ruhe, vielen Dank.

und dass man sie deswegen verachte. Federführend waren da wohl lesbische und schwule Personen, die auf (vermeintliche) Kritik an ihrer Sexualität reagierten, weil sie ja bereits deswegen von anderen diskriminiert wurden. Und wer will schon mit genau den Menschen in einen Topf geworfen werden, die eine*n diskriminieren? Zugegeben ist es besser, wenn man „sexuelle Menschen" statt „die Sexuellen" sagt. Völlig unsinnig hingegen das ebenfalls verwendete Argument: „Wir sind normal. Für uns sollte es kein extra Wort geben müssen!"

Die kritischen Menschen wurden erhört. Wenn man mit einfachen Mitteln weniger schlechte Gefühle auslösen kann, ist das von Vorteil. Eine Suche nach Alternativen zu „sexuell" begann. Diejenigen Optionen, die nicht gleich verworfen wurden, waren: consexuell, nicht-asexuell, zedsexual/zettsexuell und allosexuell. Von denen haben es zwei über die Sprachbarriere geschafft. „Nicht-asexuell" ist hier wie dort ein Wort, das wir verwenden, wenn es darum geht, Leute neu ans Thema heranzuführen. „Allosexuell" wird eher innerhalb der Community verwendet. Noch.[66] Wenn wir „allosexuell" verwenden,

> „... geht [es] nicht darum, wie viel Sex jemand hat. Es geht nicht darum, wie oft jemand [sexuelle] Anziehung verspürt. Allosexuell beschreibt niemandes persönliches Verhältnis zu Sex. Allosexuell heißt: ‚Diese Person benutzt nicht das Wort 'asexuell', um sich zu beschreiben, und identifiziert sich nicht mit dem Konzept Asexualität.' Und damit hat es sich."[67]

---

[66] https://www.desired.de/liebe/sex/bist-du-allosexuell-ziemlich-wahrscheinlich/ (12.11.2018).

[67] http://historicallyace.tumblr.com/post/149146363062/a-history-of-words-used-to-describe-people-that (12.11.2018) 00:40 „To be very clear: allosexual is not about how much sex anyone has. Allosexual is not about how frequently anyone feels attraction. Allosexual is not about anyone's personal relationship with sex. Allosexual is "this person does not use the word 'asexual' to describe themself, and does not identify with the concept of asexuality." That's it." Übersetzung von der Autorin.

Und daher wenden wir uns denen zu, die „das Konzept Asexualität“ zumindest nützlich finden.

1.10. Demisexualität

Was ist Demisexualität?

Von Disney-Filmen bis zu Liebesromanen spukt die Vorstellung durch die Kultur, dass es den einen Menschen gibt, mit dem alles anders und besser ist. Oder – wenn es kein Disney-Film ist – dass es den einen Menschen gibt, der für das erotische Erwachen einer Person sorgt. Ganz so läuft das im wahren Leben nicht, aber es gibt Menschen, die den größten Teil ihres Lebens ohne eine Spur sexueller Anziehung verbringen, bis sie eine tiefe emotionale Bindung zu einer Person entwickeln und sich in ihrem Gehirn irgendwo ein Schalter umlegt. Und auf einmal ist es da, das Begehren. Vielen dieser Menschen mit dieser Art Anziehung passiert das nicht nur einmal im Leben, sondern tatsächlich mehrmals. Dadurch wissen die meisten dieser Menschen, dass das Potential für sexuelle Anziehung in ihnen steckt. Diese Form von Sexualität heißt Demisexualität.

Demisexuelle Menschen empfinden nur dann sexuelle Anziehung, wenn sie eine starke emotionale Bindung zu jemandem aufgebaut haben. Dies ist meistens, aber nicht ausschließlich, in romantischen Beziehungen der Fall.[68] Es scheint außerdem eine längere Kennenlern-Phase nötig, also eher Wochen bis Monate statt Tage. Dabei gibt es natürlich keine Garantie, dass überhaupt etwas passiert.

Die Seite demisexuality.org hat einige Hinweise und Erfahrungen gesammelt, die vielen demisexuellen Menschen gemeinsam sind.[69] Zum Beispiel scheint das Grundinteresse an Sex von demisexuellen Menschen wie

---

[68] http://wiki.asexuality.org/Demisexual?title=Demisexual (05.11.2018).
[69] http://demisexuality.org/articles/could-i-be-demisexual/ (24.10.2019).

das von asexuellen Menschen kaum vorhanden.[70] Wie Arf vom *Demisexuality Resource Center* ausführt, können demisexuelle Menschen sich höchstens theoretisch vorstellen, irgendwann einmal Sex zu haben – bis sich eben der Schalter für eine spezifische Person umlegt. Vorher können sie in einer Masse leicht bekleideter Leute stehen, die sie hübsch finden, aber beim besten Willen niemanden finden, mit dem sie am gleichen Tag knutschen, geschweige denn Sex haben möchten.

Ihre Libido schwankt unter Umständen extrem. Wenn sie nicht in einer Partnerschaft sind, haben sie wenig bis keine Lust auf Sex oder Selbstbefriedigung. Das Gegenteil ist dann der Fall, wenn sie in einer Liebesbeziehung sexuelles Begehren spüren. One-Night-Stands, Seitensprünge oder Gelegenheitssex kommen demisexuellen Menschen daher nicht in den Sinn. Wie asexuelle Menschen verstehen sie nicht, wie solche Kontakte zustande kommen. Oder warum solche Liebes- und Lustverwirrungen ganze Romane oder Filme tragen.

Ähnlich wie asexuelle Menschen wissen auch die wenigsten demisexuellen Menschen, was mit „Wow! Ist diese Person heiß!" gemeint ist. Egal, ob es sich um eine Person auf der Straße, das Gogo im Club oder um eine*n Promi handelt. Der Sinn von Postern mit sexy Menschen erschließt sich ihnen genauso wenig wie die Sorte Flirten, die mit „angraben" gemeint ist. Warum sich gegenseitig Komplimente machen, wenn man stattdessen ein tiefschürfendes Gespräch führen könnte?

Dates genießen demisexuelle Menschen demnach mit Vorsicht: Oft liegen spätestens beim dritten Treffen unausgesprochene Erwartungen an Sex oder wenigstens an eine wilde Knutscherei in der Luft. Diese Erwartungen können sie – wie asexuelle Menschen auch – nur schwer deuten. Erfüllen können sie solche Erwartungen ohnehin nur nach einer intensiven Kennenlern-Phase. Zu dem Zeitpunkt haben die meisten potentiellen Partner*innen aber längst aufgegeben. Sehr viele demisexuelle Menschen sagen daher, dass sie am liebsten Leute zu einem Date treffen würden, mit denen sie schon befreundet sind.

---

[70] http://www.asexuality.org/en/topic/14000-asexual-sex/#entry375635 (12.11.2018).

Demisexualität ist keine moralische Einstellung

Man könnte jetzt einwenden, dass Demisexualität genauso klingt wie die konstruierte Idealvorstellung weiblicher Lust: Frau soll sich gefälligst zuerst in jemanden verlieben und in einer festen Beziehung mit diesem Jemand sein, bevor sie mit ihm Sex hat. Natürlich ist mit „jemand“ immer ein Mann gemeint. Gegen diese Stereotype kämpfen Feministinnen seit Jahren. Manche Frauen haben eben Lust auf unverbindlichen Sex, und im Zeitalter von Kondomen, Lecktüchern und Antibabypille können sie diese auch weidlich ausleben. (Hier ein Einschub: Es gibt auch Menschen, die weder männlich noch weiblich sind und demisexuell empfinden.)

Während also demisexuelle Frauen exakt dem Klischee zu entsprechen scheinen, haben demisexuelle Männer das gegenteilige Problem: Sie begehren eben nicht erst und entwickeln dann Gefühle, sondern sie brauchen eine gewisse Anlaufzeit. Das passt nicht zum Klischee vom „sexuell allzeit bereiten Kerl“, weshalb sie heutzutage noch mehr auffallen als früher. Vor der sexuellen Revolution in den späten 1960er Jahren war es noch akzeptabel, mit dem Sex bis zur Ehe zu warten, mittlerweile haben Online-Dating und Apps die Zeit zwischen Kennenlernen und erstem Sex erheblich verkürzt. Wer im Rennen um das nächste Treffen bleiben will, sollte sich nicht zu zögerlich geben.[71]

Demisexuelle Menschen scheinen daher eine Verweigerungshaltung einzunehmen, wenn es um Sex geht. Einerseits suchen sie als Singles durchaus nach einer Partnerin*einem Partner. Andererseits haben sie Schwierigkeiten in derlei Situationen und verhalten sich unerwartet. Deswegen wird ihnen oft vorgeworfen, prüde zu sein. Oder man unterstellt ihnen, sie hielten sich für was Besseres und alle anderen für Schlampen. Weniger unsichere Menschen glauben eher, „Demis“ seien hoffnungslos und altmodisch romantisch. Einige demisexuelle Personen, die das Wort noch nicht kennen, beschreiben sich tatsächlich auch selbst so.

---

[71] https://www.bento.de/gefuehle/was-wir-von-demisexuellen-lernen-koennen-a-00000000-0003-0001-0000-000001604723 (02.11.2018) und Schönherr-Mann (2015).

Es gibt demnach Menschen, die sich vom Konzept „Demisexualität" angegriffen fühlen. Es sei „slut shaming", also gegen Menschen gerichtet, die eine freizügige Sexualität leben. Menschen – vor allem Frauen – die bei Sex eher freizügig sind, werden oft von der Mehrheitsgesellschaft verachtet und für ihre Lebensweise beschimpft. Daher kommt es online, vor allem auf tumblr, seit Jahren zu kleineren und größeren verbalen Scharmützeln.[72] Es mag diese verhältnismäßig breite Angriffsfläche der Grund sein, warum die Demisexualität von allen Teilen des Spektrums als erste eine gesonderte Flagge bekam, nämlich spätestens 2013.[73]

Abb.: Die Flagge für Demisexualität. Von dem schwarzen Dreieck ausgehend teilt ein violetter Streifen die Fläche in eine obere weiße und eine untere graue Hälfte.

Andere behaupten, Demisexualität sei eine normale menschliche Empfindung. Die Leute mit der sofortigen sexuellen Anziehung seien nämlich eigentlich in der Unterzahl. Tatsächlich kann das gut sein. Es gab auch schon vor 2002 Menschen, die sich als „hoffnungslos romantisch"

---

[72] https://www.asexuality.org/en/topic/74042-grey-a-and-demisexual-faq-and-link-thread/ (05.11.2018) und http://swankivy.tumblr.com/post/56262384567/i-want-to-limit-your-ability-to-communicate (05.11. 2018).
[73] https://commons.wikimedia.org/wiki/File:Demisexual_Flag.svg (28.11.2018).

beschrieben. Vielleicht fühlen sich aber die wenigsten demisexuellen Menschen von der Mehrheit so befremdet, dass sie sich in asexuellen Communities herumtreiben. Dadurch entstand nämlich der Begriff „demisexuell“: 2006 bei einer Person, die sich unsicher war, wie sie sich einsortieren sollte und aus der Not heraus ein Wort dafür erfand.[74] Zuvor redete kaum jemand darüber. Einige kritische Menschen meinen daher, dass Demisexualität ein „normales“ Verhalten sei – vor allem für Frauen. Wir bräuchten den Begriff daher nicht. Aus zahlreichen Filmen, Serien, Romanen, Zeitschriften und Pornos winkt uns aber ein ganz anderes Bild von „Normalität“ entgegen. Selbst wenn wir Werbung mit nackter Haut außen vor lassen, treffen wir in den Medien viele Männer, die nur Sex im Kopf haben, und viele Frauen, die auf der Suche nach dem Traumprinz zum Verlieben sind und unterwegs auf sexuell attraktive, aber keineswegs immer nette Kerle hereinfallen.

Solange es keine Wörter für dieses „hoffnungslos romantische“ Verhalten gibt (außer diese etwas herablassende und keineswegs immer zutreffende Umschreibung), solange niemand darüber spricht und solange Leute diese Wörter nicht auf sich anwenden, kann man sich in den Nischen des Internets den Kopf heiß diskutieren. Wir werden so kaum herausfinden, was „normal“, also häufig, ist und was nicht. Wäre doch eine Idee für die nächste Volkszählung.

Irgendwann, sobald alle darüber reden, kann es sein, dass sich nicht grob geschätzte 0,5 Prozent, sondern 30 Prozent der Bevölkerung als demisexuell beschreiben. Eine solche Zahl rückt dann tatsächlich nahe an „normal“. Das heißt aber nicht, dass es unnütz ist, ein Wort dafür zu haben. Grundsätzlich muss es im Interesse von Psychotherapeut*innen bis hin zu Werbemenschen sein, zu wissen, wie die Leute eigentlich ticken. Dafür sind offene Gespräche mit ausreichend präzisen Begriffen immer von Vorteil.[75]

Halten wir fest: „Demisexualität“ beschreibt ein Muster von sexueller

---

[74] https://www.asexuality.org/en/topic/14000-asexual-sex/#entry375635 (31.11.2018).
[75] https://asexualagenda.wordpress.com/2013/08/24/what-happens-if-all-demisexual-people-are-wrong/ (05.11.2018).

Anziehung. Es ist eine Beschreibung und enthält keinerlei Werturteil über Menschen.

Auch hier gibt es übrigens Menschen, die Demisexualität als eine eigenständige sexuelle Orientierung betrachten. Die Autorin hält das für eine recht gewagte Behauptung, da Demisexualität an sich keine Richtung vorgibt. Andererseits verhalten sich selbst hetero-demisexuelle Menschen nicht wie die vermeintlichen Standard-Heterosexuellen und sollten sich daher nicht verteidigen müssen, wenn sie als sexuelle Minderheit anerkannt werden wollen.

Und woher kommt's?

Wer ein bisschen in Texten zu Demisexualität stöbert, wird ziemlich bald über „sekundäre sexuelle Anziehung" stolpern. Dies spielt auf ein Modell für sexuelle Anziehung an, das 2005 zuerst von AVEN-User Rabger entworfen wurde.[76] Seitdem hat es sich etwas von dem entfernt, was Rabger meinte. Es heißt: „Primary vs. secondary attraction model" – Modell der primären gegenüber der sekundären Anziehung.[77] Das Modell geht davon aus, dass es Menschen gibt, die „primäre sexuelle Anziehung" verspüren. Um Rabger zu zitieren: Es handelt sich dabei um eine

> „sofortige geistige Anziehung, die auf der äußeren Erscheinung beruht, und die dann sexuelles Begehren oder sexuelles Interesse auslöst, in jeglichem Ausmaß oder jeglicher Stärke, und die unter Umständen von sexueller Erregung begleitet sein kann."[78]

Rabger nimmt an, dass es daneben noch eine sekundäre oder „abhängige" sexuelle Anziehung gibt:

---

[76] https://www.asexuality.org/en/topic/10791-asexuality-in-all-its-parts/?b=1#entry0 (02.11.2018). Übersetzung der Verfasserin.

[77] http://wiki.asexuality.org/Primary_vs._secondary_sexual_attraction_model (02.11.2018).

[78] Siehe Fußnote 76.

> „eine geistige Anziehung, die auf einer emotionalen Entwicklung beruht, die im Lauf der Zeit erfolgt, und die sexuelles Begehren verursacht, in jeglichem Ausmaß oder jeglicher Stärke, und die unter Umständen von sexueller Erregung begleitet sein kann.“[79]

Die sekundäre Anziehung sei von romantischer Anziehung abhängig, aber nicht deren unausweichliche Folge. Dementsprechend würde sie auch verschwinden, wenn die romantische Anziehung verschwindet.

Für die abhängige sexuelle Anziehung gibt es sporadisch Beweise in der Wissenschaft. Vor allem Frauen (ob lesbisch oder hetero) beschreiben gelegentlich, dass sie sexuelle Gefühle für eine Person entwickeln, die nicht in ihr übliches Beuteschema fällt.[80] Demnach wären demisexuelle Personen asexuell orientiert, mit der Fähigkeit, entgegen ihrer sexuellen Orientierung sexuelle Anziehung für einen bestimmten Menschen zu entwickeln.

Das ist ein Modell. Wahrscheinlich funktioniert bei vielen Menschen, die nicht zum asexuellen Spektrum gehören, also bei allosexuellen Menschen, primäre sexuelle Anziehung tatsächlich so. Und die sekundäre sexuelle Anziehung erklärt auch manchmal, warum jemand entgegen der eigenen sexuellen Orientierung eine sexuelle Partnerschaft eingeht. Aber kein Modell kann die Wirklichkeit vollständig abbilden. Es werden sich kaum einhundert Prozent der allosexuellen Bevölkerung darin wiederfinden. Es werden sich auch kaum einhundert Prozent der demisexuellen Bevölkerung darin wiederfinden. Wissenschaftliche Studien zum Modell der sekundären sexuellen Anziehung gibt es meines Wissens nach nicht. Zahlreiche demisexuelle Menschen finden dieses Modell offenbar nützlich, sonst würden sie sich nicht so oft darauf berufen. Vorsicht ist dagegen angesagt, wenn irgendwer es Ihnen als absolute Wahrheit über sexuelle Anziehung verkaufen möchte.

---

[79] Ebd.
[80] Diamond (2003).

1.11. Grau-Asexualitäten

Wir sind viele ...

Bevor es eine Flagge gab, gab es das AVEN-Dreieck: Ein auf der Spitze stehendes Dreieck, das im unteren Drittel schwarz eingefärbt ist, oder das einen Verlauf mit Graustufen hat. David Jay, der das Netzwerk gründete, versuchte damit das Spektrum graphisch sichtbar zu machen. Es sollte deutlich werden, dass es eben keinen An-/Aus-Schalter gibt und dass jede Erfahrung ein bisschen anders ist. Dazu trug David Jay Kinseys Skala für sexuelle Orientierung als Linie auf: Alles von Hetero- bis Homosexualität. Darunter setzte er die „Gruppe X“ in die Mitte und schuf so das Dreieck.

Abb.: Das AVEN-Dreieck soll die Vielfalt sexueller Anziehung darstellen.

Für den uneindeutigen „grauen“ Bereich zwischen Asexualität und Allosexualität erfand AVEN-User*in KSpaz 2006 den Begriff „gray-A“, den man als „gray area“ (Grauzone) und/oder als „grau-asexuell“ deuten kann.[81] Im Umlauf sind auf Deutsch und Englisch auch folgende Begriffe: semisexuell, grau-asexuell, grau-sexuell, „im Graubereich“ und „auf dem asexuellen Spektrum“.[82]

Eventuell zählen sich auch manche dazu, die im deutschen AVEN-Forum die Beschreibung „unentschlossen“ verwenden, und das sind doch einige. Nach Stand 19. November 2018 kamen auf 6402 Nutzende, die sich als „asexuell“ beschreiben, 4973 „unentschlossene“.[83] Das Verhältnis war früher noch stärker auf Seiten der Unentschlossenen: 2008 standen 762 asexuelle Menschen 1225 unentschlossenen gegenüber. 2013 war das Verhältnis fast ausgewogen.

Maz, einer der Admins des deutschsprachigen Forums, vermutet, dass die zunehmende Verbreitung der Begriffe „Demisexualität“ und „gray-A“/„grau-(a)sexuell“ und deren offizielle Einordnung ins asexuelle Spektrum dazu führt, dass sich mehr demisexuelle und gray-A Menschen damit wohlfühlen, sich als „asexuell“ zu beschreiben.[84]

Vielleicht auch deswegen gleichen sich die Zahlen langsam US-amerikanischen Umfragen an. Im „Community Census“ des Ace Community Survey Teams fanden sich sowohl 2015 wie auch 2016 und 2017/2018 mindestens vier-, aber eher sechsmal so viele asexuelle wie gray-A Personen. Zusammen mit demisexuellen Menschen stellten sie damit ein geschätztes Viertel bis ein knappes Drittel der Community.[85]

---

[81] http://historicallyace.tumblr.com/post/148593215612/somewhere-in-between-a-history-of-demi-and-grey (13.11.2018).
[82] https://www.aven-forum.de/viewtopic.php?t=11252 (16.11.2018).
[83] Quelle: Private Nachricht von Maz, einem der Admins des deutschsprachigen Forums.
[84] Quelle Zahlen 2008: https://www.aven-forum.de/viewtopic.php?t=4662 (20.11.2018).
Quelle 2010 und 2013: https://www.aven-forum.de/viewtopic.php?t=7082 (20.11.2018).
[85] Bauer, Miller, Ginoza et al. (2017), Bauer, Miller, Ginoza et al. (2018) und Weis et. al (2020).

Verteilung demisexuelle und gray-A Personen nach Weis et. al. (2020)

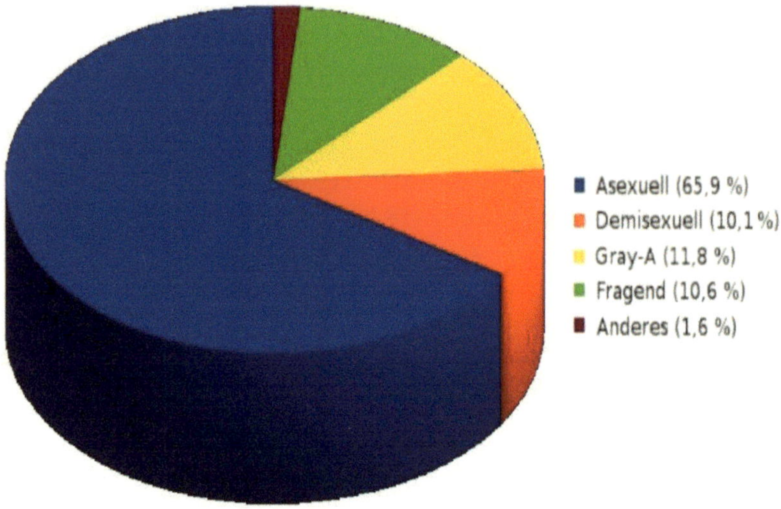

Wo hört Asexualität auf?

Oder: Wo fängt Allosexualität an? Wer kann sich anmaßen, eine Grenze zu ziehen? Nun gibt es einen Test, die *Asexuality Identification Scale* von Yule, Brotto und Gorzalka.[86] (Etwa: „Skala zur Feststellung von Asexualität".) Es werden einerseits offensichtliche Dinge abgefragt: „Ich fühle mich nicht von anderen Menschen sexuell angezogen." Oder: „Mir fehlt das Interesse an sexueller Aktivität." Aber auch: „Ich wäre erleichtert, wenn mir jemand sagen würde, dass ich nie mehr Sex haben muss." Und: „Ich passe nicht in die klassischen sexuellen Orientierungen von hetero-, homo- und bisexuell." Und: „Ich versuche, Situationen zu vermeiden, in denen jemand Sex von mir verlangen könnte." Und: „Ich verstehe nicht,

[86] Yule, Brotto und Gorzalka (2015).

warum andere so viel Zeit und Interesse in sexuelle Beziehungen investieren." Die anderen sechs Punkte variieren diese Aussagen.[87]

Für jede Frage werden ein bis fünf Punkte vergeben, je nachdem, wie sehr die Person der Aussage zustimmt oder sie ablehnt. Wer mindestens 40 von 60 Punkten erreicht, darf bei wissenschaftlichen Studien als asexuell gelten.

Was aber ist mit Menschen, die 39 Punkte erreichen? Deren Erfahrungen überlappen stark mit denen, die 40 oder 42 Punkte erreichen. Und zwar so sehr, dass sie sich vielleicht bei den Menschen mit 40 und mehr Punkten viel wohler fühlen als bei denen mit 10. Eine Infografik im Survey Report für 2017/2018 von Weis et al. (2020) zeigt, dass gray-A Personen sich zwischen 35 und 55 Punkten häufen. Insofern hängen gray-A bzw. grau-asexuelle Menschen ein bisschen in der Luft und haben als größte Übereinstimmung Verwirrung, Ungenauigkeit und wenig Gemeinsamkeiten untereinander.[88]

Tatsächlich wird dieses diffuse Gefühl von „ich finde mich nirgends exakt wieder" von manchen als größte Stärke des Begriffs wahrgenommen. Fragen wie: „Woher wissen die alle so genau, welcher Begriff zu ihnen passt?" stellen sich vor allem Menschen aus dem grau-asexuellen Bereich. Wer vor lauter „vagen und undeutlichen" Gefühlen[89] steht, hat dann den Vorteil, trotzdem ein Wort zu haben – und eine Truppe, die eine Person so akzeptiert, wie sie ist. (Immer unter der Voraussetzung, dass eine kleine Menge Vorbildung herrscht.)

Gleichzeitig ist diese Uneindeutigkeit der größte Nachteil. Wenn es keine Anfangserzählung gibt, bei der sehr viele Menschen „Das kenne

---

[87] Die komplette Liste finden Sie im Anhang.

[88] https://www.asexuality.org/en/topic/162198-please-let-us-establish-a-strong-definition-for-greysexuality/ (14.11.2018) und https://www.asexuality.org/en/topic/160783-questions-about-gray-sexuality/?page=4 (14.11.2018).

[89] Kommentar von Arrela unter https://asexualagenda.wordpress.com/2015/03/23/ambiguous-and-heading-nowhere/ (07.11.2018).

ich!" rufen[90], ist es unglaublich schwierig, aus diesen vielen einzelnen Erfahrungen eine Gemeinschaft zu bilden. Kommen dann noch Leute hinzu, die finden, dass ein neues Wort völlig überflüssig ist, können sich manche abgeschreckt fühlen, überhaupt Menschen mit ähnlichen Erfahrungen zu suchen.[91]

Blogger*in Coyote merkte daher zutreffend an, dass das Sprechen über den Graubereich verlangt, sich dauernd selbst zu beobachten: Klingt das zu sehr nach Asexualität? Oder zu sehr nach Allosexualität? Wie mache ich anderen Leuten klar, dass ich ein Recht habe, für meine Erfahrungen ein eigenes Wort zu verwenden?[92]

Wer könnte sich nun als gray-A beschreiben?

Um zu verdeutlichen, dass ein Lichtschalter-Vergleich für Sexualität selbst mit einem eingebauten Dimmer nur begrenzt funktioniert, habe ich mal versucht, das zu umschreiben. In den Graubereich passen unter anderem:

- Menschen, die sich nur selten sexuell zu jemandem hingezogen fühlen. (Der Lichtschalter ist ganz selten kurz an.)
- Menschen, die zwischen Phasen von vorhandener und nicht vorhandener sexueller Anziehung wechseln. (Der Lichtschalter hängt an einer Zeitschaltuhr.) Manche dieser Menschen beschreiben ihre Erfahrung als „aceflux" – also als asexuell mit Schwankungen.[93]
- Menschen, die sexuelle Anziehung nur sehr schwach verspüren. (Der Dimmer ist immer an, aber nur so, dass das Lämpchen leicht glimmt.)
- Menschen, die etwas empfinden, das sexuelle Anziehung sein könnte, weil es einige Eigenschaften mit sexueller Anziehung teilt,

---

[90] Kommentar von Renayko ebd.

[91] Kommentar von epochryphal ebd.

[92] https://theacetheist.wordpress.com/2014/06/30/experiences-attraction-infrequently-doesnt-cut-it/ (19.11.2018).

[93] http://asexuals.wikia.com/wiki/Aceflux (26.11.2018).

aber andere wieder nicht. (Der Schalter ist an, aber es kommt nicht das volle Lichtspektrum aus der Lampe, dafür aber noch Musik.)

- Menschen, die nur unter gewissen, sehr eng gefassten Umständen sexuelle Anziehung empfinden. (Das Licht ist nur an, wenn ich noch keine Zeit hatte, über die Lampe nachzudenken, oder…?) Dazu zählen auch Menschen, die nur zu Beginn einer Beziehung die andere Person begehren. Einige andere empfinden sexuelle Anziehung, die sich bei näherer Bekanntschaft verflüchtigt. Diese Menschen benutzen manchmal den Begriff „fraysexuell“ als Gegenteil vom „demisexuell“.[94]
- Menschen, die sich unsicher sind, ob das, was sie empfinden, sexuelle Anziehung ist. (Der Schalter ist an, aber ob es Licht ist, das aus der Lampe kommt, ist nicht ganz sicher.)
- Menschen, die sexuelle Anziehung verspüren, denen aber eine andere wichtige Komponente fehlt, zum Beispiel eine Libido. (Das Licht ist eindeutig angeschaltet, aber die Glühbirne fehlt oder die Person ist blind, also ist es egal.) Es gibt auch solche, die nicht wünschen, dass ihr Begehren erwidert wird – sie spüren keinen Wunsch, sich sexuell auszuleben. Manche dieser Menschen nennen sich „lithsexuell“ oder „akoisexuell“.[95] Solche, die die Definition „verspürt kein Verlangen nach sexueller Interaktion“ bevorzugen, werden hierin keinen Grund für eine Selbstbeschreibung als grau-asexuell sehen, was auch völlig legitim ist.
- Menschen, die sexuelle Anziehung zwar empfinden, aber so flüchtig, dass sie bei genauerem Hinsehen schon wieder weg ist. (Die Lampe leuchtet, bis ich sie anfassen will und sie sich in Nebel auflöst.)[96]

---

[94] Den genauen Wortursprung kann ich nicht ausmachen, es würde aber Sinn ergeben, das Englische „to fray“ – ausfransen – zu vermuten. Etwas, das sich auflöst, wenn es in engen Kontakt kommt.

[95] Hier stehen griechisch „lithos“ – Stein – und wahrscheinlich „a-koine“ – „ohne Gemeinsamkeit“ – Paten.

[96] Ohne die Lämpchen-Beispiele und auf Englisch im Original von Siggy: https://asexualagenda.wordpress.com/2012/08/08/many-ways-to-be-between/

Selbstverständlich ist es auch möglich, eine Kombination dieser Erfahrungen zu haben. Das führt dazu, dass viele Menschen im Graubereich …

… oft nicht beschreiben können, was „ihr Typ“ ist und/oder welche körperlichen Merkmale sie sexy finden.

… vielleicht mal rumprobieren wollen, aber nicht anhand des Kopfkinos sagen können, ob sie etwas wahrscheinlich sexy finden werden.

… eher feststellen können, was sie nicht mögen.

… sich wie asexuelle Menschen darüber wundern, wie häufig Leute ihrer Altersgruppe laut Statistik Sex haben (im Gegensatz zu allosexuellen Menschen, die sich eher wundern, wie *selten* Leute ihrer Altersgruppe laut Statistik Sex haben).[97]

… häufig bei der Frage nach der sexuellen Anziehung wie im Nebel herumtasten: Kenne ich das Gefühl? War das jetzt gerade sexuelle Anziehung? Woher weiß ich, dass ich das nochmal spüren werde?

… die Grenze zwischen Neugier und Verlangen selten eindeutig beschreiben können.

… die Konzepte „sexuelle Anziehung“ oder „sexuelles Begehren“ nicht nützlich oder als Begrenzung empfinden.

… die sexuelle Anziehung je nach Situation auch abschalten können. Das widerspricht der häufigeren Darstellung in den Medien, wo es oft um sexuelle Leidenschaft geht, die sich eben nicht „zähmen“ lässt.[98]

Damit ist die Liste aber nicht vollständig. Für alle dieser Phänomene gibt es vielleicht irgendwann eigene Wörter – ein paar der Unterkategorien haben schon eigene Flaggenvorschläge. Wenn tumblr für eines gut ist, dann

---

(07.11.2018). Plus Ergänzungen aus dem AktivistA-Glossar und von Coyote https://theacetheist.wordpress.com/2014/06/30/experiences-attraction-infrequently-doesnt-cut-it/ (19.11.2019).

[97] Hier zwei Umfragen: https://de.statista.com/statistik/daten/studie/2340/umfrage/haeufigkeit-von-sex-pro-monat/ (19.11.2018) und https://www.aerzteblatt.de/treffer?mode=s&wo=17&typ=16&aid=192871&s=Haversath (19.11.2019).

[98] Zusammengefasst nach epochryphal: http://epochryphal.tumblr.com/post/90883721292/greyness-301 (07.11.2018).

dazu, etwas auseinanderzunehmen, bis es mindestens fünf Hashtags gibt. Manche mögen sich nun zwar in dieser Aufzählung wiederfinden, sich aber lieber nicht als grau-sexuell (oder wie auch immer) beschreiben. Wie am Anfang des Kapitels erklärt, beinhaltete das Konzept „Asexualität" von Anfang an ein Spektrum von Erfahrungen, daher gibt es hier kein „richtig" oder „falsch" und keinen exklusiven Clubausweis. Wichtig ist, dass der Begriff einer Person weiterhilft und das vermittelt, was sie vermitteln möchte.

Andere mögen sich nicht wiederfinden, aber trotzdem feststellen, dass „(grau-)asexuell" der Begriff ist, mit dem sie am besten beschreiben, wie sie sich zu Sex, Partner*innensuche und körperlicher Nähe verhalten.[99] Gelegentlich variiert die Selbstbeschreibung auch nach Publikum. So beschreiben sich manche Menschen innerhalb der Communities als „grayace" (oder wie auch immer), bevorzugen aber bei Gesprächen mit Außenstehenden eher den Schirm-Begriff „asexuell".

1.12. Ästhetisch, sinnlich, wie bitte? Arten von Anziehung

Viele Menschen im asexuellen Graubereich haben demnach ihre liebe Not mit Begriffen wie „sexuelle Anziehung". Dies hat die Community aber nicht daran gehindert, auch für andere Arten von Anziehung Begriffe zu suchen.[100]/[101] Diese Liste ist nicht vollständig beziehungsweise wird sie zum Zeitpunkt des Druckes wahrscheinlich wieder überholt sein. Häufig genannt werden:

---

[99] „how I relate to sex, dating and physical intimacy", Kommentar vom L unter: https://asexualagenda.wordpress.com/2012/08/08/many-ways-to-be-between/ (07.11.2018). Vgl. auch Sandra Bellamys Geschichte in Bellamy (2017).
[100] http://secondlina.tumblr.com/post/21955456091/a-comic-about-the-different-types-of-attraction (19.11.2018).
[101] http://theasexual.com/article/2018/1/6/beyond-sex-the-multi-layered-model-of-attraction (25.02.2010).

Romantische Anziehung: Ein Gefühl, das Menschen veranlasst, eine romantische Beziehung mit einer bestimmten Person eingehen zu wollen. Dazu gehört der „Crush“, auf Deutsch auch „(romantische) Schwärmerei“.
Platonische Anziehung: Ein Gefühl, das eine Person veranlasst, eine (innige) Freundschaft mit einem bestimmten Menschen zu suchen. Für derlei Freundschafts-Schwärmereien hat die englischsprachige Community den Begriff „squish“ entwickelt. Menschen, die dieses Gefühl nicht kennen, beschreiben sich manchmal als „aplatonisch“.

Wie bei sexueller Anziehung führen logischerweise auch romantische und platonische Anziehung nicht immer zu einem Ergebnis in Form einer wie auch immer gearteten Beziehung.

Manchmal wird **emotionale** und **intellektuelle Anziehung** ergänzt: Wenn man eine Beziehung zu einem Menschen sucht, die entweder darauf beruht, Gefühle zu teilen, oder man lieber in einen tiefen Austausch über Gedanken treten möchte.
Sinnliche oder körperliche Anziehung: Ein Gefühl, dass dazu führt, dass man sinnlichen (aber nicht sexuellen) Körperkontakt mit einer spezifischen Person wünscht. Das kann Küsse und Kuscheln mit einschließen. Diese Aktivitäten werden von anderen Menschen durchaus als sexuell wahrgenommen, haben aber im Falle sinnlicher Anziehung eben nicht als „Ziel“ einen Orgasmus. Sie sind nicht das Mittel zum Zweck „Sex“, sondern sind bereits der Zweck.
Ästhetische Anziehung: Ein Gefühl, dass dazu führt, dass ein Mensch einer anderen Person länger zuschauen (oder manchmal auch zuhören) möchte. Hier geht es nur darum, wie diese Person aussieht oder ob sie eine schöne Stimme hat. Ästhetisch angezogene Menschen suchen weder romantischen noch sexuellen Kontakt, sie möchten die Person lieber noch ein bisschen in Ruhe bewundern dürfen. Da Starren allerdings nicht umsonst als unhöflich gilt, kann eine ästhetisch angezogene Person durchaus in die Verlegenheit kommen, sich das Bewundern verbieten zu müssen.

Wie Michael Paramo feststellt, nimmt die Gesellschaft üblicherweise an, dass all diese Arten der Anziehung in eine Richtung zeigen, und zwar in die Richtung, die das sexuelle Begehren vorgibt.[102] Das sexuelle Begehren wird also als das stärkste und wichtigste wahrgenommen, bis hin zu dem Glauben, dass es nur diese eine, nämlich die sexuelle, Anziehung gäbe. Dadurch entstehen zunächst Denkverbote. Als ich mich noch für hetero hielt, war ich sehr darauf fixiert, irgendwie wenigstens ein bisschen normal zu erscheinen. Unbewusst ahnte ich, dass „Wow, siehst du gut aus! Lass mich noch ein bisschen länger hingucken!“ anderen Frauen so schräg erschienen wäre, dass ich eventuell noch mehr geschnitten worden wäre. Also sorgte mein Unbewusstes dafür, dass ich nicht guckte und dabei nicht einmal merkte, was ich verpasste.[103]

Andere a_sexuelle Menschen mögen wegen dieser Dominanz des Sexuellen von ihrer ästhetischen oder sinnlichen Anziehung darauf schließen, dass sie ein übermäßiges sexuelles Interesse haben. Alternativ könnten andere ihr Schwärmen und ihr dem Kuscheln zugeneigtes Verhalten als sexuelles Interesse interpretieren. Was logischerweise dazu führt, dass sich eine solche Person spätestens nach dem ersten, für sie schmerzhaften Missverständnis im Umgang mit anderen stark einschränkt, um nicht falsch gelesen zu werden. Eine Art Vermeidungsverhalten ist die Folge.

Mittlerweile ist mir diese gesellschaftliche Erwartungshaltung egal. Sie wird nichts daran ändern, dass ich mir von gewissen männlichen Personen, die ich ebenfalls ästhetisch ansprechend finde, echt mal gern eine Knuddeleinheit abholen würde. Und sie wird mich nicht daran hindern, für Personen beliebiger Geschlechter einen Squish zu entwickeln. Aber dass das alles gleichzeitig möglich ist, dass manche Leute ihre Anziehung wie Lagen bei einer Zwiebel auseinanderpellen können, muss man ja erst einmal wissen.

---

[102] „It is the sexual which is seen as the most real, the apex expression of love between humans and bodies. Sexual attraction is hegemonically understood as attraction itself. As a result, most people simply assume that "the rest" of a person's desires line up automatically and accordingly.“ Ebenfalls http://theasexual.com/article/2018/1/6/beyond-sex-the-multi-layered-model-of-attraction (25.02.2010). Vgl. auch oben „Orientierungs-los“.

[103] Im Nachhinein kann ich sagen: Eine Menge. Mädels, was wart ihr schön.

Im Übrigen ist es völlig in Ordnung, wenn irgendwer mit den Vorschlägen auf dieser Liste nichts anfangen kann. Das ist ein Modell für Leute mit einer Anziehungs-Zwiebel wie mich. Nicht einmal jeder Mensch mit einer Zwiebel muss alle Lagen unterscheiden können. Menschen sind unterschiedlich, kein Modell passt auf alle.

1.13. Romantische Orientierung

Eine ziemlich alte Erkenntnis in modernem Gewand

Oben war die Rede von der romantischen Anziehung. Vielleicht haben sich manche darüber gewundert. Meistens verlieben Menschen sich ja in Personen, die sie auch sexuell anziehend finden. Wozu also das neue Wort? Damit berücksichtigen wir eine Tatsache, die vor allem bei asexuellen, aber auch bei bi- oder pansexuellen Menschen auffällt. Manche Menschen verlieben sich zwar in eine bestimmte Gruppe Personen, suchen aber keinen Sex deswegen. Oder andersrum: Sie finden Personen zum Niederknien sexy, können sich aber um keinen Preis eine romantische Beziehung mit ihnen vorstellen. Grund dafür ist die romantische Anziehung. Die romantische Anziehung führt zur romantischen Orientierung. Manchmal wird diese auch „emotionale Orientierung“ oder „Beziehungs-Orientierung“ genannt. Letztere Begriffe funktionieren aber auch ohne die berühmten Schmetterlinge im Bauch, daher werden einige Leute sich gegen eine Mischung verwahren. Menschen können sich eine Lebenspartnerschaft mit einer bestimmten Gruppe Personen wünschen, ohne sexuelle und romantische Gefühle für diese zu entwickeln.[104]

---

[104] Für solche Menschen,die asexuell, ohne Romantiktrieb, aber mit einer eindeutigen Bevorzugung leben, was die Partner*innenschaft angeht, hat sich im englischen tumblr-Sprachraum „oriented aroace“ – „orientiertes Aroace“ eingebürgert. Oder eben lesbisches, schwules, frauenliebendes, männerliebendes, hetero, pan oder bi Aroace. Wir werden sehen, ob sich das durchsetzt.

Wir stellen fest: Sexuelle und romantische Orientierung überlappen bei manchen Menschen nicht. Daher wurde aus nicht besonders netten Kommentaren[105] das *Split Attraction Model* entwickelt: Das Modell der geteilten (oder getrennten) Anziehung. Aufgefallen ist das aber schon früher. So spricht Karl Heinrich Ulrichs, ein Sexualforscher im 19. Jahrhundert, von Menschen, die nach heutigem Sprachgebrauch bisexuell sind:

> „Diese müssten sowohl die zart-schwärmerische als auch die sinnliche Liebe in doppelter Richtung fühlen.“[106]

Gleichzeitig beobachtet er Männer, die zwischen den Stühlen sitzen:

> „Für junge Männer empfinden diese nur schwärmerisch-zarte Liebe. (…) Den sinnlichen Trieb dagegen empfinden sie zu Weibern, aber auch nur diesen, nie zarte Liebe.“[107]

Derlei „Ungereimheiten“ in Form von romantischen Freundschaften wurden auch später immer wieder beschrieben.[108]

Irgendwann in den 1980ern scheint in den Lesbischen und Schwulen Bewegung(en) in den USA das Konzept der „affectionate orientation“ entstanden zu sein: die Zuneigungs-Orientierung. Denn im Allgemeinverständnis der „sexuellen“ Orientierung war das „Zielgeschlecht“ dem „Sex haben mit“ gewichen.[109] Vielleicht war diese Bedeutungsverschiebung aus der Aids-Krise hervorgegangen? Vor allem in dieser Zeit wurden schwule und bisexuelle Männer stigmatisiert: Diese unmoralischen Menschen seien sexsüchtig und zu tieferen Gefühlen nicht in der Lage. Der HI-Virus sei

---

[105] https://theacetheist.wordpress.com/2019/05/17/a-mini-history-of-different-types-of-attraction-in-the-ace-community/ (25.05.2019).
[106] Rechtschreiblich angepasst aus Ulrichs (1868).
[107] Ebd.
[108] Vgl. Diamond 2003. Popkulturell bekannt sein sollte beispielsweise Freddy Mercury, der zahlreiche Beziehungen zu Männern hatte, aber für den seine Ex-Verlobte Mary Austin immer die wichtigste Bezugsperson blieb. https://www.youtube.com/watch?v=LvVC_U11S6U (22.04.2019).
[109] http://historicallyace.tumblr.com/post/152267147477/what-kind-of-attraction-a-history-of-the-split (02.11.2018).

die gerechte Strafe für ihr Verhalten. Dass eine feste Beziehung unter den gesellschaftlichen Bedingungen oftmals nicht möglich war, fiel unter den Tisch.[110] Mit dem Zusatz, dass Schwul-, Lesbisch- und Bisexuell-Sein auch „affection", also Zuneigung beinhaltet, wollte man offenbar diesem Vorurteil entgegenwirken. Gleichzeitig war in der Bi-Gemeinde offenbar bekannt, dass manche Sex mit allen, aber nicht alle heiraten wollten. Oder andersrum. Dafür gab es aber keine speziellen Namen, die ich finden konnte.

Von ABCD zu SAM: Das Split Attraction Model

Bei den Aces der frühen Nullerjahre traf das Konzept auf offene Ohren, auch weil wahrscheinlich zahlreiche Aces bei den Bis untergekommen waren.[111] Wo sollte man auch sonst Anschluss finden, wenn man mit „weder noch" Sex haben wollte, sich aber eine Beziehung mit Männern und Frauen vorstellen konnte? Oder wenn die Anziehung zu beiden Geschlechtern gleich, und zwar gleich Null, war? Dass viele asexuelle Menschen keinen Sex wollen, aber trotzdem einen „Romantiktrieb" haben und nach Beziehungen suchen, war schon in den Anfängen der Bewegung bekannt. Sonst wäre das A-B-C-D-Modell nicht entstanden. Begriffe wie „hetero-asexuell" und „homo-asexuell" machten die Runde. Man experimentierte mit den Nachsilben „phil"[112] und „emotional"[113]. Auch „biromantisch", „homoromantisch" oder „aromantisch" wurden erwähnt. 2005 initiierte AVEN-User Orbit eine Diskussion, während der einige Begriffe festgeklopft wurden.[114] Spätestens seit 2007 hatten sich die gängigsten Begriffe

---

[110] Hierzu gibt es eine sehr schöne Webserie von Sissy That Talk: https://www.youtube.com/watch?v=H0gcrewg08k&list=PLlE3cHSrCCGOxQRVJq6V7kiahRQNnpnTd.

[111] https://autismserenity.tumblr.com/post/142035894961/the-acesaros-were-part-of-the-bi-community-until (28.11.2018).

[112] https://www.aven-info.de/lex_bisexualitaet.php (09.04.2019).

[113] https://www.urbandictionary.com/define.php?term=heteroemotional (09.04.2019).

[114] https://www.asexuality.org/en/topic/9433-relationship-definitions/ (25.11.2018).

etabliert. Wobei auch hier noch Ergänzungen hinzugekommen sind.[115] Gefühlt werden es täglich mehr.

Das „Modell der geteilten Anziehung" ist zwar weit verbreitet, erzeugt aber einige Probleme. Auch hier gibt es Menschen, für die „romantische Anziehung" keine sinnvolle Kategorie darstellt – es ist eben ein Modell, kein Abbild der Wirklichkeit.

Zumal „romantisch" ja noch mehr als „sexuell" kulturellen Normen unterliegt und vom persönlichen Empfinden abhängt. Vieles, was uns als „romantisch" verkauft wird, ist eine von der Unterhaltungsindustrie erotisch und schwärmerisch aufgeladene Atmosphäre voller Versprechen, die manchmal keine Woche halten.[116]

Überhaupt: Ist mit „romantisch" das Gefühl der Verliebtheit gemeint? Also Schmetterlinge im Bauch, Nervosität beim Treffen mit dem oder der Angebeteten? Weniger Hunger als sonst, und dieses beinahe zwanghafte Beharren der Gedanken auf dem Menschen, in den man verliebt ist? Der Zustand, wo uns jede mitgehörte Liedzeile, jedes Bild und jeder Windhauch an die andere Person erinnern?[117]

Oder geht es um das, was die sogenannten romantischen Künstler*innen meinten? Hier handelt es sich um eine spezielle Art Sehnsucht, und zwar Sehnsucht nach einer tieferen Bedeutung oder einem ursprünglicheren Zustand. Eine gute Portion Schwärmerei gehört dazu, genau wie ein verklärter Blick auf die Liebe und in die Geschichte.

Kein Wunder, dass vor irgendeinem (a)romantischen Spektrum der Begriff „wtfromantic" geprägt wurde, und zwar meines Wissens durch die Bloggerin Sciatrix.[118] Sie meinte:

> „Es [das Konzept romantische Orientierung] scheint meistens schlecht definiert, und Leuten fällt er schwer,

---

[115] http://historicallyace.tumblr.com/post/152267147477/what-kind-of-attraction-a-history-of-the-split (02.11.2018).

[116] In dem Lied „Last Christmas" dauert die betrauerte Liaison exakt vom 25. bis zum 26. Dezember.

[117] Das Fachwort für diese Art Verliebtheit ist „Limerenz".

[118] https://writingfromfactorx.wordpress.com/2011/05/22/writhing-in-the-throes-of-unrequited-like/ (06.01.2019).

> mir den Unterschied zu erklären [zu freundschaftlichen Gefühlen], und ich habe den Versuch, es zu verstehen, größtenteils aufgegeben."

Sie erklärt weiter, dass sie zwar Unterschiede spürt, wie stark sie jemanden liebt, diese Liebe aber keine unterschiedliche Qualität habe.[119] WTF in "wtfromantic" heißt: „What the fuck?" („Was zum Henker meinen die?").

Etwas weniger belastet mit Flüchen ist die nur wenig neuere Entwicklung von Epochryphal: „quoiromantisch". „Quoi?" heißt auf Französisch „Was?". „Quoi" meint, dass die Person das alles nicht versteht und mitteilen will, dass sie mit dem Modell und seinen Kategorien nichts anfangen kann.[120]

Andere zielen eben grundsätzlich sexuell und romantisch in eine Richtung, und für diese Personen ergibt es keinen Sinn, ihre Beschreibung als hetero-, homo-, bi-, pan- oder asexuell um ein weiteres Wort zu ergänzen.[121] Zudem ist die Trennung von Sex und Liebe jetzt ein politischer Fallstrick. „Sexuelle Orientierung" meint eben primär das Geschlecht, also die Richtung, und nicht den Sex. Wer sich aber nur als „bisexuell" beschreibt und kein „biromantisch" hinterherschiebt, könnte in der falschen Umgebung in den Verdacht geraten, nur auf Sex aus zu sein. Ein Problem, das vor allem bisexuelle und schwule Menschen heutzutage immer noch haben: Ihnen wird die Fähigkeit zur sexuellen Treue generell abgesprochen.[122] Unglücklicherweise gibt es noch keine besseren Endungen, die dieses Problem lösen könnten.

---

[119] „It seems to me to be poorly defined, a lot of the time, and people have a hard time articulating the difference to me, and I've largely given up attempting to understand it." https://writingfromfactorx.wordpress.com/2011/11/26/a-set-of-affections-difficult-to-characterize/ (24.10.2019), Übersetzung aus dem Englischen von der Autorin.

[120] http://epochryphal.tumblr.com/post/106762907052/a-note-on-quoi (26.11.2018).

[121] Coyote arbeitete sich zum Zeitpunkt der Erstellung dieses Kapitels gerade an diesem Problem und der zugehörigen Nomenklatur ab: https://theacetheist.wordpress.com/2019/05/16/three-narratives-of-non-rosol-identity-in-the-aro-community/ (25.05.2019).

[122] http://innenansicht-magazin.de/2017/07/26/sinn-und-unsinn-des-split-attraction-model/ (02.11.2018).

Vom aromantischen Spektrum

Asexuelle Menschen hatten bald festgestellt, dass es unter ihnen solche gab, die eine romantische Beziehung suchten und solche, die es nicht taten.

Für diejenigen, die sich verlieben können, gibt es die Möglichkeit, ihre Richtung auszudrücken. Statt „sexuell" hängt man einfach ein „romantisch" an die entsprechende Richtung. Heteroromantisch: verliebt sich in Menschen des „anderen" Geschlechts. Homoromantisch: verliebt sich in Menschen des gleichen Geschlechts. Biromantisch: verliebt sich in Männer und Frauen. Oder in Menschen des eigenen Geschlechts und anderer Geschlechter. Panromantisch: verliebt sich in Menschen jeglichen Geschlechts. Daneben geistern noch mehr Begriffe durchs Internet, aber dies sind die gebräuchlichsten.

Menschen, die sich nicht verlieben und/oder sich keine romantische Beziehung wünschen, beschreiben sich als aromantisch. Manche sagen kurz „aro", oder sprechen von sich als „Aromanti". Eventuell tummeln sich hier auch Leute, die nicht so angefasst werden möchten, dass man es als Ulrichs „zart-schwärmerisch" deuten könnte.

Doch wie schon bei Asexualität stellte sich bald heraus: So einfach ist es nicht. Es gibt eben eine Menge Leute, die mit „romantischer Anziehung" einiges, aber nicht alles anfangen können. Analog zum asexuellen Spektrum wurde diesen Wahrnehmungen der Titel „aromantisches Spektrum" verliehen, obwohl immer noch nicht genau definiert ist, was mit „romantischer Beziehung" eigentlich gemeint ist. Wahrscheinlich ist es auch gar nicht möglich, eine ultimative Checkliste aufzustellen, da Romantik im Kopf entsteht, sehr durch Kultur und Erfahrungen geprägt ist und im Gegensatz zu sexueller Erregung nicht vermessen werden kann.

Die Vorsilben für diejenigen im aromantischen Spektrum wurden auch hier zumeist einfach abgeschrieben. Demiromantische Personen verlieben sich erst, wenn sie eine andere, starke Bindung zu einem Menschen aufgebaut haben. Gray-romantische/grauromantische/grayro Menschen spüren romantische Anziehung „selten, schwach oder unbeständig", oder fühlen aufgrund von „ungewöhnlichen oder unbekannten Gründen mehr oder weniger Anziehung“.[123]

Ily war wohl die erste Person, die das Wort „grayromantic“ verwendete.[124]

Für solche, die zwischen „nichts“ und „etwas“ schwanken, gibt es auch hier die Nachsilbe „flux“. „Aroflux“ also.[125]

Für solche, die zwar etwas spüren, aber nichts damit anstellen möchten, gibt es die Option „akoi(ne)romantisch“ (viele sagen auch „lithromantisch“). Diese Option steht auch jenen offen, die etwas spüren, das sich bei näherer Bekanntschaft oder nach kurzer Beziehung verflüchtigt.

Und weil so eine Masse an Begriffen ein Gegenstück braucht: Die Personen, die sich nicht auf dem aromantischen Spektrum verorten, heißen manchmal alloromantisch. Der Anteil von Menschen auf dem aromantischen Spektrum hat bei den Erhebungen des Asexual Community Census Teams der letzten Jahre stetig zugenommen und lag 2018 bei mehr als der Hälfte, wenn man demi-, lith- und gray-romantische Personen mit vereinnahmt.[126]

Die Autorin sagt über sich meistens „aromantisch“, manchmal auch „funktionell aromantisch“. Ich weiß zwar, wie sich Verliebtsein anfühlt, weiß aber auch, dass ich mich da prima selbst reinsteigern kann. Da ich eine enge Partnerschaft mit dauerhaft geteiltem Bett eher für Folter als für romantisch halte, befinde ich mich offensichtlich auf dem aromantischen Spektrum. Ich hätte zwar nichts dagegen, mein Leben zu teilen, aber allein der vorauseilende Gefühlsüberschwang, mit dem manch andere nach ihrem „Ein und Alles“ suchen, verwirrt mich ein bisschen. Das ist nichts, was ich

---

[123] Beide Zitate entnommen aus: https://static1.squarespace.com/static/5cb6e4d565019f0c5aa6cf20/t/5e735829e857576813c0e35e/1584617514958/An+Introduction+to+Aromanticism+German+%28A4%29.pdf, bereitgestellt von AUREA. (17.05.2020).

[124] https://theonepercentclub.blogspot.com/2010/06/sighbinaries.html 30.04.19 18:19.

[125] http://aromantic.wikia.com/wiki/Aroflux (26.11.2018).

[126] Bauer, Miller, Ginoza et al. (2017), Bauer, Miller, Ginoza et al. (2018), Weis et al. (2020).

nachvollziehen kann, weshalb ich oft als distanziert wahrgenommen werde. Nach einem genaueren Begriff suche ich gar nicht, da ich mich in Gegenwart anderer viel eher asexuell als aromantisch fühle.

Das geht aber nicht allen so: Manche Menschen fühlen sich eher aromantisch als asexuell und haben das dann als ihre „Erstidentität". Genauso, wie sich eine asexuelle Person, die sich in Männer und Frauen verliebt, vielleicht immer noch zuerst als „bi" beschreibt, einfach, weil hier die größten Reibungspunkte mit der Gesellschaft sind.

Außerdem gibt es im aromantischen Spektrum auch Menschen, die nicht asexuell sind. In der Vergangenheit meldeten diese sich seltener zu Wort als die Aroaces, obwohl sie nicht unbedingt seltener sind. Dies liegt daran, dass der Begriff aus a_sexuellen Communities stammt, und a_romantische Communities entsprechend von Aces dominiert waren, auch wenn sie nicht unbedingt die Mehrheit stellten. Eine a_romantische Onlinebefragung klärt diese und andere offene Fragen hoffentlich bald.

Derzeit bilden sich also gerade Communities, die noch hauptsächlich online in Erscheinung treten. Sie haben sich nach zahlreichen Diskussionen auf eine, wie ich meine, sehr hübsche Flagge geeinigt: Fünf Streifen in dunkelgrün, hellgrün, weiß, grau und schwarz repräsentieren Aromantik, das aromantische Spektrum, andere Arten von Anziehung, grauromantische und demiromantische Menschen und das Spektrum der Sexualität.

Abb.: Die aromantische Flagge.

Wir werden sehen, wie sich diese aromantische Communitybildung langfristig auf unsere Wahrnehmung von glücklichen Beziehungen und unser Romantikverständnis auswirkt.

Partnerschaften auf dem aromantischen Spektrum

Wir hatten bereits festgestellt, dass „nicht verliebt" nicht heißen muss, dass ein Mensch sich keine feste Partnerschaft wünscht. Es gibt sogar Menschen im asexuellen Spektrum, die nach einer sexuellen Beziehung suchen („cupiosexuell"), und aromantische Menschen, die eine romantische Beziehung suchen („cupioromantisch").[127] Wenn ich aber keine klassische sexuell-romantische Zweierbeziehung suche, wie nenne ich dann das, was dabei herauskommt, wenn ich mit der besten Freundin ein Haus kaufe? Oder wenn ich mit dem besten Kumpel inmitten eines Haufens Katzen alt werden möchte? Läuft das noch unter Freundschaft?

Unsere Kultur hat ja die Angewohnheit, Freundschaft als „nur" abzuwerten: „Wir sind nur Freunde." Nicht nur die westliche Welt legt viel Wert auf (romantische, heterosexuelle) Paarbeziehungen, und wir erzählen bevorzugt von diesen, ob in Liedern oder in Serien, obwohl sie im Mittel kürzer halten als richtig gute Freundschaften. Wie oft sind es die Freundinnen und Kumpels, die einen Menschen nach einer Trennung auffangen? Vielleicht liegt es daran, dass romantische Partner*innenschaften irgendwo hinzuführen scheinen. Übers Kennenlernen geht es über mehrere Schritte der Annäherung bis zur gemeinsamen Wohnung und zum Nachwuchs. Die Gemeinde der Polyamoren hat dafür das Bild einer Beziehungsrolltreppe geprägt.[128]

---

[127] Ich muss zugeben, dass ich diese ganze Sache mit dem „cupio" nicht verstehe und mich davon abhalten muss, mich küchenpsychologisch zu betätigen. Jeder Jeck ist anders.

[128] http://mehrplatzfuerdieliebe.blogspot.com/2013/12/fahrst-du-auf-der-beziehungsrolltreppe.html (09.04.2019).

Noch viel tiefer verankert ist die Vorstellung, wann man was im Leben erreicht haben sollte. Kindheit, Jugend mit Berufsausbildung, Hochzeit, eigene Kinder großziehen. Die Beziehungsrolltreppe ist nur ein kleiner Teil dieser Fahrt durch ein Musterleben. Deswegen nehmen wir alles, was in diese Beziehungsrolltreppe nicht passt oder irgendwo „stehenbleibt“, als gescheitert wahr. Schon getrennte Schlafzimmer fallen daher bei manchen unter „Eheproblem“, obwohl sie bei wohlhabenden Menschen früher die Norm waren.

Es fehlte also ein Wort für dieses Mittelding, das entsteht, wenn sich zwei Personen fürs Leben zusammentun, aber dabei keine romantischen Gefühle im Spiel sind. Und wie nenne ich dann meine Person fürs Leben? Unter einem Posting, in dem Kaz „grauromantisch“ verwendete, meinte eine Person:

> „Obwohl ich queerplatonisch ziemlich gern mag, um die Anziehung zu meiner Zucchini zu beschreiben.“[129]

Der Mensch für's Leben sei also „die Zucchini“ und die zugehörige Anziehung sei „queerplatonisch“. Das wurde sehr schnell zu „queerplatonischen Beziehungen“. Die „Zucchini“ fand auf Deutsch nie größere Verbreitung, stattdessen ist von einem*einer „queerplatonischen Partner*in“ die Rede.[130]

Weil manche Leute „queer“ nicht gern mögen oder hetero sind (und damit nach eigener oder fremder Auffassung ihr Recht auf „queere Beziehungen“ verwirkt haben), gibt es seit ein paar Jahren noch „quasiplatonisch“. Dazu kommt eine Abkürzung, bei der man sich nicht festlegen muss: QPP funktioniert auf Deutsch für die Person fürs Leben *und* die Partnerschaft dazu. Auf Englisch ist mit QPP zumeist die Person gemeint, und die Beziehung heißt QPR: „queer/quasi-platonic relationship“. Queer-

---

[129] „Although I kind of like queerplatonic as a definer for the attraction I feel to my zucchini“ Übersetzung von der Autorin. Quelle: https://kaz.dreamwidth.org/238564.html (22.11.2018).

[130] http://historicallyace.tumblr.com/post/149814513597/all-ace-safe-space-pansexual-pied-piper (28.11.2018).

bzw. quasiplatonische Beziehungen sind logischerweise nicht nur zwischen Personen aus dem aromantischen Spektrum möglich. Sie können auch von gemischten Konstellationen oder alloromantischen Personen geführt werden. Andersherum ist natürlich keine aromantische Person verpflichtet, eine*n QPP zu suchen oder Freundschaften zu pflegen.

1.14. Sex: Ja, nein, vielleicht?

Als ich mich 2011 durch große Teile des asexuellen Internets wühlte, gab es folgendes Verständnis von Aces: Es gab solche, die niemals auf den Gedanken kommen würden, Sex zu haben, weil sie schon die Vorstellung vollkommen abstoßend fanden. Und dann gab es solche, die sich unter den richtigen Bedingungen vorstellen konnten, Sex zu haben, aber nicht gerade begeistert von dem Gedanken waren. Jedenfalls würden sie von selbst nie auf die Idee kommen, es jemandem vorzuschlagen. Ein Vergleich mit dem Bügeln von Hemden wurde verwendet: Langweilig, aber jetzt auch nicht so schrecklich, dass man der Sache völlig ausweichen musste.

Für die einen gab es „sex-repulsed" oder „sex-averse" – also von Sex abgestoßen oder davon abgewandt. Und die anderen liefen als „indifferent", also gleichgültig. Entstanden war das wohl daher, dass es für asexuelle Menschen mit Wunsch nach einer Beziehung drei Möglichkeiten gab: Eine Beziehung mit einem anderen Ace (wünschenswert, aber unwahrscheinlich), eine Beziehung mit einem Nicht-Ace, der*die sich dann seine Befriedigung woanders suchte bzw. held*innenhaft nur Selbstbefriedigung betrieb, oder eine Beziehung mit einem Nicht-Ace und Kompromisse eingehen.

Dieses „Kompromisse eingehen" beinhaltete immer die nicht ausgesprochene Erwartung, dass der asexuelle Mensch mehr nachgeben müsse als die andere Person. Die Wünsche von Aces seien ja „unnormaler" als die der anderen und allosexuelle Personen hätten ein unverrückbares Recht auf sexuelle Befriedigung.[131] Nicht nur ich mag den Begriff „Kompromiss“ deswegen nicht. In einer Beziehung sollte ein Konsens herrschen, wenn es um persönliche Grenzen geht: also ein allseitiges Einverständnis, kein Nachgeben.[132]

Inwieweit aber überhaupt Kompromisse möglich waren, sollten wohl die Begriffe „averse“/„abgestoßen“ und „indifferent“/„gleichgültig“ beschreiben. Und das hatte auch eine ganze Weile lang ausgereicht an Begrifflichkeiten, obwohl es in den AVEN-Foren immer mal wieder zu unschönen Szenen kam. Aces, die sich vorstellen konnten, mit jemandem Sex zu haben und nach Ratschlägen suchten, wurden von „Bäh, eklig“-Postings niedergebrüllt.[133] Und zwar so sehr, dass eine Gruppe von Aces, die offen über Sex sprechen wollten, 2007 ein eigenes Forum eröffnete. Es hieß Apositive.org.[134]

Wir können aber auch sehen, dass ein bisschen Ungenauigkeit herrschte: Sowohl Personen, die nichts von Sex lesen und sehen wollten, als auch Menschen, die sich persönlich nicht vorstellen konnten, jemals Sex zu haben, waren in der gleichen Gruppe zusammengewürfelt. Diese Gruppen überlappen zwar, sind aber nicht identisch. Unter meinen persönlichen Bekannten gibt es viele, die ein sehr großes theoretisches Interesse an Sex haben. Immerhin sorgt Sexualität für einige faszinierende menschliche Verhaltensweisen. Die besser zu verstehen, kann sehr hilfreich sein. Manche dieser Personen vermeiden Sexszenen in Büchern oder Filmen, andere nicht, manche finden das sogar manchmal ganz nett. Gleichzeitig würden aber fast sämtliche dieser Bekannten ablehnen, jemals (wieder) Sex zu haben.

---

[131] http://adventures-in-asexuality.tumblr.com/post/178859464883/back-in-2014-the-ace-community-as-a-whole-started (03.12.2018).

[132] Vergleiche auch den Kommentar von Elizabeth hier: https://asexualagenda.wordpress.com/2014/09/30/question-of-the-week-september-30th-2014/ (09.04.2019) „if it involves crossing your boundaries, that's not compromise. It's capitulation.“ – „Wenn deine Grenzen dabei überschritten werden, ist das kein Kompromiss. Sondern Kapitulation.“

[133] https://prismaticentanglements.com/2014/07/31/the-false-dichotomy-of-repulsion-vs-indifference/ (03.12.2018).

[134] http://www.apositive.org/ (03.12.2018).

An der Einteilung haperte es also schon 2011 gewaltig. Ich selbst hatte ebenfalls Schwierigkeiten, mich zu verorten, beziehungsweise hätte ich mindestens zwei Skalen aufmachen müssen – eine mit „Theorie und erfundene Welten“, die auf „Immer her damit“ steht, und eine „Selbermachen“, wo der Pfeil zwischen „Bloß nicht“ und „Also eventuell so ein paar Experimente“ schwankt. Aber es gab eben Leute, die diese Begriffe nützlich fanden. Persönlich hatte ich mich am Kopf gekratzt und beschlossen, dass „asexuell“ völlig ausreichte, und wer mehr wissen wollte, sollte halt fragen.

Wir können aber festhalten, dass asexuelle Menschen, die sich vorstellen konnten, Sex zu haben, oder diesen gar mit ihrem*ihrer*ihren Liebsten genossen, sich in manchen asexuellen Kreisen nicht besonders wohlfühlten. Manchmal ging es bis dahin, dass einer Person abgesprochen wurde, asexuell zu sein. Dies mag auch damit zusammenhängen, dass Neulinge in asexuellen Communities erst einmal ihrem Frust Luft machen. Da wird dann gegen die doofen, triebgesteuerten Allosexuellen gewettert und so weiter. Die Forenmoderation ist mehr oder weniger aufmerksam, und daher kann es vorkommen, dass eine Person, die sich endlich in einem sexfreien Raum wähnt, diesen sehr unhöflich verteidigt.

Gleichzeitig mit dem Forum Apositive entwickelte sich die tumblr-Blase. Sie ist sehr viel größer als das eher gemütliche Forum und hat keine Moderation. In der tumblr-Blase tummelten sich dann 2010 aufwärts hauptsächlich Menschen, die eher in Richtung „indifferent“ gingen. Als Grund vermute ich, dass es eine sehr große Überlappung mit der weiblich und queer dominierten Fanfiction-Szene[135] gibt, wo Geschichten ohne Romanzen und Sexszenen eher die Ausnahme als die Regel sind. Wenn da

---

[135] Fanfiction. Wörtlich: Geschichten von Fans. Eine Person nimmt eine Lücke in einem Roman, einem Film, einer Serie und spinnt daraus eine neue Geschichte. Oder fragt sich: „Was, wenn Captain America/eine beliebige andere männliche Figur schwul wäre?“ (diese Frage stellen etwa 50 Prozent aller vorhandenen Fanfictions bei Archive of Our Own) oder „Was, wenn die Zombieapokalypse ausgefallen wäre und die alle in einem Café arbeiten würden?“ und so weiter. Das Phänomen hat einen hohen Sucht- und Spaßfaktor. Am besten funktioniert das mit einem Fandom (also Buch, Serie, Film) das ausreichend Lücken in der Geschichte aufweist und zwei bevorzugt weiße Typen beinhaltet, die frau sich als Pärchen vorstellen kann.

eine Person „Bäh, Sex!“ rief, war die Wahrscheinlichkeit, dass sie niedergebrüllt wurde, also verhältnismäßig höher.

Nebenbei ist das selbst erarbeitete Aufklärungsmaterial mit Schuld. Weil asexuelle Menschen grundsätzlich unter dem Verdacht stehen, nicht normal und damit krank zu sein, steht in sehr vielen Broschüren, dass die meisten asexuellen Menschen körperlich dazu in der Lage sind, Sex zu haben. Damit soll unterstrichen werden, dass Asexualität kein körperliches Gebrechen ist. Nebenbei steht in den Broschüren, dass manche Aces Sex haben. Resultat der Versicherung „asexuelle Menschen können Sex haben“ ist, dass „ich bin asexuell“ manchmal nicht als Grund reicht, damit auf einen Menschen kein Druck ausgeübt wird, doch Sex zu haben.[136]

Wir gerieten also 2013/2014 in die schräge Situation, dass sich sowohl die Aces, die in Beziehungen Sex haben wollten (oder es sich zumindest vorstellen konnten) als auch diejenigen, die mit Sex gar nichts zu tun haben wollten, völlig von ihren Communities vernachlässigt und verschwiegen fühlten. Aus einem mir nicht ersichtlichen Grund entstand aus diesen Diskussionen ein neues Wort: „sex-favorable“. Zu Deutsch wörtlich etwa „Sex begünstigend“. Das ist so schräg, dass es dafür noch keine Übersetzung gibt, die sich durchgesetzt hat. Gemeint ist natürlich „Sex gegenüber aufgeschlossen“. Ich finde ja mein „considering“/„erwägend“ viel passender, aber es wollte niemand haben. Es gibt also nun die Dreiheit averse/repulsed – indifferent – favorable: vermeidend/abgestoßen – gleichgültig – aufgeschlossen. Die Probleme sind davon nicht weniger geworden, was nicht weiter überraschen dürfte.

Jemand, der Sex (oder dem Hemdenbügeln) gleichgültig gegenübersteht, wird sich weiterhin nicht freiwillig dafür melden. Genauso wird eine Person, die sich grundsätzlich vorstellen kann, in einer Beziehung Sex zu haben, oder diesen hat und genießt, nicht grundsätzlich Interesse an Sex mit beliebigen Menschen haben. So wie die meisten allosexuellen Menschen eben auch. Da ist ein Wort wie „favorable“ nicht hilfreich, zumal es neben „begünstigend“ auch „günstig“ und „gefällig“ bedeuten kann. Leute

---

[136] https://asexualagenda.wordpress.com/2018/09/15/asexuality-as-a-hard-limit-or-the-cat-is-dead/ (25.02.2019).

wie mich mit ihren mindestens zwei Skalen bringt es immer noch nicht weiter. Allerdings findet eine Mehrheit der Menschen in englischsprachigen asexuellen Räumen die Dreiteilung tatsächlich etwas bis sehr hilfreich.[137]

Wenigstens handelt es sich um ein Modell, und wie immer finden sich einige Menschen darin nicht wieder.

Es gibt auch trotz des neuen Wortes immer noch Menschen, die nicht verstehen wollen, dass „manche Aces haben gern Sex" eben *manche* Aces beschreibt. Die Wahrscheinlichkeit, dass man über eine Person gestolpert ist, die keinen Sex möchte, ist recht hoch. Je nach Selbstbeschreibung schwankt die Anzahl von sex-favorable Menschen im Community Survey Report für 2017/2018 von etwa drei Prozent für asexuelle bis zu knapp 30 Prozent für demisexuelle Personen.[138]

Insofern kann ich nur betonen: Bitte dem Gegenüber zuhören und sich auf diese Informationen verlassen. Im Internet steht sehr viel, und ein Großteil davon sind Gerüchte, gefährliches Halbwissen, sich selbst erfüllende Prophezeiungen, Verschwörungstheorien und absichtlich gestreuter Bullshit.

„Ich mag nicht" ist übrigens immer ein völlig ausreichender Grund für eine Ablehnung. Vor allem, wenn etwas die persönlichen Grenzen verletzten kann: Sex, Alkohol, eine laute Party, der Bussi von der Oma oder der Horrorfilm im Kino. Oder andere Dinge, die mir gerade nicht einfallen.

„Ich mag nicht" ist auch dann ein Grund, wenn die gleiche Person in der gleichen Situation vorher schon einmal einverstanden war. Die zu einem früheren Zeitpunkt erteilte Einwilligung ist kein Freifahrtschein. Man sollte sich immer wieder vergewissern, dass das, was man jetzt tun möchte, noch gewünscht ist.

---

[137] Weis et al. (2020).
[138] Weis et al. (2020).

1.15. Positiv, negativ, anti, wie bitte? Sex als Politikum

Neben der Einstellung dazu, wie man im Privatleben mit Sex umgeht, gibt es auch politische Einstellungen dazu. Manche Leute (vor allem solche außerhalb des asexuellen Spektrums) finden Sex eine geniale Sache. Sex sei gesund, halte auch geistig fit und sei Ausdruck eines funktionierenden sozialen Lebens. Deswegen sollten alle Leute möglichst viel einvernehmlichen Sex haben. Andere finden, dass die erste Meinung zu viele Vorschriften enthält, weil diese geradezu fordert, viel Sex zu haben. Sie meinen daher: Alle Leute sollten so viel einvernehmlichen Sex haben, wie sie möchten. Manche Leute möchten gerade oder auf Dauer keinen Sex haben. Und dann ist es gut, wenn sie in Ruhe keinen Sex haben können.

Egal, welche Meinung es genau ist: „einvernehmlicher Sex" beinhaltet alles, was ein, zwei oder mehr zurechnungsfähige Menschen so miteinander treiben können und es als Sex betrachten. Sex unter Menschen des gleichen Geschlechts wird nicht abgewertet. Sex mit mehr als einer Person gleichzeitig wird nicht abgewertet. Selbstbefriedigung wird nicht abgewertet oder sogar als gesund betrachtet. Hauptsache, alle Beteiligten wissen, was sie tun, und sind einverstanden mit dem, was gerade passiert. Gewalt, Drohungen, Überreden oder anderweitig ein Einverständnis erzwingen, ist inakzeptabel. Diese beiden Meinungen werden manchmal als „sex-positiv" bezeichnet. Der Begriff ist übrigens bei einem feministischen Streit um Pornographie entstanden und wird auch im Streit um Prostitution und Sexarbeit benutzt. Es lohnt sich also, nachzufragen, was damit genau gemeint ist und wer da gerade mit welcher Intention spricht.[139]

Ein wenig weiter verkompliziert wird die Sache dadurch, dass eine Handvoll Aces statt „sex-favorable" „sex positiv" verwendet.[140]

Kaum ein Mensch mit einer sex-negativen Meinung wird diese „sex-negativ" nennen.[141] Leute, die sex-negative Menschen kritisieren wollen,

---

[139] https://de.wikipedia.org/wiki/Sex-positiver_Feminismus (20.02.2019).

[140] Vgl. z. B. Postings wie dieses hier: https://asexualsafetag.tumblr.com/post/154945006221/dear-sex-positive-aces-you-may-feel-like-you (13.06.2019).

[141] https://en.oxforddictionaries.com/definition/us/sex-negative (20.02.2019).

sagen auch manchmal „lustfeindlich“. Hier sind Menschen gemeint, die glauben, dass Sex den Menschen gegeben wurde, um Kinder zu zeugen. Sex zum Vergnügen, Sex zwischen Menschen des gleichen Geschlechts, Sex außerhalb der Ehe, Sex mit mehr als einer Person gleichzeitig oder Sex nur mit sich selbst: Alles nicht in Ordnung. Als Gründe werden häufig religiöse oder politische Überzeugungen genannt. Manchmal, aber nicht immer, drücken solche Menschen bei Männern ein Auge zu, was Sex außerhalb der Ehe und Selbstbefriedigung angeht. Sie sind dann gleichzeitig frauenfeindlich.

Sex-negative Menschen finden es oft auch nicht okay, wenn jemand nicht heiratet und keine Kinder hat, obwohl er oder sie (andere Optionen sind ja nicht zugelassen) biologisch dazu in der Lage wäre.

Sex-negative Meinungen und sex-negative Gesetze können also für asexuelle Personen genauso schädlich sein wie für homosexuelle Personen. Vor allem aber benachteiligen sie Menschen mit Gebärmutter, die gerne selbst entscheiden möchten, was mit dieser Gebärmutter passiert.

Dann gibt es Menschen, die Sex keinen Wert an sich beimessen – ihn also weder grundsätzlich gut noch grundsätzlich schlecht finden. Sie meinen, dass Sex immer in dem Zusammenhang bewertet werden muss, in dem er vorkommt. Diese Einstellung nennt sich manchmal sex-neutral und scheint unter Menschen im asexuellen Spektrum recht häufig.[142]

Außerdem gibt es noch Menschen, die finden, dass Sex ein Ausdruck niederer Instinkte ist. Menschen sollten besser sein als ihr „Trieb“ und keinesfalls deswegen ihre Vernunft ausschalten. Sex sei demnach grundsätzlich moralisch verwerflich. Eine solche Meinung nennt man auch „antisex“ oder „antisexuell“.[143]

Einige asexuelle Menschen haben eine antisexuelle Meinung, wie ich oben bereits geschrieben habe. Oft kommt sie in der „Findungsphase“ vor. Viele asexuelle Menschen haben jahrelang gehört, dass sie weniger wert sind, weil sie keinen Sex möchten. Manchmal finden sie es dann angenehm, ihrerseits auf „triebgesteuerte“ Leute herabzusehen. Wer mag sich

---

[142] Bauer, Miller, Ginoza et.al. (2018).

[143] http://wiki.asexuality.org/Antisexual (20.02.2019).

nicht einmal in Ruhe über die ungerechte Welt aufregen und sich als etwas Besseres fühlen? Der Wunsch ist nachvollziehbar, geht aber bei den meisten wieder vorbei, sobald sie sich eine Weile lang unter verständnisvollen Menschen bewegt haben. Am besten weist man Menschen aus dem asexuellen Spektrum mit derartigen Meinungen darauf hin, dass das eine Schutzreaktion ist. Sie möchten nicht, dass man wegen Sex auf sie herabsieht? Warum tun sie es dann anderen an?

Allerdings sind nicht alle Menschen mit einer antisexuellen Einstellung asexuell. Christliche bzw. vor allem römisch-katholische Schriften vertreten manchmal eine eher antisexuelle Einstellung: Wer es schafft, auf Sex zu verzichten, wird unter Umständen verehrt und rückt näher ans Himmelreich.

Die meisten asexuellen Menschen möchten weder als antisexuell noch als übertrieben christlich gelten, daher ist ihnen oft wichtig, dass ihre Asexualität nicht mit Enthaltsamkeit verwechselt wird. (Siehe oben.)

2. Ja, aber ... Vom Leben mit Einwänden und Überlappungen

Worin die Autorin einen Einblick in eine Grunderfahrung asexueller Menschen gibt: Den Zweifel. Außerdem sind viele asexuelle Menschen nicht nur asexuell, sondern haben auch andere Eigenschaften und Erfahrungen, die mehr oder weniger häufig oder alltäglich sind.

2.1. „Das kann nicht sein."

Von Denkfallen und Coming-out

Das mit dem Coming-out bei sexuellen, geschlechtlichen und romantischen Minderheiten ist immer so eine Sache. Als erstes merkt ein Mensch, dass er nicht so tickt wie der Rest des Umfelds. Die Gesellschaft gibt Normen vor, wie sich Leute verhalten dürfen, und die betroffene Person kann sich nicht in diese Normen einfügen. Dann muss sich diese Person innerlich damit anfreunden, dass sie nicht komplett „normal" ist. Mit ein bisschen Glück kennt sie für diese besondere Art, nicht normal zu sein, ein Wort. Möchte die Person dieses Wort für sich verwenden? Dieser innere Prozess kann ganz schön Angst machen, werden „unnormale" Menschen doch von den vermeintlich „normalen" Menschen weniger freundlich behandelt.[144]

---

[144] Menschen mit einer erkennbaren körperlichen Behinderung oder einer Hautfarbe abseits der mitteleuropäischen rosa-beige-geschälte-Kartoffel Töne können sich das nicht aussuchen. Aber was ich darüber schreibe, wie Minderheiten behandelt werden, gilt natürlich für alle Minderheiten und sogenannte Randgruppen.

„Aber" wendet vielleicht jemand ein, „‚unnormale' Menschen fallen mir halt auf, also schaue ich hin." Tatsächlich sortieren die meisten Menschen ihre Umgebung automatisch in „gewohnt oder ungewohnt" und „gefährlich oder ungefährlich" ein. „Ungewohntes" wird länger beobachtet, um herauszufinden, ob es gefährlich ist. Entsprechend beschäftigen sich Menschen mit einer „ungewohnten" Person, möchten vielleicht wissen, wieso diese Person so ist, wie sie ist. Für diese erste Reaktion kann kein Mensch etwas. Unglücklicherweise tappen sehr viele Menschen von dort aus in die Minderheiten-Denkfalle[145]:

Man geht erstens davon aus, dass es einen Grund gibt, den man von der Person erfragen kann. Es erscheint unmöglich, dass diese ungewohnte Person einfach so existiert. Das ist der Ursprung aller Fragen, wo ein Mensch „in echt" herkommt (weil die Fragenden sich weigern, beispielsweise „Mannheim" zu glauben) oder ob die sexuelle Orientierung oder die Geschlechtsthematik durch irgendetwas verursacht wurde. Weil die Fragenden zwar akzeptieren, dass „Hetero" einfach so zustande kommt, aber nicht glauben wollen, dass die Natur auch seltenere Varianten hervorbringt. (Wahrscheinlich zielt sie in geschätzten fünf bis zehn Prozent der Fälle eben nicht auf Heterosexualität, weil es Menschen braucht, die den geschwisterlichen Nachwuchs statt dem eigenen beschützen und pflegen. Deren Schwestern scheinen im Schnitt auch mehr Kinder zu haben.[146])

Zweitens wird die auffällige oder ungewohnte Person aus der Gruppe der Verwandten und Pseudoverwandten ausgeschlossen: „Niemand von uns, nicht unterstützenswert." Wenn möglich, ordnet man die betreffende Person in Gedanken einer anderen Gruppe zu: „Ah, das ist wer von Denen!"[147] Sofort ruft das Gehirn alle Vorurteile ab, die es zu der entsprechenden Gruppe kennt. Meistens sind diese nicht sehr schmeichelhaft.

---

[145] In der Fachsprache heißt das Ingroup-Outgroup-Bias, also eine „Wir"-Gruppe-„Die"-Gruppe-Wahrnehmungsverzerrung.

[146] Kurzzusammenfassung beispielsweise hier: https://www.wissenschaft-im-dialog.de/projekte/wieso/artikel/beitrag/welche-evolutionaeren-gruende-gibt-es-fuer-homosexualitaet/

[147] Insgesamt ist das natürlich etwas komplizierter, aber Robert Sapolsky braucht dafür 500 Seiten Bibeldruckpapier, daher hier die Kurzfassung. – Vgl. auch Sapolsky

Selbst wenn sie schmeichelhaft sind, beweisen sie doch, dass die Person hauptsächlich als Teil ihrer Gruppe wahrgenommen wird. Damit sieht man einen Menschen nur noch als einen gesichtslosen Teil von „Denen". Die Minderheiten-Denkfalle hört sich ungefähr so an: „Der da/die da gehört zu Denen, und die sind alle …"[148] Aus diesem Zusammenhang erschließt sich, dass „wir" grundsätzlich für besser gehalten werden als „die". Durch die Abwertung einer anderen Gruppe bügelt man so das eigene Selbstwertgefühl auf.

Jetzt passiert unter anderem Folgendes: Die selbsterklärten „Normalen" beobachten die „Unnormalen" sehr aufmerksam. Wenn es um Sexualität und Geschlecht geht, halten sie die Minderheit unter Umständen für krank oder lernbehindert. Die Denkfalle behauptet ja, dass es einen Grund dafür geben muss, warum dieser Mensch so ist. Und ein Mensch wird ihrer Ansicht nach kaum freiwillig „unnormal" sein. Also muss die betreffende Person entweder krank sein oder verführt worden sein oder sich dafür entschieden haben. Und eine solche Entscheidung treffen – der Meinung der „Normalos" nach – nur Menschen mit einem Sprung in der Schüssel. Dass es eben einfach so sein könnte, entzieht sich ihrem Verständnis, solange sie in der Denkfalle festsitzen.

Die Denkfalle führt zu unschönen Begebenheiten. Menschen in der Denkfalle halten sich für besser und ihre Meinung für die einzig richtige. Und außerdem hätten sie es natürlich lieber, wenn die „unnormale" Person gar nicht da wäre oder sich wenigstens anpasst. Einige von ihnen meiden deswegen Menschen aus Minderheitengruppen oder schlagen ihnen Heilungsmöglichkeiten vor oder behandeln sie herablassend oder beschimpfen sie auf offener Straße oder stoßen sie vor fahrende Autos. Oder oder oder.

Wenn sich Menschen aus Minderheiten über eine solche Behandlung beklagen, werden sie selten ernst genommen. Sie bekommen zu hören, dass das gewiss ein Einzelfall gewesen sei. Bisweilen wird ihnen unterstellt – siehe oben – sie würden sowieso nur auffallen wollen. Wer derart eine

---

(2017), Serano (2013).

[148] Auch das ist eine Form von Essentialismus.

Reaktion provoziere, dürfe sich auch nicht über negative Folgen beklagen.[149] Außerdem sollten sie sich was schämen, dass sie überhaupt Aufmerksamkeit für ihren Exotenstatus beanspruchen.

Das mit der Scham ist sehr wichtig, denn es ist ein Mittel, mit dem man Menschen sehr effektiv zum Schweigen bringt. Wie gesagt halten die selbsterklärten Normalos ihre Meinung für die einzig richtige. Wenn „unnormale" Menschen befangen sind, weil andere ihnen ungebetene Aufmerksamkeit entgegenbringen, kann es den „Normalos" nur recht sein. Die „seltenen Vögel" sollen doch bitte daheimbleiben, die Klappe halten und den Alltagsbetrieb nicht mit ihren besonderen Merkmalen stören. Und die sich schämen, tun genau das: Sie halten die Klappe.[150]

Diese schlechtere Behandlung, das Gefühl der Scham, das Bewusstsein, dass man sich anpassen muss oder besser gleich verschwinden soll: Das alles zusammen führt zu einer psychischen Belastung. Diese Belastung heißt Minderheitenstress.

Logischerweise existiert dieser Stress, bevor man das Wort dazu kennt, wenn auch unterschwellig. Jungs, die „zu oft" weinen, Mädchen, die „zu wild" sind. Leute, die Sex nicht verstehen und

> „zu wählerisch oder eigensüchtig sind, oder sich einen Spaß draus machen, andere erst heißzumachen und sie dann fallen zu lassen, frigide, impotent, hässlich, Loser, zurückgeblieben, behandlungsbedürftig …"[151]

Wenn das nur oft genug wiederholt wird, glaubt man das irgendwann auch, vor allem wenn man jung ist und das Dazugehören als überaus wichtig erscheint. Ein Minderheitendasein braucht daher meist ein dickes Fell. Sehr empfindsamen jungen Menschen wächst keines, oder es wächst zu spät, deswegen schaffen es manche nicht, die Welt weiter auszuhalten.[152] Oder,

---

[149] Die Ironie ist: Menschen aus Minderheiten leiden sehr häufig unter der übertriebenen Aufmerksamkeit, mit der sie beobachtet werden. Sie können gar nicht anders als auffallen, daher ist es so folgerichtig wie unlogisch, es ihnen vorzuwerfen.
[150] Vgl. auch Serano (2013).
[151] Diese Liste ist frei nach Decker (2014), Seite XII zusammengestellt.
[152] https://www.academia.edu/15009635/BOOK_Cover_Rob_2012_._

wie Julie Sondra Decker schreibt: Wenn alle dich behandeln, als wärst du kaputt, könnte es sein, dass du irgendwann zerbrichst.[153]

Die bislang größte Umfrage unter asexuellen Menschen zeigt, dass fast 60 Prozent der Befragten schon aktiv über Selbsttötung nachgedacht hatten – knapp 8000 Menschen also.[154]

Es kann sich also sehr gruselig anfühlen, sich gedanklich in eine dieser Minderheitengruppen einzuordnen, über die man vielleicht all diese schlechten Botschaften verinnerlicht hat.[155] Wer gesteht sich schon gern ein, zu einer Truppe zu gehören, die andere verachten, die man selbst vielleicht zu verachten gelernt hat? Diese gedankliche Einordnung heißt „inneres Coming-out".

Sobald man diesen beachtlichen inneren Schritt gegen die gesellschaftlich verordnete Scham getan hat, steht man vor der Möglichkeit, anderen Menschen mitzuteilen, dass man zu einer Minderheit gehört. In Fachkreisen heißt das „äußeres Coming-out".

Für die meisten dieser äußeren Coming-outs gibt es typische Reaktionen. Am besten eine Minderheit und „Bingo" in die Suchmaschine der Wahl eingeben: Das Internet spuckt bestimmt Sprüche aus, die Sie auch schon gehört haben. Schwule Paare werden unter anderem gefragt, wer denn die „Frau" in der Beziehung sei. (Sinnfrei. Ein Paar Essstäbchen fragen Sie auch nicht, wer die Gabel ist.) Lesbische Frauen müssen hingegen öfter die Spekulation ertragen, ob sie in Abwesenheit eines Penis überhaupt echten Sex haben können. (Diese Vorstellung ist vorbelastet von einer Kultur, die oft die sexuelle Lust von Frauen reguliert. Zu dem, was „Sex" je nach Zusammenhang bedeuten kann, siehe oben.) Bisexuelle Menschen bekommen sehr häufig Sex angeboten. (Heterosexuelle Personen haben

---

Queer_Youth_Suicide_Culture_and_Identity_Unliveable_Lives_London_Ashgate (12.12.2018) und https://edition.cnn.com/2017/12/19/health/lgbq-teens-suicide-risk-study/index.html (12.12.2018).

[153] „If everyone treats you like you're broken, you may eventually crack." Decker (2014), Seite XIII.

[154] Weis et al. (2020).

[155] Sofern man die Wahl hat. Wie beschrieben fallen manche Menschen den „Normalos" so schnell auf, dass sie sich das nicht aussuchen können.

doch auch nicht mit allen Sex, die ihnen welchen anbieten, oder?) Transsexuelle Menschen müssen meistens Fragen nach dem derzeitigen Status ihrer Geschlechtsteile beantworten. Und so weiter. Und oft sehr unhöflich und distanzlos.[156] Und wo wir gerade dabei sind – einmal zum Gruseln – ich habe grau hinterlegt, was ich schon erlebt habe:

Du bist doch gar nicht so hässlich.	Oh, manchmal wäre ich auch gern asexuell.	Du hast nur noch nicht den richtigen Menschen gefunden.	Woher weißt du, dass du es nicht willst, wenn du es nicht probiert hast?	Du hattest eben noch nicht die richtige Sorte Sex.
Du hast Angst vor einer engen Beziehung.	Du bist (als Kind) missbraucht worden.	Du bist homosexuell und willst es nur nicht zugeben.	Ach, hast du eine schlechte Beziehung hinter dir?	Das klingt aber nach Autismus.
Mastubierst du?	Hattest du schon mal Sex?	Hast du schon mal nach deinen Hormonen schauen lassen?	Das ist bloß eine Phase.	Das ist traurig. Du verpasst das Schönste, was es im Leben gibt.
Wollt ihr uns den Sex verbieten?	Warum haßt du Sex?	Asexualität ist das gleiche wie Enthaltsamkeit.	Das ist nicht natürlich.	Aber alle Menschen sind sexuelle Wesen!
Du kannst niemanden lieben, ohne Sex mit der Person zu haben.	Was machst du dann den ganzen Tag?	Du willst bloß auffallen.	Bist du geistig oder körperlich behindert? Dann liegt es daran.	Du bist bloß schüchtern.

[156] Das asexuelle Bingo mit Antworten ist auch als Text im Anhang. Yannic hat es ähnlich als Grafik erstellt: https://yhaupenthal.org/1435247181.htm (09.04.2019).

Seit den Nullerjahren stammen diskriminierende Fragen an schwule, lesbische und bisexuelle Menschen, ob man schon versucht hätte, den offenbar umnebelten Geisteszustand zu heilen, von eher geringen Teilen der Bevölkerung. Das heißt aber nicht, dass die Leute nicht darüber nachdenken. Sonst wäre die Angst, kleine Jungs durch die Anwesenheit von Puppen oder rosafarbenen Dingen im Kinderzimmer „schwul zu machen“, nicht so verbreitet. Die Antwort für sexuelle Minderheiten und Menschen mit Geschlechtsthematik ist übrigens medizinisch bestätigt und heißt: Das ist einfach so. Es ist weder durch Erziehung zu erreichen noch durch Erziehung aufzuhalten.[157]

Die Aussicht auf unschöne Reaktionen kann dazu führen, dass Menschen auf ihr äußeres Coming-out verzichten oder es so weit hinausschieben wie möglich. Schließlich möchte ein Mensch gern als Mensch und nicht als gesichtsloser Teil einer irgendwie gearteten Gruppe angesehen werden.

Andere haben wie gesagt die Vorurteile verinnerlicht. Sie zermartern sich das Hirn, warum sie so sind, wie sie sind. Tatsächlich finden manche dann etwas, das sie als einen Grund festmachen können und das ihnen hilft, ihre Empfindungen einzuordnen, aber an sich ist das Kopfzerbrechen, wie oben erläutert, unnötig.

Manche mögen sich so sehr für sich selbst schämen, dass sie vor ihrer eigenen „Unverschämtheit“ erschrecken, Gleichbehandlung einzufordern. In diesem Fall tief durchatmen. Es mag sich frech und ungezogen anfühlen, aber in Wahrheit ist es mutig.

Und selbst wenn eine Person eine Ursache nennt, ist das kein Grund, sie schlechter zu behandeln.

---

[157] Siehe u.a. hier: https://web.archive.org/web/20140330155703/https://www.dgppn.de/fileadmin/user_upload/_medien/download/pdf/stellungnahmen/2013/DGPPN-Referat_Stellungnahme_zu_Konversionstherapien.pdf (20.12.2018).

Gibt's doch gar nicht – Der Bestätigungsfehler und die Postmoderne

Die Frage nach Heilungsmöglichkeiten ist, wie wir gehört haben, in Deutschland bei homosexuellen Personen selten geworden. Nicht so bei Menschen aus dem asexuellen Spektrum. Da ist nämlich die erste Reaktion oft, eine Entkräftung zu suchen – wohl in der Hoffnung, dass das wieder weggeht oder dass es das gar nicht gibt. Hier ist eine zweite Denkfalle am Werk: Der Bestätigungsfehler.[158] Menschliche Gehirne gehen nämlich gern den Weg des geringsten Widerstands. Daher legen sie sich erst ein Bild von der Welt zurecht, und suchen dann nach Fakten, die ihr Bild von der Welt bestätigen. Wenn das Gehirn etwas wahrnimmt, das nicht ins Bild passt, ignoriert es das bevorzugt. Wenn das Gehirn es nicht ignorieren kann, ist die erste Reaktion, das nicht zu glauben. (Das ist der Grund, warum es im Internet Blasen gibt – das sind nämlich im Grunde Bestätigungsblasen. Diese Verzerrung klingt zunächst auch recht lustig. Dann wird einem klar, wie oft das Gehirn einen denkt und nicht umgekehrt. Aber wenigstens können Menschen lernen, wie ihr Gehirn funktioniert und es austricksen.)

Schwule, lesbische, bi- und pansexuelle Menschen kennen das vielleicht: Dass man fast offensiv nicht-heterosexuell ist, aber dass Heterosexuelle das nicht bemerken, weil dieser Gedanke einfach außerhalb ihres Möglichkeitshorizonts liegt. Der Bestätigungsfehler sorgt dann dafür, dass viele Leute sich erst einmal weigern zu glauben, dass Asexualität existiert. Manche Gehirne schalten auch ab und hören nicht zu, und dann stellt die Person, die sich geoutet hat, irgendwann fest, dass dieser andere Mensch gar nichts mehr von dem Coming-out weiß.[159]

---

[158] Auf Englisch „confirmation bias“. Vgl. auch Lotto (2018).

[159] Eine noch gefährlicherer Bestätigungsfehler liegt dann vor, wenn ein Gehirn sich durch Missbrauchserfahrungen, Misshandlungen oder eine Depression selbstständig macht und alles auf einmal darauf hinzuweisen scheint, dass man wertlos, schuldig und anderen lästig ist und besser tot wäre. Nein, Sie sind nicht schuld und Sie sind nicht wertlos, aber Ihr Gehirn glaubt das, weil das mehr Sinn ergibt als die anderen Möglichkeiten, und sucht sich dann Beweise dafür.

Selbst wenn andere glauben, dass Asexualität bei manchen Menschen vorkommt, weigern sie sich manchmal zu glauben, dass eine bestimmte Person zum asexuellen Spektrum gehört. Denn es passt einfach nicht in das Bild, das sie sich bislang von der Person gemacht haben. Um sich zu bestätigen, dass sie die ganze Zeit doch richtig lagen, bohren sie nach Lücken, um der Person dann zu erklären, dass sie gar nicht asexuell sein kann. Egal, ob es sich um Selbstbefriedigung, schlechte Erfahrungen oder sonst etwas handelt: Fast jedes Detail kann dadurch im Auge Außenstehender zum Fallstrick werden.

Viele Menschen, die das erste Mal mit Asexualität konfrontiert werden, haben wegen des Bestätigungsfehlers das Bedürfnis zu bestreiten, dass es das gibt. Auf Fotos findet man gelegentlich Plakate, auf denen steht: „Asexuals exist. Get over it." („Asexuelle existieren. Werdet damit fertig.") Das liegt daran, dass wir immer noch Menschen überzeugen müssen, dass wir uns das nicht ausgedacht haben.

Warum können die das einfach nicht glauben? Warum schlägt der Bestätigungsfehler hier so zu? Wie oben bemerkt, hat Sex in dieser Gesellschaft einen recht hohen Stellenwert, wenn es darum geht, sich zu versichern, wer man ist. Wenn wir Ela Przybylos[160] Argumenten folgen, sind in unserer postmodernen Gesellschaft die meisten so verunsichert, dass sie sich an alles klammern, was ihnen unter die gedanklichen Finger kommt, um nicht nachdenken zu müssen, wer sie sind und was sie hier auf dieser schönen Erde eigentlich machen.[161] Und zu dem, woran man sich klammern kann, gehört eben Sexualität. Man tut, was die anderen als richtig vorleben, und verurteilt, was man als nicht-normativ kennengelernt hat. Unsere Gesellschaft ist also nicht darauf vorbereitet, mit Erwachsenen umzugehen, die nie Lust auf Sex haben. Vielmehr versucht sie, solche Personen mit allen zur Verfügung stehenden Mitteln dahin zu bringen, sich anzupassen und Sex zu haben.

---

[160] Spricht sich in etwa „Pschübülo".

[161] Frei nach Przybylo (2011).

Przybylo hat deswegen den Begriff „compulsory sexuality“ (ein Zwang oder eine Pflicht zu Sexualität) geprägt. Er beschreibt eine „Sammlung von Annahmen und Verhaltensweisen, die die Vorstellung stützen, dass jeder normale Mensch sexuell ist, dass es unnatürlich und falsch ist, keinen (gesellschaftlich anerkannten) Sex zu wollen, und dass Menschen, die Sexualität nicht kümmert, eine unbedingt notwendige Erfahrung verpassen“.[162] Dementsprechend glauben sehr viele, was mal irgendwer in die Welt gesetzt hat: Dass Sex genauso Teil der Grundbedürfnisse sei wie Atmen, Essen, Trinken, Schlafen und eine angemessene Umgebungstemperatur.[163] Ohne ungeschützten Penis-in-Vagina-Sex stirbt man aber nicht, man gibt nur seine Gene nicht direkt weiter. Insofern hinkt der Vergleich gewaltig.

Unglücklicherweise glauben sogar Menschen, die sich als asexuell beschreiben könnten, dass Sex ein Grundbedürfnis sei. Einfach, weil alle es sagen. Wenn man etwas oft genug hört und niemand widerspricht, glaubt man es eben irgendwann. Es gehört zu den Grundannahmen der Zivilisation, in der man lebt.

Sex gehört außerdem mittlerweile zum Kapitalismus. Sex sei gesund. Nur wer gesund ist, kann produktiv sein. In Zeiten von „Humankapital“ ist es echt sinnvoll, wenigstens so zu tun, als sei man produktiv und trage zum Wachstum bei. Indem ich mich als begehrend und/oder begehrenswert inszeniere, kommt meinem Körper ein Wert zu und ich gelte als produktiv.[164] Und dann kommt also jemand daher und sagt: „Ich bin auf dieser Ebene nicht produktiv und möchte auch nicht produktiv sein, und dass ihr euch so an die Sexualnormen klammert, ist mir egal.“ Natürlich nicht mit diesen Worten, sondern es heißt: „Ich bin asexuell.“

Die Person, die da ihr Coming-out hat, hat wahrscheinlich nicht sehr ausführlich über Kapitalismus und die Postmoderne nachgedacht, sondern

---

[162] Chen (2020), S. 35.

[163] Hier scheint irgendetwas bei der Bedürfnispyramide von Abraham Maslow schiefgegangen zu sein. http://insight.cumbria.ac.uk/id/eprint/2942/1/KingHill_CriticalAnalysisOfMaslows.pdf (30.04.2019).

[164] Vgl. auch Zimmermann und Bozdoğan (2015).

ist einfach froh, dass sie endlich ein Wort für sich gefunden hat. Auch die Person, die zuhört, wird selten über Kapitalismus und die Postmoderne nachdenken, bevor sie bestreitet, dass Asexualität existiert.

Aber diese Kritik an den Glaubenssätzen unserer Gesellschaft ist in einem asexuellen Coming-out enthalten. Zumindest unterschwellig. Wenn wirklich *alles* okay wäre – auch asexuelles unproduktives Nichtbegehren – litten weniger Menschen unter Minderheitenstress und bräuchten nicht so dringend ein Wort. Aber es ist eben nicht alles okay. Und wer hört schon gerne, dass jemandem die Glaubenssätze, nach denen man sein Leben mehr oder weniger enthusiastisch ausgerichtet hat, komplett egal sind? Dass es geht, auf den ganzen Mist zu pfeifen und trotzdem zu leben? Das ist ein Angriff auf die eigenen Überzeugungen. Und es ist ein Angriff auf die Bemühungen, alles richtig zu machen. Die einfachste Reaktion auf einen solchen Angriff ist, zu behaupten, dass das Phänomen, das einen angreift, gar nicht existiert.

Bist du sicher?

Klappt das mit dem „Asexualität gibt's nur bei Pflanzen und du bist einem Internet-Hype aufgesessen" nicht, müssen feinere Werkzeuge her.

> „Bist du sicher, dass du wirklich asexuell bist? Bist du sicher, dass es das gibt? Ja, aber woran liegt das?"

Ohne es zu merken, tappen diese Menschen in die Minderheiten-Denkfalle – obwohl sie abstreiten, dass die befragte Person zu einer Minderheit gehört.[165] Mit ihren Fragen verraten sie, dass sie ihre Gruppeneinteilung schon vorgenommen haben: Sie gehen davon aus, dass die befragte Person zu krank oder zu sehr kognitiv eingeschränkt ist, um ihre Erfahrungen selbst beurteilen zu können. Aus irgendeinem Grund glauben die Zweifelnden auch, dass die a_sexuelle Person sich diese Fragen noch nicht gestellt

---

[165] Das ist ein schönes Beispiel dafür, wie absurd Menschen sein können.

hat. „Nein, danke“ ist eben in Bezug auf Sex eine für diese Gesellschaft eher abwegige Einstellung. Sehr schön brachte es eine Folge der Arztserie *House* auf den Punkt:

> „Ein Mensch, der behauptet, keinen Sex haben zu wollen,
> ist entweder krank, tot oder lügt.“[166]

Daher fragen sich selbstverständlich auch asexuelle Menschen, die dem Begriff zum ersten Mal begegnen: Bin ich sicher, dass das keine Krankheit ist? Ist mit meinen Hormonen alles in Ordnung? Bin ich sicher, dass ich nichts verdrängt habe? Bin ich sicher, dass …? Kann ich überhaupt so sein, oder lüge ich mir etwas vor, weil …? Existiere ich überhaupt? Gerade „Baby-Aces“[167] leiden unter diesen Zweifeln und können durch wohlmeinende Nachfragen von der Familie oder befreundeten Menschen sehr verunsichert werden. Die Fragen entspringen nach dem ersten Schreck oft einer Besorgnis – vor allem, wenn die asexuelle Person selbst sich nicht zu hundert Prozent wohlzufühlen scheint. Das kann vor allem bei sehr mitteilsamen Menschen der Fall sein. Extrovertierte Menschen brauchen häufig Gespräche, um sich über ihre Gedanken klar zu werden. Das innere Coming-out ist vielleicht noch nicht komplett verarbeitet, da erzählt man es den Eltern, der besten Freundin oder sonst einer nahestehenden Person, weil man sonst das Gefühl hat, platzen zu müssen. Aufmerksame, liebe Menschen nehmen diese Aufregung und die Unsicherheit mit dem neuen Begriff natürlich wahr und machen sich entsprechend Sorgen.

Aber nicht alles, was gut gemeint ist, ist auch gut gemacht.[168] Mit Fragen wie „Bist du sicher?“ signalisiert das Umfeld erstens, dass es nicht okay ist, asexuell zu sein. Und wenn es nicht okay ist, ist es minderwertig.

---

[166] House, Folge „Better Half“. Übersetzung aus dem Englischen von der Autorin. Siehe auch: https://www.youtube.com/watch?v=8itQRuynUzc (12.12.2018).

[167] Solche Menschen, die ihr inneres Coming-out als asexuell/gray-a/demi noch nicht lange hinter sich haben.

[168] Dieses Buch hat einen echten Ratgeber-Teil. Ich würde trotzdem empfehlen, nicht zu schnell vorzublättern.

Mit solchen Gedanken schlägt sich die Person, die ihr Umfeld ins Vertrauen gezogen hat, schon selbst genug herum, da braucht sie wirklich keine Nachhilfe und Erinnerung. Zweitens bezweifelt die Frage: „Bist du sicher, dass du wirklich asexuell bist?" die Fähigkeit zur Selbsterkenntnis. „Bist du sicher, dass du nicht einfach nur doof bist?", heißt das anders formuliert. So eine Frage tut weh, vor allem, wenn sie von Leuten kommt, die jemanden besser kennen sollten. Das ist weder nett noch besorgt, und dann darf man sich nicht wundern, warum die asexuelle Person auf einmal beleidigt ist, obwohl man nur helfen wollte.

Aber auch Menschen, die schon länger dabei sind, stehen manchmal vor Zweifeln. Ist das, was ich hier mache und schreibe, wirklich wichtig? Oder nicht vielmehr total lächerlich?[169] Sollte ich mich nicht lieber um den Klimawandel kümmern? Habe ich das damals wirklich so empfunden oder lege ich mir hier eine persönliche Geschichte zurecht, damit das alles besser zusammenpasst? Ist das, was ich da gefühlt habe, wirklich ästhetische Anziehung, oder wollte ich nicht vielleicht ein kleines bisschen hinfassen?

Sciatrix meinte einmal, dass die dauernde Wiederholung von „Ist das wirklich Asexualität? Bist du sicher?" dazu führt, dass vor allem Baby-Aces jede Erfahrung hinterfragen und in ihre Bestandteile zerlegen. Somit könnte dieser Hang zum Zweifel und zum Bezweifeltwerden ein Grund sein, warum so viele Unterkategorien und Begriffe entstanden sind.[170]

Außerdem ist es ein weiteres Argument für das Verbot, Diagnosen zu stellen. (Siehe „Vom Leben ohne Türkontrolle".) Viele zweifeln. Jedes Mal, wenn ein neues Wort auftaucht, fragen sich manche, ob dieses sie nicht vielleicht besser beschreibt als ihr altes. Jede Erinnerung kann dauernd untersucht werden, und ungläubige Reaktionen von außen laden sehr dazu ein. Weil aber niemand in den Kopf anderer Leute schauen kann, sollte das innerhalb der Communities nicht noch unterstützt werden. Wer unsichere Menschen trifft, kann ihnen vorschlagen, dieses oder jenes Wort

---

[169] Die meisten Dinge, die Menschen tun, wirken auf einer kosmischen Skala lächerlich. Wir finden einen Haufen Kram wichtig, der bei näherer Betrachtung völlig hirnrissig ist. Meine Slytherin-Tasse gebe ich aber trotzdem nicht her.

[170] https://asexualagenda.wordpress.com/2013/07/30/switching-on-airplane-mode/ (12.12.2018).

nachzuschauen. Auf Aussagen wie: „du bist eindeutig nicht … sondern …“, sollte man aber verzichten.

Mag sein, dass jetzt jemand kichert. Von außen betrachtet sieht das vielleicht lächerlich und sogar ein bisschen bemitleidenswert aus. Ich wette, dass dieser Jemand, der da lacht, heterosexuell ist und noch nie darüber nachdenken musste, ob er oder sie wirklich ein Mann oder eine Frau ist. Zweifel sind ein Teil der Minderheitenerfahrung. Sie entstehen durch die Mehrheitsgesellschaft und deren Überzeugung, dass ihr gesunder Menschenverstand der Maßstab aller Dinge ist.[171]

Ich hätte weniger gezweifelt, ich würde weniger zweifeln, wenn man mir nicht 25 Jahre lang erzählt hätte, dass ich nicht existieren kann. Gleichzeitig bin ich für diese Zweifel auch sehr dankbar. Zweifel sind der beste Weg, eingefahrene Muster zu erkennen und einem schädlichen Alltagstrott zu entkommen. Sie sind der Grund, warum man Informationen sucht und dadurch den eigenen Horizont erweitert. Meine Zweifel haben mich dazu geführt, Stimmen zu lauschen, Texte zu lesen und Menschen zu treffen, die ich sonst niemals gefunden hätte. All das hat mein Leben unendlich reicher gemacht.

2.2. Bin ich noch asexuell, wenn ich …?

Und damit wenden wir uns einigen Eigenschaften und Erfahrungen zu, die gleichzeitig mit Asexualität auftreten können. Nicht unbedingt eine heitere Parade, da jeder Punkt auf dieser Liste schon einmal dazu benutzt wurde,

---

[171] „Aber wie Einstein bemerkte, ist der gesunde Menschenverstand tatsächlich nichts weiter als eine Kruste aus jenen Vorurteilen, die sich bis zum Alter von achtzehn Jahren im Gehirn abgelagert haben.“ Original nach Wikiquote: „But as Einstein has pointed out, common sense is actually nothing more than a deposit of prejudices laid down in the mind prior to the age of eighteen.“ In: Lincoln Barnett: The Universe and Dr. Einstein, 1948.

Menschen ihr Wissen über sich selbst abzusprechen. Manche dieser Themen sind – ganz unabhängig von Asexualität – Beispiele für die Ungerechtigkeit dieser Welt.

Libido und Selbstbefriedigung

Weiter oben ging es schon um das ABCD-Modell. Da wurde zum einen beurteilt, ob irgendwelche Anziehung vorhanden war, und zum anderen, ob die Person eine Libido hatte oder nicht. Eine Libido ist in diesem Fall der Sexualtrieb. Sie fragt, ob und wie oft ein Mensch Lust auf sexuelle Stimulation und einen Orgasmus hat. Die meisten Personen mit Libido werden dieser Libido nachgeben, sich also mehr oder weniger häufig selbst befriedigen.

Manche asexuellen Menschen kennen so einen Trieb nicht. Wenn sie altmodisch sind oder genau sein wollen, nennen sie das „non-libidoist".

Und manche haben eben eine Libido. Das heißt, ihre Geschlechtsteile melden mehr oder weniger häufig, dass sie gern Aufmerksamkeit und Berührungen hätten. Das heißt dann auch mal „libidoist".

Dieser Unterschied trat sehr früh zutage, und man kann dem sehr viel Bedeutung beimessen. Die Menschen ohne Libido betrachteten sich eine Weile als diejenigen, die die einzig wahre Asexualität hüteten[172]: Jemand, der sich aus egal welchen Gründen schon einmal selbst befriedigt hatte, sei grundsätzlich nicht asexuell. Im Gegenzug mussten sie sich fragen lassen, ob mit ihren Hormonen alles in Ordnung sei. Und warum sie sich auf eine Eigenschaft, die sie sich nicht ausgesucht hatten, so viel einbildeten.

Gegenwärtig ist die Ansicht, dass es eben solche und solche asexuellen Menschen gibt. Was eine Person mit sich selbst unter der Bettdecke oder im Badezimmer treibt oder auch nicht treibt, hat keine Auswirkungen darauf, wie sehr sie in der Gesellschaft als unangepasst erscheint. Asexuelle

---

[172] http://web.archive.org/web/20060112235108/http://www.theofficial asexualsociety.com/ (20.12.2018).

Menschen fallen auf, weil sie Situationen vermeiden, in denen sie angebaggert werden könnten, weil sie sexuellen Humor vielleicht verstehen, aber schneller satt haben als der Durchschnitt, weil sie nicht über Sex sprechen möchten, weil sie dauernd Single sind oder ihre Versuche, jemanden zu finden, schnell scheitern, oder oder oder.

Trotzdem habe ich ein paar Arbeiten gelesen, um hier zu verraten, was „manche" heißt. Die Umfrage mit den meisten Antworten, die derzeit online ist, ist der Ace Community Census von 2018. Es wurde zuerst gefragt, wie die Personen ihre Libido einschätzen. Stark oder nicht so stark?[173] Weil auch einige nicht-asexuelle Personen teilnahmen, ergab sich folgendes Bild: Von den asexuellen Menschen sagten insgesamt etwa 61 Prozent, dass sie keine oder nur eine schwache Libido hätten. Für demisexuelle und gray-A Personen bewegen sich die Werte um 40 Prozent. Von den allosexuellen Teilnehmenden sagten das nur knapp neun Prozent.

Wenn wir zu dieser Umfrage andere Studien hinzuziehen, finden wir zwischen 55 und 80 Prozent Menschen aus dem asexuellen Spektrum, die mindestens einmal im Monat masturbieren.[174] Das sind wesentlich weniger als allosexuelle Menschen – hier beginnen die Werte nämlich ab 80 Prozent. Der Anteil von Menschen, die nie masturbieren, liegt unter asexuellen Menschen mit 19,8 Prozent auch recht hoch im Vergleich zu 4,8 Prozent bei den nicht-asexuellen.

Vor allem asexuelle Frauen (und solche, die sich in den Studien als Frauen einsortieren mussten) masturbieren seltener als der Rest der Welt. Die Daten von Yule, Brotto und Gorzalka sprechen davon, dass bis zu 92 Prozent aller allosexuellen Frauen regelmäßig masturbieren. Ein bedeutender Unterschied zu 70 Prozent bei asexuellen Frauen.

Bei Männern ist der Unterschied zwischen „asexuell" und „nicht-asexuell" kaum ausgeprägt. Ich vermute, das liegt am Testosteron und daran, dass sich die häufigste Variante der männlichen Anatomie verhältnismäßig eindeutig ausdrückt. Im Schnitt sind asexuelle Menschen, die masturbieren, etwas seltener dran als nicht-asexuelle Personen.

---

173 Weis et al. (2020).

174 Yule, Brotto und Gorzalka (2017) und Yule, Brotto und Gorzalka (2014b).

Allerdings wurde in den Studien von Yule, Brotto und Gorzalka auch gefragt, warum Menschen sich selbst befriedigen. Wie zu erwarten, sagen nur knapp 30 Prozent der asexuellen Teilnehmenden, dass sie für die sexuelle Befriedigung masturbieren, und sie sagen auch seltener, dass sie es tun, weil es Spaß macht. Um sich zu entspannen oder Anspannung zu beseitigen, masturbieren etwa gleich viele Menschen jeglicher sexuellen Orientierung, nämlich gut die Hälfte. „Ich habe das Gefühl, als ob ich es müsste" ist ebenfalls ein Grund, und zwar einer, den asexuelle Menschen viel häufiger angeben als nicht-asexuelle Menschen. Woran das liegt? Wohl kaum an dem Glauben, dass ungesunde Stauungen oder Verkrampfungen entstehen könnten.[175] Fühlen sich asexuelle Menschen von ihrer Libido quasi genötigt, etwas zu unternehmen, das sie von alleine nie tun würden? So genau ist der Artikel nicht, daher bleibt das reine Spekulation.

Fazit: Ja, manche Menschen auf dem asexuellen Spektrum masturbieren. Dadurch sind sie nicht weniger asexuell als diejenigen, die es nicht tun.

Fantasien

Angeblich haben alle Menschen sexuelle Fantasien. Manchmal tauchen diese einfach so auf: Wenn sich jemand zum Beispiel in der Bahn fragt, ob die Lippen des Gegenübers wirklich so weich sind, wie sie aussehen, und sich dann dazu vorstellt, wie es wäre, die Person zu küssen.

Andere Fantasien sind wesentlich ausgeprägter und werden benutzt, um sich zusammen mit Selbstbefriedigung einen Orgasmus zu verschaffen.

Preisfrage: Wenn angeblich in allen Menschen ab und zu sexuelle innere Filme ablaufen, was passiert im Kopf von Aces? Zumal sich ja manche selbst befriedigen. Was finden sie erotisch stimulierend, wenn überhaupt? Für etwa 36 Prozent aller asexuellen Frauen und etwa 20 Prozent asexueller Männer gilt offenbar, dass sie sich mit Fantasien überhaupt nicht

---

[175] Eine bemerkenswerte Kehrtwende zu jenen Zeiten, als es hieß, dass Selbstbefriedigung blind mache oder Haare auf den Handflächen wachsen lassen würde.

herumschlagen.[176] Von denen, die Fantasien haben, beschäftigen sich etwa 11 Prozent darin gar nicht mit anderen Menschen. Diejenigen, bei denen andere Menschen vorkommen, schauen häufiger als allosexuelle Menschen einfach nur zu. Es geht dabei nicht um Voyeurismus, also um den Kitzel des möglichen Entdecktwerdens oder was auch immer. Sondern es läuft ein interner Porno ab, dem man aus sicherer Distanz zuschaut. Was genau „Fantasien, in denen ich selbst nicht vorkomme" heißt, bleibt etwas im Dunklen, wenn es nicht gerade um fiktionale Figuren geht. Ob diese selbst ausgedacht oder aus einem Film/Manga/sonst was geliehen sind, ist zweitrangig, aber so etwas gibt's. (Siehe auch unten.)

Vor allem asexuelle Menschen verorten sich nicht selbst in der Fantasie, nämlich asexuelle Frauen mit 32 Prozent etwa viermal so oft wie allosexuelle Frauen. Asexuelle Männer sind in ungefähr 18 Prozent der Fälle nicht selbst in die Fantasie eingebunden. Nicht persönlich in die Fantasie eingebunden zu sein scheint etwas, das allosexuellen Männern hingegen nicht im Traum einfällt.

Anthony Bogaert, einer der Urväter der modernen Forschung über Asexualität, fand es bemerkenswert, dass so viele asexuelle Menschen Fantasien haben, an denen sie nicht beteiligt sein wollen, und dass sie dabei an Leute denken, die sie im wahren Leben nicht sexuell anziehend finden würden. Er ging so weit, dieser Gruppe einen eigenen Begriff zuzuordnen: Autochorissexuell.[177] Es handele sich dabei um Menschen, die keine Verbindung zwischen ihrem Selbst und einem sexuellen Objekt herstellen. Sie nehmen sich als getrennt von den Personen und Szenarien wahr, von denen sie fantasieren. „Ich" und „Inhalt der sexuellen Fantasie" sind dadurch zwei verschiedene Dinge. Dies erlaubt es der Person, ihre Libido (also ihr Bedürfnis nach sexueller Erregung und einem Orgasmus) und die Einstellung „nein, danke" unter einen Hut zu bekommen.

---

[176] Yule, Brotto und Gorzalka (2017) und Yule, Brotto und Gorzalka (2014b). Damit haben die Daten von Yule, Brotto und Gorzalka eine bemerkenswerte Übereinstimmung mit den Ergebnissen von Weis et al. (2020), die nicht nach Geschlechtern, sondern nach Identitäten differenzieren.

[177] Bogaert (2012b).

Öfter als allosexuelle Menschen bemühen asexuelle Menschen auch Fantasien, die anderen nur ein müdes „Langweilig, nicht ab 18“ entlocken: Da liegt der Schwerpunkt auf Emotionen oder romantischen Situationen. Oder auf aufregenden und damit wohl auch erregenden Situationen, die die Person weder romantisch noch erotisch findet.

Ein paar Überlappungen gibt es aber schon, vor allem da, wo BDSM-Praktiken, Sexspielzeuge und Voyeurismus ins Spiel kommen: Die werden mit ähnlicher Häufigkeit genannt. Insgesamt finden sich asexuelle Menschen von derartigen Szenarien aber nicht ganz so stark angeturnt wie allosexuelle Menschen.

Es ist demnach vollkommen in Ordnung, als asexuelle Person Fantasien zu haben.

Parallelwelten und innere Galaxien – die Fiktophilie

Nun kann es sein, dass ein Mensch zwar weder sexuell noch romantisch mit anderen Menschen etwas anfangen kann, aber dafür eine Beziehung mit einer Person führt, die nur in seinem Kopf existiert. Im AVEN-Forum wurde dafür der Begriff „Fiktophilie“ in die Welt geworfen, der in seiner englischen Variante vorher schon durch das englischsprachige Netz geisterte.

> „Grob umrissen bedeutet Fiktophilie, dass man sich gerne in fiktionale Charaktere (oder wer auch immer unerreichbar ist) verschwärmt oder verliebt (…) und exzessive Tagträumereien hat und gerne in seiner Kopfwelt lebt.“[178]

Eine weitere Voraussetzung sei, dass diejenige Person *weiß*, dass das alles nur im eigenen Kopf stattfindet. Es handelt sich also nicht um eine Halluzination, wo der eigene Kopf Bilder oder Geräusche produziert, von denen

[178] Definition von Stroppinski aus https://forum.fanfiktion.de/t/255291 (01.01.2019).

ein Menschen glaubt, andere müssten sie auch wahrnehmen oder sich zumindest unsicher ist, ob das gerade echt war oder nicht.[179]

Viel ist über Fiktophilie nicht bekannt, zumal nicht besonders viele Menschen darüber reden und es wohl noch keine Forschungsarbeit zu dem Thema gibt. Simone de Beauvoir spricht in „Das andere Geschlecht“ zwar darüber, ohne den Begriff zu verwenden, und zitiert diesbezüglich auch Psychoanalytikerinnen, dies ermöglicht jedoch noch keine zahlenmäßige oder anderweitige Einschätzung.[180]

In den Köpfen der meisten Menschen gibt es eine Altersgrenze, ab der es nicht mehr erlaubt ist, so sehr emotional von einer unerreichbaren Person (sei es ein Star oder eine Film-, Serien-, Buch- oder selbst erfundene Figur) eingenommen zu sein, dass man sich in länger andauerndem Kopfkino darüber ergeht, wie es sein würde, eine Beziehung mit der Person zu führen.

Oder selbst erklärte vernünftige Menschen meinen, dass es vielleicht erlaubt ist, sich in solchen Fantasien zu ergehen, aber nur, wenn die fiktophile Person trotzdem eine romantisch-sexuelle Beziehung mit einem erreichbaren Menschen führt bzw. führen möchte. Keinesfalls sei es akzeptabel, für erreichbare Menschen asexuell und aromantisch zu sein.

Je nachdem, wer gerade über die eigenen fiktophilen Neigungen erzählt, kann es sein, dass es sich um eine als für Erwachsene unpassend empfundene derartige Schwärmerei handelt. Eine Überlappung mit der Tatsache, dass Frauen eher erotische Fantasien haben, in denen fiktionale Figuren vorkommen, scheint vorhanden.

Bei anderen fiktophilen Menschen hat sich die Innenwelt wohl so verselbständigt, dass die Person, die geliebt wird, durchaus ihren eigenen Kopf entwickelt. Das heißt, eine solche Person ist in der Lage, die Avancen der sie erträumenden Person abzuweisen.

---

[179] Ich habe als Apothekerin im Notdienst schon einige Male den Klingelton halluziniert, insofern habe ich eine Ahnung, wie fuchsig ein Mensch von einem solchen Phänomen werden kann.

[180] Beauvoir (2019).

Ob das dann zwei verschiedene Phänomene sind oder eins in verschiedenen Ausprägungen, muss die Zeit zeigen. Die Personen, die so mutig sind und darüber sprechen, sind oft genug Spekulationen von Menschen ausgesetzt, die keine Ahnung von den Begriffen und Diagnosen haben, mit denen sie um sich werfen. Insofern haben fiktophile und asexuelle Menschen mehr als nur eine Gemeinsamkeit: Sie werden mit wohlmeinender bis hämischer Küchenpsychologie überhäuft und sie fallen dadurch auf, dass sie seltener eine traditionelle Zweierbeziehung führen. Aus diesem Grund finden sich einige fiktophile Menschen unter den Nutzenden des AVEN-Forums.

I'm in love with my car? – Objektophilie

Wo wir gerade bei Dingen sind, die hauptsächlich im Kopf stattfinden: Es ist eine Handvoll Menschen unterwegs, die sich in Gegenstände, aber nicht in Menschen verlieben. Sie ordnen Dingen eine eigene Seele bzw. Persönlichkeit zu und verlieben sich in diese. Im Gegensatz zu Fetischen, die nur der sexuellen Erregung dienen, wird hier eine „Beziehung“ geführt. Diese emotionale Komponente können Außenstehende, die dem Objekt keine Seele zuordnen, selbstverständlich nicht nachvollziehen. Folgendes Zitat von Coki finde ich eine ganz gute Erklärung:

> „Ich schreibe meinem Objekt schon Charakteristiken zu, allerdings vermenschliche ich dieses nicht, das (…) würde dann eher der Sache gleich kommen, lediglich einen menschlichen Partner durch einen Gegenstand zu ersetzen. Da wir aber die Gegenstände ihrer Selbst wegen lieben, schreiben wir ihnen artgemässe Stärken und Schwächen zu. Somit ist eine Maschine von ihren Charakterzügen wieder ganz anders einzuordnen als ein Gebäude. Eine Maschine kann kraftvoll sein, während ein Gebäude stolz da stehen und die Landschaft verschönern kann (…). Ich denke, dass eine Sammlung diverser Eigenheiten somit auch eine ganz bestimmte Persönlichkeit eines Gegenstandes ergeben, keine zwei Dinge auf der Welt sind gleich (…). Auch gibt es einige unter uns, die

an Animismus glauben, das ist eine sehr alte Glaubensweise, die neben Menschen, Tieren und Pflanzen auch anderen Dingen das Innehaben einer Seele zuschreibt.“[181]

Eine Handvoll gesprächige Objektophile treibt sich im deutschsprachigen AVEN-Forum herum. Das englischsprachige Forum ergibt bei einer Suche viel weniger Ergebnisse: Ich habe genau eine Person „Gast“ gefunden, die sich objekt-asexuell einordnet.[182] Wahrscheinlich liegt es daran, dass in Deutschland die „sexuelle Interaktion“ als Leitdefinition gilt, in den USA aber die mangelnde Anziehung. Es gibt durchaus objektophile Menschen, die ihre Anziehung ausleben: Mit viel Kreativität, Modellen oder …?

Wie gesagt ist es eine Handvoll objektophile Menschen, die sich in asexuellen Kreisen bewegt, weil sie eben für Menschen asexuell sind. Ihnen wird meist mit Interesse und Mitgefühl begegnet, sehr viel seltener mit Laiendiagnosen. Echtes Verständnis können sie sich allerdings, wie vom Rest der nicht-objektophilen Welt, kaum erhoffen.

Das ganze Huhn – BDSM, Kink & Fetisch

Oben schrieb ich, dass asexuelle Menschen Fantasien, in denen Fetische und BDSM-Themen vorkommen, wohl in etwa gleich häufig haben wie nicht-asexuelle Menschen. Was ist BDSM? Eine Abkürzung für: Bondage & Discipline (etwa: Bondage/Fesseln und Disziplinierung), Dominance & Submission (etwa: Dominanz und Unterwerfung) und Sadismus & Masochismus (also das einvernehmliche Zufügen und Empfangen von Schmerzen). In den meisten Fällen wird erotische Spannung durch „Szenen“ („scenes“) erzeugt und vorher vereinbart, welche Grenzen die Beteiligten haben und wie sie diese vermitteln werden.[183] Je nach Absprache und persönli-

---

[181] https://www.aven-forum.de/viewtopic.php?t=1456 (08.01.2020).

[182] https://www.asexuality.org/en/topic/159409-tmi-tw-an-open-talk-about-libido-paraphilias-fetishes-and-kinks/?tab=comments#comment-1062388222 (08.01.2019).

[183] Dies ist nur eine sehr unzureichende Anleitung. Bitte wenden Sie sich bei Interesse

chen Vorlieben kann eine scene mit Geschlechtsverkehr oder einem anderweitig erzeugten Orgasmus enden, muss aber nicht. Doch selbst wenn kein Orgasmus am Ende steht, haben viele BDSM-affine Menschen eine Vorliebe, mit welchem oder welchen Geschlechtern sie agieren möchten. Mit „Vanillas“ werden die Menschen bezeichnet, die kein BDSM praktizieren.

Fetischismus ist nach dem Internationalen Klassifikationssystem für Krankheiten (ICD) tatsächlich eine Diagnose, und zwar der

> „Gebrauch toter Objekte als Stimuli für die sexuelle Erregung und Befriedigung. Viele Fetische stellen eine Erweiterung des menschlichen Körpers dar, z. B. Kleidungsstücke oder Schuhwerk. [...] Die Fetischobjekte haben individuell wechselnde Bedeutung. In einigen Fällen dienen sie lediglich der Verstärkung der auf üblichem Wege erreichten sexuellen Erregung (z. B. wenn der Partner ein bestimmtes Kleidungsstück tragen soll).“[184]

Das ist ein weites Feld. Häufig sind Materialfetische wie Latex und Leder zu finden, bei Gegenständen handelt es sich gern um Kleidungsstücke oder Körperschmuck, Schuhe, Stiefel, Keuschheitsgürtel. (Wobei hier offenbar eine Überlappung zu „Disziplin“ aus BDSM besteht.) Auch Körperteile können Fetische sein, wie Füße, Haare, Ohren etc. Lästig wird so etwas wohl nur, wenn eine Person es zwingend notwendig findet, den Fetisch anwesend zu haben, um einen Orgasmus zu bekommen. Derlei kann stören, wenn eine zufriedenstellende Sexualität in einer Partnerschaft mit einer nicht-fetischistischen Person gewünscht ist.

„Kink“ existiert nur im Englischen. Ursprünglich ist ein Kringel oder ein Knick gemeint, aber auch Sexualität kann ihre Verdrehungen haben, nämlich in der Form, dass Menschen Dinge sexy finden, die Vanillas nicht stimulierend finden. Insofern gehen BDSM, Fetisch und Kink fließend ineinander über.

---

an die deutsche BDSM-Jugend oder andere nette BDSM-affine Menschen, die Sie beispielsweise bei Stammtischen treffen können.

[184] ICD-10-GM Version 2006, F65.0.

Eine sehr schöne Zusammenfassung gab Minisinoo[185] in einer nicht mehr auffindbaren Fanfiction namens „The Whole Chicken“: „Erotik benutzt eine Feder. Für Kink benutzt du das ganze Huhn.“ Faszinierend, was ein Gehirn so alles anstellen kann, oder nicht?

Allosexuelle Gehirne scheinen dabei nicht alleine: Auch manche Aces finden da was dran. Laut des Asexual Community Survey von 2018 sind es knapp 19 Prozent asexuelle Menschen und etwa jeweils doppelt so viele demisexuelle und gray-A Menschen, die eine hohes bis sehr hohes Interesse an BDSM-, Kink- und Fetischhandlungen zeigen.[186] Nicht-asexuelle Personen sind mit gut 50 Prozent dabei.

Ich wage die Vermutung, dass es in freier Wildbahn etwas weniger sind, weil das Internet die Auswahl doch ein wenig verzerrt. (Unter anderem in Richtung jüngeres Alter, bessere Ausbildung, weibliches Geschlecht und Introversion.) Anonyme Diskussionen locken manche Leute eben eher als andere.

Tatsächlich repräsentative Umfragen gibt es nicht. Wenn man hinter die Anmeldeschranken der Foren blickt, findet man einige Menschen, die so etwas nicht live ausprobieren möchten, sich aber in ihren Fantasien gerne damit beschäftigen.[187] Solche, die live dabei sind, schreiben Dinge wie:

> „Ich verstehe sexuelle Erregung nicht wirklich. Die Gefühle, die durch Fetischhandlungen entstehen, sind erstaunlich intensiv und sorgen dafür, dass ich mich wunderbar und schwebend fühle, aber dabei habe ich keine direkten sexuellen Gefühle. Es ist wirklich schwierig zu beschreiben, oder ich kenne die richtigen Worte nicht (keine Ahnung, welches von den beiden), aber ich empfinde die erstaunlichsten Glücksgefühle, aber sie sind nicht auf irgendeinen sexuellen Körperteil von mir kon-

---

[185] https://fanlore.org/wiki/The_Medicine_Wheel (05.12.2020).
[186] Weis et al. (2020).
[187] https://www.aven-forum.de/viewtopic.php?t=11487&postdays=0&postorder=asc&vote=viewresult (24.02.2019) https://www.aven-forum.de/viewtopic.php?t=2770&postdays=0&postorder=asc&start=195 (24.02.2019).

> zentriert, sie sind überall und sie verursachen keinen Funken Begehren, es weiter zu treiben zu irgendeinem sexuellen Kontakt.“[188]

Hin und wieder melden sich Menschen zu Wort, die bei BDSM-, Kink- oder Fetischhandlungen sexuelle Erregung verspüren, aber niemals Sex im herkömmlichen Sinne möchten. Manche davon finden zu einer asexuellen Identität. Wir erinnern uns, dass es darum geht, einen Begriff zu haben, der die eigenen Gefühle den Mitmenschen am besten erklärt.

Pornos

Wenn wir uns ansehen, was ich bis jetzt in diesem Kapitel geschrieben habe, sollte nicht weiter verwundern, dass manche asexuellen Menschen Pornographie konsumieren. (Auch wenn Fetisch- und BDSM-lastige Pornographie nicht unbedingt das zeigt, was sich die meisten unter „Sex“ vorstellen.) Wie viele es anteilmäßig sind, dafür gibt der Report des Community Survey von 2017/2018 ein paar Hausnummern her: Asexuelle Menschen konsumieren zwar zu etwa 45 Prozent niemals oder derzeit keine Pornographie, aber das sind immer noch 55 Prozent, die selten bis häufiger damit sexuelle Erregung oder Befriedigung suchen.

Einige verwenden Pornographie demnach als Vorlage für Selbstbefriedigung, wobei das manche nicht stört und andere der Sache eher ambivalent gegenüberstehen.[189]

---

[188] „I don’t really get sexual arousal the feels I get from fetish activities amazingly intense and make me feel all lovely and floaty but do not really have any direct sexual feelings. It’s a little hard to describe really, or I lack the proper words (I’m not sure which) but I just get the most amazing happy feelings, but they’re not concentrated to any sort of sexual part of me, they’re all over and they don’t really spark any sort of desire to take it further to any sexual contact“ (sic) https://www.asexuality.org/en/topic/47693-fetishes-and-asexuality/?tab=comments#comment-1467823 (07.01.2019).

[189] Weis et al. (2020).

Siehe oben bei Selbstbefriedigung: Sie tun es, weil ihr Körper es verlangt, wären aber lieber ohne. Dass ihr Körper auf eindeutige Bilder reagiert, ist ihnen eher unangenehm. Hier kommt ein Fakt dazu, der wohl der Evolution geschuldet sein mag: Eine Vagina kann schon bei der Andeutung von Sex feucht werden. Die dazugehörige erhöhte Durchblutung und Schwellung fühlt sich manchmal angenehm an, kann andererseits je nach den eigenen sexuellen Vorlieben und den dargestellten Handlungen aber auch sehr verstörend sein.[190]

Einig scheinen sich die meisten in Foren kommentierenden Frauen, dass sie pornografische Filme irgendwie eklig finden, aber geschriebene Wörter oder Mangas nicht so schlimm sind. Die genannten Reaktionen reichen hier vom genervten Überblättern bis hin zu „ich lese so was ganz gern“. Wichtig ist: Hier handelt es sich meistens um geschriebene Worte und ab und an auch um eindeutige Zeichnungen, aber nie um Filme mit echten Menschen.

Auf Englisch gibt es daher noch die schöne Unterscheidung zwischen „Porn“ (Pornographie) und „Smut“ (wörtlich: Schmutz). „Smut“ meint in der Regel, dass eine Geschichte mehr Sexszenen enthält, als sie eigentlich bräuchte, es sich aber bei der Darstellung von Sex keineswegs um reinen Selbstzweck handelt. Und so schreibt jemand im englischsprachigen AVEN-Forum wohl ganz passend für einige, mich selbst eingeschlossen:

> „Ich persönlich teile deine Meinung über Pornos. Ich kann so was nicht anschauen. Es ist eklig. Aber ich kann Smut lesen, weil mir *das gedankliche Konzept* gefällt. Ich kann mir die Begegnung vor meinem inneren Auge vorstellen, ohne die seltsamen fleischlichen Details zu berücksichtigen, weißt du?“[191]

---

[190] https://www.nytimes.com/2009/01/25/magazine/25desire-t.html?pagewanted=all&_r=0 (03.01.2019) und https://helloclue.com/articles/cycle-a-z/getting-wet-cervical-fluid-vs-arousal-fluid-vs-discharge (04.01.2019).

[191] „Personally, I feel the same way about porn that you do. I can’t watch it. It’s gross. But I can read smut because I like the abstract concept of it. I can mentally envision the encounter without any of the weird fleshy specifics, y’know?“ Übersetzung der Autorin, https://www.asexuality.org/en/topic/172670-pornsmut-when-youre-asexual/?tab=comments#comment-1062870378 (03.01.2019).

Auf Seiten der weiblichen asexuellen und internetaffinen Menschen gibt es daher, für mich wenig verwunderlich, eine nicht unerhebliche Schnittmenge mit der Fanfiction-Blase. Fanfiction ist sehr oft romantisch bis sexuell belastet, und manchmal halt auch pure Pornographie. Davon entfallen etwa die Hälfte auf Geschichten, die Paare (oder gelegentlich auch Dreier- bis Mehrfachgespanne) aus Männern beinhalten.[192]

Asexuelle Frauen sind mit dieser Vorliebe nicht allein. Der Großteil aller Liebesromane mit Paaren aus zwei Männern wird von Frauen geschrieben und gekauft.[193] (Auch von bisexuellen, asexuellen und lesbischen Frauen, ja.[194]) Für Frauen, die Männer sexuell anziehend finden, gibt es gewiss die erotische Auswahl und einen voyeuristischen Aspekt, den manche heterosexuellen Männer ebenso in gefilmten Pornos suchen, die nur Frauen zeigen. Schrift und Grafik, die von Frauen produziert werden, haben allerdings meist einen höheren ästhetischen, sinnlichen und emotionalen Anspruch als Pornofilme, die eher für männliche Zuschauer produziert werden. Dies mag in der Betonung auf Emotion und Ästhetik stereotyp weiblich erscheinen. Inwieweit hier die Sozialisation oder die Hormone durchschlagen, kann ich nicht beurteilen.

Als Frau, die mit Sex in der Praxis nichts anfangen kann, kommt hinzu, dass frau bei zwei Männern bequem „zuschauen“ kann, ohne sich zwangsweise mit einer der agierenden Figuren identifizieren zu müssen. (Siehe auch oben bei „Fantasien“.) Ob so etwas unter „autochorissexuell“ fällt? Wer weiß.

Nebenbei stehen hier sicher auch Aspekte von Machtverteilung Pate: Ein Paar aus zwei Männern begegnet sich in dieser unserer Gesellschaft noch auf einer anderen Augenhöhe als ein Paar aus Mann und Frau. Gut gemachte Liebesgeschichten zwischen zwei Männern berufen sich meiner

---

[192] Die Rechnung ergibt sich aus der aktuellen Werke-Zählung bei AO3 (https://archiveofourown.org/) und einer Werkesuche nach „M/M“ (der Link dafür würde den Rahmen sprengen).

[193] Suchen Sie beim Online-Buchhändler Ihrer Wahl nach sogenannter „Gay Romance“. Sie werden staunen, falls Sie damit noch nichts zu tun hatten.

[194] Auch von mir ;) Und einigen anderen netten Menschen. Hi!

Erfahrung nach weniger auf Geschlechts-Stereotypen als selbst die solidesten Hetero-Liebesromane.[195]

Sex

Jetzt aber genug mit den Gedankenspielen und hin zu handfesten Tatsachen. Im Infomaterial[196] steht, dass asexuelle Menschen meistens körperlich dazu in der Lage sind, Sex zu haben und dass manche ihn auch praktizieren. Oben haben wir erfahren, dass viele sogar extra Wörter dafür benutzen, wie gewogen sie der Sache gegenüberstehen. Aber wie viele tun es nun tatsächlich? Sehr belastbare Daten gibt es nicht. Die Umfragen des Asexual Community Survey erwischen, wie es bei Online-Umfragen in einer vor allem netzbasierten Gemeinde noch der Fall ist, eher junge, *weiße* Personen mit einem etwas höheren Bildungsgrad als die Durchschnittsbevölkerung. Zumal bei den Teilnehmenden, die nicht aus einem Land stammen, in dem sie als Muttersprache Englisch lernen.

Laut der großen Online-Umfragen[197] hatten circa 30 bis 35 Prozent der asexuellen Teilnehmenden schon mal einvernehmlichen Sex. Die letzten Begegnungen liegen zu etwa 75 Prozent ein bis drei Jahre zurück.[198] Sind das viele Menschen im Vergleich zu ihrer Altersgruppe? Gute Frage! Es sind jedenfalls weniger als die paar Hundert jungen, allosexuellen Personen, die diese Fragen ebenfalls beantworteten. Da hatten 57 Prozent einvernehmliche sexuelle Erfahrungen, also fast doppelt so viele.

---

[195] Es gibt überall schlecht erzählte Geschichten und verantwortungslose Erzählende, daher der Zusatz „gut gemacht". Es gibt auch eine ganze Menge Geschichten, die eine Mann/Frau- bzw. Verführer/Verführte-Dynamik mit zwei Männern nacherzählen. (Suchmaschine: Yaoi. Nicht mein Geschmack.)

[196] Beispielsweise hier: https://aktivista.net/wp-content/uploads/2018/05/AceBrosch%C3%BCre-v2.pdf (03.01.2019).

[197] Bauer, Miller Ginoza et al. (2017) und Bauer, Miller, Ginoza et al. (2018).

[198] Weis et al.

Interessanter wird es bei den Gründen für diese Erfahrungen.[199] Allosexuelle Menschen haben eher Sex aus Gründen der sexuellen Anziehung oder weil es sich gut anfühlt, dicht gefolgt von dem Wunsch, dem Partner*der Partnerin einen Gefallen zu tun und oder ihm*ihr zu zeigen, was er*sie einem bedeutet. Danach folgen der Wunsch nach Nähe, Neugier und weil es der nächste logische Schritt in der Beziehung ist. Anders die asexuellen Menschen. Hier steht der Wunsch, dem Partner*der Partnerin zu gefallen, ganz oben, danach der Wunsch, dem Partner*der Partnerin zu zeigen, was er*sie einem bedeutet, und „romantische Anziehung". Danach folgen erst Neugier, dann der Wunsch nach Nähe und dann, weil es sich gut anfühlt.

Das „weil es sich gut anfühlt" sind circa 50 Prozent statt 84 Prozent bei den allosexuellen Menschen. Eine unbedarfte Person nimmt jedoch an, dass diese Zahl bei nicht-asexuellen Menschen näher an 100 Prozent sein sollte, als sie tatsächlich ist. Sechzehn Prozent dieser Menschen, also einer von sieben, hatten anscheinend keinen Spaß an dem Sex, den sie hatten! Selbst wenn es in der Gesamtbevölkerung weniger sind – was ist denn da los? Dafür, dass Sex angeblich die schönste Nebensache der Welt ist, haben erstaunlich wenige Leute Genuss daran. Ich frage mich außerdem, was die Partner*Partnerinnen von Sex haben, wenn dieser der anderen Person nicht gefällt.

Ein wenig beunruhigt auch die Tatsache, dass 3,3 Prozent der Teilnehmenden aus dem asexuellen Spektrum angaben, dass sie einvernehmlichen Sex aus „Verpflichtung" hatten. Wahrscheinlich äußert sich das auch in der Aussage „es gehört eben dazu". Diese hörte ich im persönlichen Gespräch mit einer Person, die sich nur vage angedeutet auf dem asexuellen Spektrum verortet. Das sind elf Mal so viele wie bei den nicht-asexuellen Teilnehmenden (also 3,3 statt 0,3 Prozent). Mich wundert zwar der Beweggrund nicht, aber die Grenze zwischen „einvernehmlich" und „nicht einvernehmlich" ist hier sehr, sehr schmal, da Schuld- und Pflichtgefühle sich prima ausnutzen lassen.

---

[199] Bauer, Miller, Ginoza et al. (2018).

Insofern: Ja, einige asexuelle Personen haben manchmal Sex. Es besteht keine Verpflichtung, als asexueller Mensch darauf zu verzichten. Hauptsache, es ist eine freie Entscheidung gewesen und man fühlt sich wohl damit.

Manche Zweifelnde können es aber nicht dabei belassen, etwas über die Statistik zu erfahren. Sie stürzen sich auf die persönliche Geschichte der Bezweifelten. Die Argumentation: „Wie? Du hattest du schon mal Sex? Dann kannst du nicht asexuell sein!“, ist nicht ganz selten.

Allerdings stimmt auch die gegenteilige Aussage die Zweifelnden nicht gütig. „Wie? Du hattest noch nie Sex? Woher willst du wissen, dass du asexuell bist, wenn du Sex noch nie probiert hast?“

Woher weiß irgendwer, mit wem er Sex will, wenn er es noch nie probiert hat? Ah. Das weiß man halt? Wieso gilt dann die Antwort „mit gar niemandem“ nicht? Gute Frage, nicht wahr?

Jedenfalls gibt es auf „Hattest du schon mal Sex?“ keine richtige Antwort. Denn die Person, die das fragt, will einem gar nicht glauben. Insofern ist wohl die einzig mögliche Antwort, die Person darauf hinzuweisen, dass sie eine Fangfrage gestellt hat.

Kinder

Wo Sex ist, sind auch Kinder nicht weit weg, denn immerhin hat die Natur Sex erfunden, damit Lebewesen sich fortpflanzen.

Dass asexuelle Menschen niemanden sexuell anziehend finden und/ oder kein Verlangen nach sexueller Interaktion haben, hindert manche nicht daran, sich dennoch Kinder zu wünschen. Ein Kinderwunsch und sexuelles Begehren scheinen daher nicht unmittelbar miteinander zusammenzuhängen. Ich habe keine Daten darüber gefunden, wie viele Menschen im asexuellen Spektrum Kinder haben, aber es gibt sie. Einige kenne ich persönlich, auf Blogs äußern sich Aces mit Kindern allerdings sehr selten.[200] Manche haben diese Kinder auf natürlichem Wege gezeugt –

[200] Das englischsprachige Forum hat unter anderem einen Thread für a_sexuelle

manchmal bewusst trotz einer Abneigung, manchmal weil ihnen die Argumente dagegen fehlten, manchmal unfreiwillig.[201] Andere werden der Bechermethode den Vorzug gegeben haben. Ob und wie verzweifelte Frauen aus dem asexuellen Spektrum jemals von irgendeiner Form von Samenspende Gebrauch gemacht haben, weiß ich nicht. Jedenfalls sollte man von der Anzahl der Kinder eines Menschen nicht auf dessen sexuelle Orientierung schließen.

Eins, zwei, viele. Paar- und Poly-Beziehungen

Noch ist die Anzahl der Stereotypen über Asexualität recht gering. Eins davon scheint zu sein, dass asexuelle Menschen entweder alle aromantisch sind oder im Alter zu wunderlichen Leuten mit zu vielen Katzen mutieren. Dass das Unfug ist, haben wir oben gesehen. Es gibt durchaus asexuelle Menschen in Beziehungen, und dann gibt es noch einsame Herzen, die ein Gegenstück suchen, aber keins finden. Für letztere im deutschsprachigen Raum haben ein paar findige Menschen 2015 die kostenlose Kontaktbörse AVEN-Partner programmiert.[202] Mit AceDate ist seit 2020 eine weitere kostenlose Singlebörse am Start.[203] Ansonsten ist mir im deutschsprachigen Raum nur noch eine kostenpflichtige Online-Datingseite bekannt, die speziell Minderheiten (und damit auch asexuelle Menschen) anspricht, nämlich gleichklang.de. Die Idee ist aber keineswegs neu: Eine englischsprachige Partner- und Freundschaftsvermittlung existiert schon seit 2007 und heißt in ihrer neuesten Version „Acebook".[204] Abseits der Online-Vermittlung kann man einfach auch mit anderen erst einmal gemeinsame Interessen abklappern und sich dann persönlich schreiben. Der regelmäßige

---

Eltern. https://www.asexuality.org/en/topic/70675-asexual-parents-thread/?tab=comments#comment-2067059 (16.04.2019). Das deutschsprachige Forum ist etwas schweigsamer diesbezüglich.

[201] Vgl. Bellamy (2017), Adair Gearharts, Marnies und Waywalkers Geschichten.

[202] http://aven-partner.de/ (04.01.2019).

[203] https://www.acedate.de/Pharmor/Pages/LandingPage.aspx (10.05.2020).

[204] http://wiki.asexuality.org/Acebook (04.01.2019) und https://www.ace-book.net/ (04.01.2019).

Besuch von Stammtischen kann sich ebenfalls als recht nützlich erweisen. Aber auch ohne Vermittlung finden Aces Menschen für Beziehungen.

Wieder sind die Daten aus dem Ace Census 2015 bis 2018 wegen der Auswahl mit etwas Vorsicht zu genießen, aber sie geben gute Hausnummern. Anekdotische Beweise in Form von persönlichen Gesprächen meinerseits unterstützen diese Zahlen. Etwa drei Viertel alles Aces sind derzeit Single, die anderen sind entweder verheiratet oder leben in mindestens einer Partnerschaft mit oder ohne Romantik. Darunter fallen auch queer- und quasiplatonischen Beziehungen. Ein geschätztes Fünftel aller Aces scheint nicht auf der Suche zu sein, freut sich aber, wenn ihnen irgendwann eine passende Person über den Weg läuft.

Das mit „mindestens einer Partnerschaft“ ist übrigens volle Absicht. Etwa 10 Prozent aller Aces beschreiben sich als polyamor, also in der Lage, mehr als eine wichtige Beziehung gleichzeitig zu führen. Und „nicht sicher“, ob sie sich so nennen möchten, ist etwa ein Viertel. Das heißt, es gibt eine große Bandbreite von Menschen im asexuellen Spektrum, die sich zumindest vage vorstellen können, zwei oder mehr wichtige Beziehungen gleichzeitig zu führen und/oder einen Partner*eine Partnerin zu haben, der*die außerdem noch eine oder mehrere andere Beziehungen führt.

Ungefähr die Hälfte aller Aces bringt Beziehungserfahrung mit, die anderen waren zum Zeitpunkt der Befragungen Dauersingle. Von denen mit Beziehungserfahrungen hatten mindestens die Hälfte schon einmal einen Partner*eine Partnerin, die nicht asexuell war. Ein Gebiet mit ganz eigenen Fallen, wie wir später sehen werden.

Und da ich schon mehrfach auf die Tatsache hingewiesen habe, dass die Befragten beim Ace Census im Schnitt sehr viel jünger sind als die Normalbevölkerung, wenden wir uns gleich dieser Tatsache zu.

Spätzünder und vertrocknete Alte? – Lebensalter

Jugendlichen wird nachgesagt, dass sie nicht wissen, was sie wollen. Das ist so nicht ganz korrekt. Bei Jugendlichen ist der Teil des Gehirns noch im Aufbau, der Gefühle reguliert und der dafür sorgt, dass man lieber noch mal nachdenkt, bevor man handelt. Die Folge sind Menschen, die Risiken noch schlechter einschätzen können als Erwachsene und vor lauter Gefühlen manchmal nicht wissen, wohin mit sich.[205] Aber wissen sie auch nicht, mit wem sie (später) Sex wollen? Wann merken Menschen, zu welchem Geschlecht bzw. zu welchen Geschlechtern sie sich hingezogen fühlen? Laut der American Psychiatric Association (APA) erscheinen die sexuellen Anziehungsmuster von der „mittleren Kindheit" bis zur frühen Pubertät. Also etwa vom 7. bis zum 12. Lebensjahr.[206]

DBNA, eine Plattform für schwule Jugendliche, fragte ihre Nutzer, wann sie gemerkt hatten, dass sie schwul sind. 47 Prozent klickten auf „12-14 Jahre". Nehmen wir die „unter 12" und die „15-17" dazu, sind wir bei 91 Prozent der Befragten, die sich als Minderjährige sehr sicher darüber waren, welche sexuelle Orientierung sie hatten.[207] Auf die Gesamtbevölkerung ist das zwar nicht zu übertragen, da ja hauptsächlich junge Nutzer die Umfrage fanden, trotzdem ergibt sich meines Erachtens ein Stimmungsbild für die derzeitige Generation unter 30. Klar kann es später noch andere Entwicklungen geben, aber die Grundzüge erscheinen bei vielen doch recht früh.

Die Ergebnisse der Asexual Community Surveys von 2016 bis 2018 ergaben: Das Durchschnittsalter, in dem die befragten Menschen wussten, dass sie asexuell sind, liegt ungefähr bei 18 bis 19 Jahren. Ungefähr ein Jahr später outeten sie sich gegenüber ihrer Umwelt.[208] Beachten muss man allerdings, dass es sich hierbei zumeist um jene Menschen handelt, die den Begriff zu dem Zeitpunkt schon gefunden hatten. Andere Menschen, die vom asexuellen Spektrum noch nie etwas gehört haben, wissen zwar, dass irgendwas in ihrem Beziehungsverhalten nicht so ist wie bei der Mehrheit, haben aber keine Worte dafür.

Die meisten Menschen, die an einem asexuellen Coming-out zweifeln oder von „ist vielleicht nur eine Phase" fabulieren, wussten wahrscheinlich

---

[205] Sapolsky (2017).

[206] https://www.apa.org/topics/lgbt/orientation.pdf (11.01.2019).

[207] https://mag.dbna.com/coming-out/zu-jung-um-schwul-zu-sein-4280 (11.01.2019).

[208] Bauer, Miller, Ginoza et al. (2018) und Weis et al. (2020).

schon mit vierzehn, dass sie nicht asexuell waren. Warum das eine nicht hinterfragt werden muss, das andere aber permanent bezweifelt werden darf? So funktioniert die Minderheiten-Denkfalle, von der ich schon gesprochen habe. Unterschwellig klingt immer mit, dass man entweder krank oder verrückt sein muss, um zu einer sexuellen, romantischen oder geschlechtlichen Minderheit zu gehören.

Irgendwann können Menschen nicht mehr als sogenannte „Spätzünder" abgetan werden. (Das endet bei asexuellen Menschen aber erfahrungsgemäß recht spät, also etwa mit dreißig.) Und einige Jahre später kommt schon das Alter, in dem Menschen das Interesse an Sex abgesprochen wird: das höhere Lebensalter. Manchmal möchte man den Zweifelnden zurufen: „Ja, was denn nun? Zu alt, zu jung: Was ist das richtige Alter, um zu wissen, was man möchte?"

Da hier offenkundig die Denkfalle zugeschnappt hat, gilt: Wenn sich eine Person mit der Beschreibung wohlfühlt, soll sie sie benutzen, und wenn es nicht mehr passt, ist auch okay.[209]

Unabhängig von diesen altersabhängigen Stereotypen gilt Sex in unserer Gesellschaft als ein Hinweis auf das Erwachsensein. Kinder, die sexuelle Anspielungen nicht verstehen, gelten als unschuldig. Ab einem gewissen Alter heißt es dann eher „unbedarft" und „naiv". Es wird erwartet, dass erwachsene Menschen die Sprache „Sex" beherrschen. Wenn sie es nicht tun, ist das Anlass, sie für jünger zu halten, als sie sind, und sie auch auf anderen Gebieten für „kindlich-naiv" zu halten. (Das nennt sich „Infantilisierung".) Damit geht eine gewisse Herablassung einher. Muss ich sagen, dass die meisten Menschen auf eine herablassende Behandlung lieber verzichten?

Sexuelle Unerfahrenheit (die eine Sorte Naivität) schützt nicht davor, erfahren zu müssen, wie grässlich Menschen zueinander sein können. (Das

---

[209] Aber bitte tauchen Sie als Mittsechzigerin nicht bei einem asexuellen Stammtisch auf, weil Sie letztes Jahr den Männern abgeschworen haben, und unterhalten Sie die Menschen dort nicht mit Ihren zahlreichen Sexkapaden aus den letzten vier Jahrzehnten. – Nein, das ist kein Witz, ich durfte/musste zuhören.

wäre die andere Sorte Naivität.) Wenn alle Menschen ohne sexuelle Erfahrungen tatsächlich naiv bleiben könnten – die Welt hätte mehr glückliche Kinder.

Typisch Mann? Typisch Frau?

Bevor wir uns über die Stereotypen hermachen, die zu diesem Thema gehören, schauen wir uns zuerst an, was so an Frauen und Männern und anderen unter den asexuellen Menschen unterwegs ist.

Die ältesten Daten, die ich habe, gehen auf Anthony Bogaerts Analyse einer großen britischen Gesundheitsstudie zurück. Die Studie selbst wurde 1994 durchgeführt. Bogaert veröffentlichte seinen Aufsatz dazu zehn Jahre später. Insgesamt 195 Menschen hatten angekreuzt, dass sie sich „noch niemals zu jemandem sexuell hingezogen gefühlt" hatten. Davon waren 138 Frauen und 57 Männer.[210] Das Verhältnis betrug also etwa 70 Prozent zu 30 Prozent.

Bei den neueren Umfragen des Asexual Community Survey finden wir 2015 etwa 56 Prozent Frauen, 12 Prozent Männer, der beträchtliche Rest hatte ein nicht-binäres Geschlecht. Nichtbinär ist ein Überbegriff für Menschen, die vollständig oder teilweise weder männlich noch weiblich sind.

Ein Jahr später gab es ein ähnliches Ergebnis: etwa 63 Prozent Frauen, 10 Prozent Männer, 26 Prozent diverse andere Geschlechter. An dieser Verteilung hat sich seitdem nicht viel geändert.

Im deutschsprachigen AVEN-Forum haben wir von 2013 ähnliche Zahlen wie Bogaert: „Von 2758 Mitgliedern die sich als asexuell bezeichnen sind 1738 Frauen (63 Prozent), 837 Männer (30,3 Prozent), 183 ohne Angabe (6,7)".[211]

Die Wahrheit dürfte wohl dahingehend sein, dass sich etwa doppelt so viele Frauen wie Männer als asexuell beschreiben[212], und dass dazu ein

---

[210] Bogaert (2004).

[211] https://www.aven-forum.de/viewtopic.php?t=7082 (31.01.2019).

[212] Ich gehe hier davon aus, dass „Frauen" und „Männer" nicht unbedingt von dem

bedeutender Prozentsatz an nichtbinären Personen tritt. Die meisten dieser Personen, nämlich 90 Prozent, wurden kurz nach der Geburt für Mädchen gehalten.[213]

Die Geschlechterverteilung erklärt sich unter anderem daraus, dass Testosteron etwas mit Körpern und oft auch mit der Psyche anstellt. Es ist, grob gesagt, das Hormon, das dafür sorgt, dass Menschen nach sozialem Status streben und denken: „Jo, Sex, geil."[214] Daher ist es logisch, dass zahlreiche Menschen mit viel Testosteron (also meistens Männer, aber auch einige Frauen) öfter aktiv Lust auf einen Orgasmus haben als die mit wenig Testosteron. So etwas heißt auch „spontanes sexuelles Verlangen". Man läuft eine Straße entlang und denkt: „Sex wäre jetzt geil."

Für die Tatsache, dass viele Frauen und einige Männer nicht so oft von selbst auf die Idee kommen, Sex zu haben, gibt es den Begriff „responsive sexual desire" – responsives (reagierendes) sexuelles Verlangen.[215] Jemand kommt auf einen Menschen zu, sagt, „wir könnten mal wieder" und streichelt zärtlich den Nacken – und dann erst denkt der angesprochene Mensch, dass das keine schlechte Idee ist und er eigentlich schon Lust hätte. Nachteil: Wenn niemand fragt, antwortet nichts. Das heißt, es erfordert ein bisschen mehr Arbeit, herauszufinden, was eine*n anturnt und wie man den Lustgewinn daraus maximiert. Es ähnelt, wie Emily Nagoski, eine Sex-Bloggerin, schreibt, eher einem aufwendigen Gericht, das gemeinsam gekocht wird, und weniger einem Fast-Food-Snack.[216] Jedenfalls ist dieser Unterschied in sexuellem Temperament wahrscheinlich hormonabhängig und erfordert auf Seiten der Personen mit responsivem sexuellem Verlangen unter Umständen einen Terminplan, damit der Sex nicht einschläft.

---

abhängt, welche Geschlechtsteile sie als Säugling in der Windel hatten.

[213] Bauer, Miller, Ginoza et al. (2018).

[214] Sapolsky (2017).

[215] http://www.thedirtynormal.com/post/2010/02/27/do-you-know-when-you-want-it/ (14.11.2018).

[216] https://www.thedirtynormal.com/post/2014/10/10/making-responsive-desire-awesome/ (29.01.2019).

Dieser Unterschied in der Biologie dürfte erklären, warum Asexualität unter Frauen und solchen, die nach der Geburt als weiblich einsortiert wurden, häufiger ist als unter Männern. Beziehungsweise kommen Leute, die gern Sex haben, aber das eben nur aus spontanem sexuellen Verlangen, nicht aus Anziehung, wohl eher selten auf die Idee, das Etikett „asexuell" zu nutzen.

Das heißt aber nicht, dass Frauen grundsätzlich eher asexuell sind oder dass Männer es nie sind. Eins mag wahrscheinlicher sein als das andere, aber mit dem Geschlecht kann man weder Asexualität begründen noch als unmöglich darstellen.

Entgegen dieser Tatsachen finden wir in unserer Gesellschaft zahlreiche Mythen und Glaubenssätze: Männer seien „allzeit bereit", „grundsätzlich auf Sex fixiert" und mit passenden Andeutungen leicht abzulenken. Sie müssten ihr Begehren außerdem permanent unter Kontrolle halten, um Frauen nicht sexuell zu dominieren.[217] Typen haben angeblich immer Lust, daher erscheint es unmöglich, dass eine Frau einem Mann Sex abverlangt, den er nicht geben will. Er hat ja eine Erektion. Diese Erektion wird in unserer Kultur mit Begehren verwechselt. Obwohl eine Erektion nicht unbedingt einen emotionalen Grund haben muss, wie zum Beispiel sexuelle Anziehung, sondern auch durch Reibung aller Art (durch enge Kleidung oder eine Straße voller Schlaglöcher, beispielsweise[218]) oder eine volle Blase verursacht werden kann. Ein „vorzeitiger Orgasmus" oder ein „Mann, der nicht kann" kratzen daher oft am männlichen Selbstverständnis. In einer solchen gesellschaftlichen Atmosphäre scheint es einigen wichtig, sich als potente Macker zu inszenieren, um den eigenen Rang zu behaupten.[219] Das schadet denjenigen, die das nicht schaffen oder möchten, weil ihnen vermittelt wird, „weibisch", „verweichlicht" oder minderwertig zu sein.

---

[217] Es sei denn, sie stammen aus Asien, aber dazu unten.
[218] http://www.asexualityarchive.com/on-the-existence-of-asexual-men/ (16.04.2019).
[219] Vgl. u. a. Schönherr-Mann (2015).

Andererseits wird Männern ihre vermeintliche Triebhaftigkeit eher nachgesehen: „Sind eben Jungs.“ Es wird akzeptiert, dass sie das (meist weibliche) Umfeld am sprichwörtlichen Zopf ziehen, es einschüchtern und persönliche Grenzen überschreiten, statt einen gewaltlosen Ausdruck für ihre Gefühle zu finden. (Sofern tatsächlich die oft beschworenen romantischen Gefühle die Ursache sind und nicht die zahlreichen anderen Möglichkeiten, warum Menschen über andere Menschen Macht auszuüben versuchen.)

In einer solchen Gesellschaft gesteht es sich nicht leicht ein, dass man(n) zwar könnte, aber nicht will. Darüber gesprochen wird sowieso nicht, denn die meisten Männer in dieser Gesellschaft haben früh gelernt, keine „Schwäche“ zu zeigen. Das ist nicht als Charakterstärke zu interpretieren, sondern wörtlich als Angriffsfläche. Eine solche entsteht auch dann, wenn man zugibt, dass man nicht wie die anderen tickt.

Und die Männer, die damit an die Öffentlichkeit gehen, müssen neben den üblichen Zweifeln („Du bist doch ein Mann, du kannst gar nicht asexuell sein, wenn deine Teile funktionieren!“) noch aushalten, als „vom Feminismus verweichlicht“ oder Ähnliches zu gelten. Damit kratzen Männer aus dem asexuellen Spektrum an den gesellschaftlichen Vorstellungen von Männlichkeit. Sex ist aus diesen Vorstellungen kaum wegzudenken.

Was passiert mit unserer Vorstellung von Männlichkeit, wenn wir Sex daraus wegdenken müssen? Eine Frage, von der sich wahrscheinlich einige Menschen in ihrem Selbstverständnis bedroht fühlen.

Denjenigen, die bereit sind, sich mit ihrem Gefühlsleben auseinanderzusetzen, wird es nicht gerade leichtgemacht. Ein gefühltes Drittel aller Berichte zum Thema Asexualität erscheint in Frauenzeitschriften, und selbst in anderen Medien kommen hauptsächlich Frauen zu Wort. Da ist es leicht, sich als Mann nicht angesprochen zu fühlen. Die Wahrscheinlichkeit, dass Männer auf Asexualität überhaupt aufmerksam werden, ist somit viel geringer.[220]

---

[220] http://www.asexualityarchive.com/the-ace-community-is-full-of-people-who-mostly-afab-i-think-im-asking-what-are-your-viewsconceptsideas-etc-on-the-topic/ (16.04.2019).

Im Gegenzug dazu wurde Frauen über Jahrhunderte eingetrichtert, dass sie nicht nur ihre Lust im Zaum, sondern am besten gar keine „Triebe" haben sollten. Am mythischen Jungfernhäutchen hingen die eigene Tugend und die Ehre der Familie. Sex wurde daher vor allem in den sogenannten besseren Kreisen zu einer Pflichtübung, die man dem Ehegatten schuldete: „Lie back and think of England." – „Hinlegen und an England denken", so ein Königin Victoria zugeschriebener Spruch. Frauen waren Objekte des Begehrens, nicht die Begehrenden selbst.[221]

Heute wird der Frau zwar ein eigener Orgasmus zugestanden, dennoch haben sich Frauen auch an gesellschaftliche Regeln zu halten, um andererseits nicht als „Schlampe" zu gelten. Für manche liegt daher der Verdacht nahe, dass eine Frau lieber behauptet, asexuell zu sein, statt eine „Kein Sex vor der Ehe"-Einstellung zuzugeben.

Von feministischer Seite ertönt teilweise die Kritik, dass man als asexuelle Frau vermutlich eine patriarchale Unterdrückung verinnerlicht habe. Asexualität wird so gedeutet, dass frau sich ihrer eigenen Befreiung verweigere, also lustfeindlich sei. Für manche Feministinnen ist das ein Affront.[222]

In diesem Zusammenhang pflegen einige die Meinung, dass Frauen möglichst viel Sex haben sollten, um zu beweisen, wie frei sie sind. Diese Einstellung bedient allerdings ein Stereotyp, das auf Männern schon länger lastet. Wieso soll „sexuell befreit" gleichbedeutend sein mit „hat viel Sex"? Wie oben ausgeführt, ist „sex-positiv" eine politische Einstellung, die im schlimmsten Fall einen nicht ausgesprochenen Druck zu sexuellen Handlungen mit einschließen kann.[223]

---

[221] Viel früher war das Weib sündhaft und wollüstig und dank Eva eine Gefahr für Männer, die klar denken wollten. Sehen wir hier die erste große Ursache-Wirkungs-Umkehr? http://www.bpb.de/apuz/197973/erfindungen-von-suende-und-geschlecht?p=all (18.06.2019).

[222] Für einen etwas ausführlicheren Blick auf mögliche Reibungspunkte siehe auch Cerankowski und Milks (2010).

[223] https://goodmenproject.com/gender-sexuality/male-asexuality-and-its-challenge-to-masculinity-jvinc/ (23.04.2019) und Chen (2020).

Die eher von nicht-feministisch geprägten Personen geäußerte Annahme, dass das Zögern zum Spiel gehört, hat einen Haken: Der Moralkompass reicht als Entschuldigung exakt bis zur Hochzeitsnacht. Von Frauen wird einerseits erwartet, dass sie nicht nachgeben – aber andererseits, dass sie es im richtigen Moment dann doch tun. Sie dürfen nicht begehren, sollen aber begehrt werden wollen und bei der korrekten Zurschaustellung von ernsthaften Absichten und anderem Balzverhalten auf keinen Fall ablehnen, sondern dem Herrn dankbar in die Arme sinken. Weshalb sonst gab es eine Krankheit namens „Hypoactive Sexual Desire Disorder" – verringerte sexuelle Lust? Dies ist eine neuere Variation in einer Reihe, die einmal mit „Frigidität" begann.[224]

Das männliche Ego ist ja, wie oben geschildert, teilweise recht zerbrechlich und kommt daher gelegentlich mit Ablehnungen seitens der begehrten Damen nicht besonders gut zurecht.[225] Asexuelle Frauen erfüllen zwar die eine, aber nicht die andere Voraussetzung für „sich aufheben" und sind daher den Menschen mit einer konservativen Einstellung auch nicht recht. Unsere bloße Existenz kratzt an der Einstellung, dass es Männern zusteht, das weibliche Begehren zu kontrollieren.

---

[224] http://asexystuff.blogspot.com/2009/03/hypoactive-sexual-desire-disorder-and.html (23.04.2019) und https://asexualagenda.wordpress.com/2014/08/06/frigid/ (23.04.2019).

[225] Sicher kann eine Ablehnung verletzen. Allerdings bekommt nur eins der zwei häufigen Geschlechter vermittelt, dass es ein Anrecht auf die Aufmerksamkeit des jeweils anderen hat. – In einem schönen Beispiel von menschlicher Absurdität werden Frauen, die Sex mit einem Mann ablehnen, manchmal als „Schlampen" beschimpft. Für mich der beste Beweis, dass hier eine Minderheiten-Denkfalle am Werk ist. Michael Paramo benutzt ein bisschen komplexere Sätze hier: http://theasexual.com/article/2017/9/29/michael-paramo-considering-intersectionality-and-desexualizing-asexual-bodies (03.03.2019).
Und Margarete Stokowski kümmert sich um nichts weniger als den Gebärneid: http://www.spiegel.de/kultur/gesellschaft/tempolimit-und-gender-maennlichkeit-am-limit-a-1249258.html (03.03.2019).

Wo wir gerade bei Geschlecht sind: Transidentität, Transsexualität, transgender, trans*? (Mit einem Exkurs zur sogenannten Übersexualisierung.)

Oben schrieb ich, dass ein nicht unbeträchtlicher Anteil, nämlich etwa ein Viertel, von asexuellen Personen in Online-Umfragen ein Geschlecht angibt, das nichtbinär ist, also vollständig oder teilweise weder männlich noch weiblich ist. Wahrscheinlich gibt es hier eine gewisse Verzerrung: Wer in Ace-Kreisen im Netz unterwegs ist, stolpert fast automatisch über Menschen mit nichtbinären Geschlechtern. Darüber, ob es einer*einem ähnlich geht, denkt sich viel leichter nach, wenn man ein Wort dafür kennt und es schon gewöhnt ist, die eigenen Empfindungen zu hinterfragen. Der Anteil an Menschen mit nichtbinären Geschlechtern wird wahrscheinlich durch diese Umfragen überschätzt, dafür aber der von Männern unterschätzt.

Es gibt eine für Uneingeweihte nicht überschaubare Anzahl von Möglichkeiten, sich als weder weiblich noch männlich zu verorten, also ein nichtbinäres Geschlecht zu haben. Ganz ohne Geschlecht (agender). Mit einem Geschlecht, das nicht männlich oder weiblich ist (neutrois, nichtbinär[226]). Mit zwei oder mehr Geschlechtern gleichzeitig (bigender). Abwechselnde Geschlechter (genderfluide/genderflux). Geschlecht mit weiblichen und männlichen Anteilen (androgyn). Menschen, die sich nur teilweise mit einem binären Geschlecht identifizieren (demiboy, demigirl). Oder genderqueer oder …[227]

Etwa zwei Drittel dieser Menschen scheinen sich gleichzeitig als trans, transident oder transgender zu verstehen. Mit diesem Wort wird angezeigt, dass das eigene Geschlecht nicht mit dem übereinstimmt, was bei der Geburt zugewiesen wurde.

---

[226] „Nicht-binär“ wird also als ein Oberbegriff und eine Selbstbeschreibung verwendet, ähnlich wie „queer“.

[227] http://www.meingeschlecht.de/begriffe/ für deutschsprachige Einträge (16.04.2019) oder auf Englisch https://anagnori.tumblr.com/post/72143410400/glossary-of-transgender-non-binary-and (16.04.2019)

Da es sich bei Menschen mit nichtbinärem Geschlecht zum großen Teil um Menschen zu handeln scheint, die bei der Geburt als „weiblich“ definiert wurden, machen einige Feministinnen enge Geschlechtergrenzen dafür verantwortlich. Nichtbinäre Geschlechter seien ein unbewusster Protest gegen diese Normen.

Asexualität wird parallel unterstellt, dass sie ein Protest gegen die Sexualisierung unserer Gesellschaft sei. Das ist insofern Unsinn, weil auch Kulturen, in denen keine nackten Frauen auf Zeitschriftencovern sind, sich viel und fast obsessiv mit Sex beschäftigen können, auch wenn sie keinen Namen für das Konzept haben. Das sogenannte viktorianische Zeitalter handhabte Sexualnormen viel strenger als wir, das heißt aber nicht, dass sich Menschen und Medien sich nicht damit beschäftigten, was „richtiger“ Sex sei und was nicht, und wie oft sich arme Menschen im Vergleich zu den bessergestellten fortpflanzten.[228] Zahlreiche Zeichnungen aus Pompeji haben einen sexuellen Inhalt.[229] Und wenn man bedenkt, dass sich im Mittelalter Theologen ernsthaft darüber den Kopf zerbrachen, ob Maria nach der Geburt von Jesu noch Jungfrau war (denn das mythische Jungfernhäutchen als fragwürdiger Beweis wäre nach einer Geburt futsch)[230], dann ist das mit der heutigen Übersexualisierung eine Debatte wert.

Außerdem gibt es heute noch Kulturen, in denen eine Chefin nicht allein mit einem Angestellten in ihrem Büro sein kann, ohne dass beiden unterstellt wird, kein Gespräch geführt, sondern ein Schäferstündchen eingelegt zu haben. Ist Übersexualisierung die Allgegenwart von sexuellen Inhalten oder die Unterstellung, dass jede Interaktion von Männern und Frauen von sexuellen Absichten bestimmt wird?[231]

---

[228] Hills (2015).

[229] Vgl. beispielsweise „Glücklich ist dieser Ort! 1000 Graffiti aus Pompeji“, Hg. Vincent Hunink.

[230] https://de.wikipedia.org/wiki/Immerw%C3%A4hrende_Jungfr%C3%A4ulichkeit_Marias (29.01.2019).

[231] Unterschiedliche Menschen kommen zu unterschiedlichen Ergebnissen. Vgl. u. a. Schönherr-Mann (2015).

Was sich in den letzten Jahrzehnten geändert hat, ist einmal die Bedeutung: Früher war Sex etwas, das man tat oder nicht tat. Anhand der Taten wurde dann zwar moralisch geurteilt, aber es wurden eben nur die Taten bewertet.

Heute muss Sexualität oft als ein Ausdruck für die gesamte Persönlichkeit herhalten. Von dem, was jemand tut, wird also einerseits auf die Moral geschlossen, aber auch darauf, ob die Person grundsätzlich langweilig oder lustig, konservativ oder offen ist. Eine interessante Person ohne Tinder auf dem Handy – ist so jemand überhaupt noch vorstellbar? Eine emanzipierte Frau, für die One-Night-Stands nicht infrage kommen – stimmt mit der noch alles? Dinge, über die früher nur geflüstert wurde, sind heute Teil der Selbstdarstellung. Eine Performance, mit der man sich als aufgeschlossen und hip inszenieren kann. Das ist eine heillose Überfrachtung, die den meisten Menschen wohl nicht guttut. Außerdem haben sich die Normen geändert – sie sind anders und werden weniger häufig mit Gesetzen durchgesetzt als früher – und die Möglichkeiten, über solche Dinge zu sprechen. Es gibt seltener Sprech-, Bild- und Denkverbote. Damit sind viele überfordert, aber ich bin zuversichtlich, dass sich das mit zunehmender Gleichberechtigung von Frauen und sexuellen und geschlechtlichen Minderheiten einrenkt. In den letzten zwei Jahrzehnten ist es somit wahrscheinlicher geworden, dass ich mich erstens ungestraft äußern kann und zweitens eine bessere Möglichkeit habe, mich mit anderen Menschen zu vernetzen. Man kann das als Internethype, als Protestbewegung von Leuten abtun, die nur auffallen wollen, oder man kann feiern, dass das Leben vielfältiger ist als erwartet.

Menschen mit nichtbinären Geschlechtern tauchen also regelmäßig in asexuellen Zusammenhängen auf. Online häufiger als offline, wo bei Stammtischen geschätzt eher eine von acht als eine von vier Personen nicht ins klassische Schema von männlich oder weiblich passt. Manche von ihnen fallen optisch nicht weiter auf, andere tragen einen Mix von Kleidung, die Männern und Frauen zugestanden wird, oder sie arbeiten mit Frisuren, Make-up, Schmuck oder Nagellack, um den sonst unauffälligen Eindruck – und Menschen mit festen Rollenbildern – zu stören.

Einige leiden darunter, dass ihr Körper nicht zu der inneren Landkarte passt, die sie von sich haben, und tragen beispielsweise Binder (um den Oberkörper flacher erscheinen zu lassen), nehmen Hormone oder lassen sich operieren.

Manche von ihnen sind mit den Pronomen zufrieden, die sie seit Geburt haben, sind also weiterhin „er" oder „sie". Andere mögen ein „es" sein oder ihr näheres Umfeld um ein sogenanntes neutrales Pronomen bitten. Neben „x", „xier" und „sier" geistern noch ein paar andere durchs Netz und auf gedruckten Seiten herum.[232] Somit hat jede Person hoffentlich irgendwann ihr eigenes, frei gewähltes Pronomen. Nebenbei gibt es Versuche, eines zu finden, das sich statt des verallgemeinernden „er" in Texten verwenden lässt. Bis sich die deutschsprachige Welt auf etwas einigt, wird wohl noch Zeit vergehen.

Warum unter asexuellen Menschen (und gefühlt auch unter bi- und pansexuellen Menschen) so viele mit nichtbinären Geschlechtern sind, im Vergleich zu anderen sexuellen Orientierungen? Darauf gibt es keine mir bekannte Antwort. An der Verzerrung, dass die Personen mehr Informationen haben, kann es wohl nicht allein liegen. Es darf spekuliert werden, dass die innere Geschlechts-Landkarte sich eher anders ausrichtet, wenn sie nicht auf ein einzelnes Gegenstück fixiert ist.

Was ist mit Menschen, die im Sinne der Sexualmedizin transsexuell sind?[233] Menschen, deren Ich-Geschlecht binär ist, also eindeutig männlich oder weiblich, die aber einen Körper haben, der zu dieser inneren Landkarte absolut nicht passt? Auch diese scheinen in der asexuellen Community häufiger aufzutreten als in der Allgemeinbevölkerung. Die Online-Umfragen ergeben für die englischsprachige asexuelle Community einen

---

[232] https://annaheger.wordpress.com/pronomen/ (29.01.2019) oder https://delesystem.wordpress.com/de-le-system-spickzettel/ (16.04.2019). Meine neueste Entdeckung offline ist „per", von „Person".

[233] Um den Begriff „transsexuell" gibt es einige Diskussionen. Viele lehnen ihn ab, eben weil er aus der Medizin stammt, da „sexuell" mit einer sexuellen Orientierung verwechselt werden kann und er als veraltet gilt. Andere verteidigen vehement ihr Recht, ihn für sich zu verwenden und lehnen „transident" und „transgender" wegen der darin enthaltenen Identität ab.

Wert um 4 Prozent.[234] Werte für die Allgemeinbevölkerung in Deutschland schwanken stark, je nachdem, wer wie anhand welcher Zahlen rechnet: von 0,0055 Prozent anhand eines Artikels von 2013 bis zu einer Aufrechnung von Personenstandsänderungen gegen Geburtenrate (0,336 Prozent), die sich an Gates Schätzung für die Vereinigten Staaten von 2011 annähert.[235] Damit wäre unter asexuellen Menschen also eine von 25, und in der Allgemeinbevölkerung eine von etwa 300 Personen transsexuell. Das ist wahrscheinlich mehr, als die meisten Leute erwarten. Bei solchen Statistiken frage ich mich immer, wo die anderen sieben Aces und wo die beiden transsexuellen Personen auf meiner Schule waren. Wahrscheinlich haben sie sich ähnlich verloren gefühlt wie ich.

Es kann vorkommen, dass sich trans Personen so unwohl in ihrem angeborenen Körper fühlen, dass sie zwar eine sexuelle Orientierung haben, die nicht Asexualität ist, aber nicht einmal daran denken wollen, ihre Sexualität auszuleben. Unter Umständen landen diese Personen in der asexuellen Community. Sobald sie ihr äußeres Erscheinungsbild dem angeglichen haben, das ihre innere Landkarte ihnen vorgibt, verabschieden sie sich eventuell wieder. Es mag Menschen geben, die so etwas als „Verrat" betrachten. Spekulationen über solche Zusammenhänge sind ein Grund, warum allosexuelle Menschen oft daran zweifeln, dass eine transsexuelle Person asexuell ist. Den anderen habe ich oben genannt: Auch trans Personen sind oft dem Vorurteil ausgesetzt, dass sie entweder krank seien oder nicht wüssten, was sie tun. Daher muss man sich nach Auffassung mancher Menschen auf ihre Angaben nicht verlassen. Wer einen solchen Verdacht äußert, möge in sich gehen und die eigenen Vorurteile unter die Lupe nehmen. All dies führt dazu, dass asexuelle Menschen mit einer Geschlechtsthematik lieber hinter den Kulissen bleiben und sich beispielsweise seltener für Interviews melden oder dann nicht sagen, dass sie trans sind.

---

[234] Es ist Rechnen gefragt bei Bauer, Miller, Ginoza et al. (2018).

[235] https://www.thieme.de/statics/dokumente/thieme/final/de/dokumente/tw_psychiatrie-psychotherapie-psychosomatik/transgender.pdf (18.05.2020); https://de.wikipedia.org/wiki/Transsexualit%C3%A4t#Deutschland (18.05.2020); https://issuu.com/helluvawhorella/docs/gates-how-many-people-lgbt-apr-2011/6 (18.05.2020).

Aber selbst wenn der Zweifel eine Person trifft, für die vielleicht irgendwann „asexuell“ nicht mehr das passende Wort ist – jetzt im Moment passt es zu der Person. Jetzt im Moment fühlt sich diese Person aufgehoben. Wer bin ich, wer ist der*die Zweifelnde, jemandem das Recht abzusprechen, sich korrekt zu beschreiben, nur weil es irgendwann *vielleicht* nicht mehr zutrifft? Woher will ich, woher will ein zweifelnder Mensch wissen, dass gesichert scheinendes Wissen über sich selbst nicht morgen durcheinandergebracht wird? Es ist unwahrscheinlich, ja, aber nicht völlig ausgeschlossen.[236] Nehmen wir einen groben Vergleich: Gegenwärtig kommen meine Haare dunkelblond und wellig aus meinem Kopf, ich färbe sie aber regelmäßig rot. Irgendwann werde ich mit dem Henna nicht mehr gegen „grau“ ankommen, es sei denn, ich bevorzuge „orange“. Das heißt aber nicht, dass ich gegenwärtig nicht „in echt“ rotbraune Locken habe. Wenn man mich nun in einem Café suchen müsste, ist die Information, dass meine Haare mal glatt waren, genauso wenig hilfreich wie die Tatsache, dass sie wahrscheinlich mal grau sein werden.

Ein homosexueller Mann, der einen asexuellen trans Mann oder einen heterosexuellen Typen in einer Schwulenbar *jetzt* Sex auf dem Klo anbietet, wird *jetzt* abblitzen, auch wenn vielleicht irgendwann in der Zukunft die Antwort anders lauten *könnte*. Mehr muss so ein Begriff zur sexuellen Orientierung gar nicht leisten, meiner Ansicht nach. Auch wenn andere Menschen gern ihre festen Schubladen haben und die Tatsache, dass eine Handvoll Leute ihre Beschreibung im Laufe des Lebens ändert, als Entschuldigung hernehmen, um allen Menschen mit dieser Beschreibung *jetzt* Wissen über sich abzusprechen.

Schwul, lesbisch, bi, pan. Queer?

Wie? Haben Sie richtig gelesen? Ein asexueller Mann (trans oder nicht) in einer Schwulenbar? Sie haben. Im Abschnitt zum Thema romantische Orientierung hatte ich bereits darauf hingewiesen, dass zahlreiche asexuelle

---

[236] Vgl. Diamond (2003).

Menschen sich eine Partnerschaft wünschen, ob romantisch oder nicht. Dabei haben die meisten dieser Menschen ein Zielgeschlecht (oder auch zwei oder mehr oder finden das mit dem Geschlecht keine aussagekräftige Kategorie). Im Vergleich zur Gesamtbevölkerung haben wir unter Menschen im asexuellen Spektrum einen deutlich erhöhten Anteil von Personen, die sich in Männer und Frauen oder in Menschen jeglichen Geschlechts verlieben können, nämlich grob geschätzte 35 bis 40 Prozent.[237]

Dazu passend stellte eine der großen Online-Umfragen die Frage, wie sich die Befragten beschrieben, bevor sie sich als „asexuell“ bezeichneten. 22 Prozent antworteten mit „bi- oder pansexuell“, fünf Prozent hatten sich vorher als schwul oder lesbisch betrachtet, und knapp die Hälfte hielt sich für hetero.[238] (Ich bin also nicht allein.)

Die Wahrscheinlichkeit, dass eine Person aus „unterdrückter Homosexualität“ behauptet, dass sie asexuell sei, ist demnach sehr gering. Und, wie wir bis jetzt gesehen haben: Es ist ein denkbar ungünstiger Weg, sich vor einer schlechten Behandlung zu retten.

Gerade bei bi-, pan- und homoromantischen Personen über 30 Jahre ist es wahrscheinlich, dass diese ihren ersten Reibungspunkt mit der Gesellschaft nicht über Asexualität, sondern über ihre romantische Orientierung fanden. Diese Personen sind dann zuerst bi, pan, lesbisch oder schwul, und „asexuell“ ist eine oft spät gefundene Erklärung, warum sie so häufig Ärger in Beziehungen haben. Deshalb kommt es vor, dass eine Person nicht auf die Nachsilbe „romantisch“ zurückgreift, sondern sich als „bi und asexuell“ oder „lesbisch und asexuell“ oder homo-asexuell etc. beschreibt.

Und dieses Fremdwort? „Queer“[239] ist neben einem Schirm-Begriff, der alle sexuellen Orientierungen außer Heterosexualität einschließen und

---

[237] Schätzwerte aus Bauer, Miller, Ginoza et al. (2017) (ca. 35 Prozent) und Bauer, Miller, Ginoza et al. (2018) (ca. 43 Prozent). Sowie https://asexualcensus.wordpress.com/2020/09/22/bi-visibility-day-report-putting-the-b-in-a/ (10.10.2020).

[238] Bauer, Miller, Ginoza et al. (2017).

[239] Manche Leute, vor allem in englischen Sprachraum, möchten auch nicht „queer“ sein, weil das einmal eine sehr böse Beleidigung war. Die Diskussion hat also noch mehr Lagen, die aber für uns hier in Deutschland weniger relevant sind.

auch Menschen mit Geschlechtsthematik mit erfassen soll, eine eigenständige Identität.

„Ich bin nicht heterosexuell und/oder nicht cis-gender, und mehr musst du nicht wissen“, kann es bedeuten. Oder es kann meinen, dass eine Person nicht heterosexuell ist, aber die vorhandenen Begriffe ihr nicht ausreichen, um eine genauere Beschreibung zu geben, also lässt sie es bleiben.

Für Menschen, die „queer“ als einen Schirm-Begriff benutzen, ist es manchmal eine Art Zweit-Identität. Zur Beschreibung, wie ich die Welt wahrnehme, ist beispielsweise „asexuell“ für mich genauer. Gleichgesinnte finde ich so ebenfalls besser. „Queer“ beschreibt besser, mit welchen Unannehmlichkeiten ich mich im Alltag herumschlage und wie ich wahrgenommen werde. Wenn ich wegen meiner Kleiderwahl schief angeschaut werde oder jemand den Regenbogensticker von meinem Auto pult, ist es egal, ob die Leute mich für lesbisch, trans oder ace halten – anecken tue ich so oder so.

Abb.: Aces_NRW demonstrierte für einen queeren Schirmbegriff beim CSD Köln 2018.

Sobald es darum geht, politische Allianzen zu schmieden, finde ich „queer" einen halbwegs tauglichen Sammelbegriff.

Es gibt außerdem die Möglichkeit, jede Buchstabengruppe einzeln aufzuzählen – LSBTTIQAP etc. –, dann sind aber immer die beleidigt, die sich vergessen fühlen. Der Verdacht ist, dass diejenigen, die nicht mitgenannt werden, ausgeschlossen oder gar nicht wahrgenommen werden. Dieser Verdacht ist tatsächlich nicht von der Hand zu weisen. Allerdings gilt dieser genauso für „queer". Wenn irgendwo „queer" draufsteht, hat es meiner Erfahrung nach in 90 Prozent der Fälle hauptsächlich mit Schwulen zu tun. Die Gründe dafür sind vielfältig und nicht nur den homosexuellen Männern anzukreiden. Wie wir alle haben sie von klein auf die Frauenverachtung unserer Gesellschaft mitbekommen. Deswegen halten sie und auch die Gesamtgesellschaft ihre Erfahrungen insgesamt für maßgeblicher als beispielsweise die von Lesben.[240] Daher hat ein Mann, der sich feminin gibt, in dieser Gesellschaft immer noch größeres Schockpotential als eine Frau in Herrenkleidung. Dementsprechend größer war der rechtliche Gegenwind, sodass sich die schwule Community oft zurecht erst einmal mit sich selbst beschäftigt. Daher haben sowohl das Buchstabensuppenmonster als auch der Schirm-Begriff ihre Tücken.

Gelegentlich versuchen Leute, einen anderen Sammelbegriff zu etablieren (wie GSRM[241] oder MOGAI[242]). Diese konnten sich aber nicht durchsetzen, zumal auch hier drüber gestritten wird, ob oder wie Menschen ausgeschlossen werden.

Es gibt Menschen aus dem asexuellen Spektrum, die keine „Zweitidentität" als queer haben. Das ist völlig in Ordnung, denn über so eine Identität entscheidet die Person, die die Wörter für sich benutzt. Die einen benutzen ein Wort, die anderen nicht. Ob das nun „queer" ist oder eine genaue Beschreibung der romantischen Orientierung oder sonst ein Etikett.

---

[240] http://www.lsvd-blog.de/?p=16896 (03.03.2019).

[241] GSRM: Geschlechtliche, sexuelle und romantische Minderheiten (ursprünglich Englisch: Gender, sexual and romantic minorities).

[242] MOGAI: Marginalisierte (sexuelle und romantische) Orientierungen, Geschlechtsidentitäten und Intersex (ursprünglich aus dem Englischen: Marginalized orientations, gender alignments and intersex).

Mehr sollte es darüber nicht zu reden geben. Leider werden deswegen immer wieder Streitereien vom Zaun gebrochen: Was ist queer? Wer darf sich so nennen? Muss ich da jetzt mitmachen? Als hätten sich Aces nicht seit den Anfängen wegen Eigen- und Fremdbezeichnungen den Mund fusselig geredet oder die Finger wund getippt. Da ich derartige Diskussionen auch schon mitgemacht habe: Sachlich bleiben und sich ab einem gewissen Punkt mit einem eleganten Augenverdrehen wichtigeren Dingen zuwenden. Und das gerne auch kommunizieren.

Etwas lästiger ist, dass manche nicht-asexuellen Nicht-Heteros allen oder ausgewählten asexuellen Menschen die Selbstbeschreibung als „queer" gern verbieten würden. Derartige Bevormundungen finden größtenteils in der tumblr-Debatte statt.

Nein, wir missionieren nicht. – Religion

Es gibt also offensichtlich Menschen im asexuellen Spektrum, die sich der queeren Buchstabensuppe zugehörig fühlen und den Schulterschluss suchen. Gerade auch wegen der vielfältigen Überlappungen, von denen ich geschrieben habe. Als Resultat tauchen asexuelle Gruppierungen wie AktivistA, die Ameisenbären oder etablierte Stammtische ab und an bei Christopher Street Days in einigen deutschen und österreichischen Städten auf.[243] Es gibt dann Infostände bei den Straßenfesten oder Gruppen bei den Demoparaden. AktivistA ist außerdem Mitglied beim Netzwerk LSBTTIQ Baden-Württemberg und ist (Stand Dezember 2020) dort die einzige Vertretung asexueller Menschen. Gegen derlei Anwesenheit auf solchen Veranstaltungen gibt es innerhalb der asexuellen Communities regelmäßig Proteste. Beziehungsweise reagieren Menschen, die eher anti-sexuell eingestellt sind, mit Unverständnis und Vorbehalten. Zumeist sind das Menschen, die von derlei CSD-Demoparaden nur die Fernsehbilder mit den de-

---

[243] https://aven-forum.de/viewforum.php?f=14&sid=d17a6e4e0e4281e2b648ed824 9308534 (20.02.2019).

korativen, aber leicht bekleideten jungen Männern kennen. Diese leicht bekleideten Menschen gibt es da tatsächlich, und sie sind oft sehr fotogen. Andererseits fände ich es schön, wenn die Medien ihre Verantwortung hier etwas ernster nehmen würden. Statt der x-ten Dragqueen mit hochtoupierter Perücke und 30-Zentimeter-Glitzer-Plateauabsätzen könnte man auch mal eins von den bisexuellen Rollerderby-Girls zeigen. Oder die eher unspektakulär bekleideten Personen an den Infoständen.

Gleichzeitig haben auch Menschen aus dem Rest der LSBTTIQ-Community Vorbehalte. Neben den üblichen Fragen, die auch heterosexuelle Menschen stellen, trifft man häufig auf folgende Variation: „Wie? Ihr wollt keinen Sex? Und findet das gut? Soll ich jetzt auch keinen Sex mehr haben?“ Gerade homosexuelle Personen über fünfzig haben die Sorge, dass man ihnen verbieten möchte, Sex zu haben. Das ist durchaus verständlich, denn dieser Personenkreis hat unter anderem die Verfolgungen nach Paragraph 175 noch erfahren. Nicht nur deutsche Polizeibehörden haben in den letzten hundert bis fünfhundert Jahren[244] eine geradezu aberwitzige Menge Energie daran verschwendet, Männer zu verfolgen, die Sex mit Männern haben.[245] Seltener traf es Frauen, die Sex mit Frauen hatten, das heißt aber nicht, dass sie nicht anderweitig diskriminiert wurden.[246] Und daher kommen gelegentlich Menschen an einen Infostand über Asexualität, die auf Krawall gebürstet sind. Sie fragen: „Wollt ihr uns das Pimpern verbieten? Ist das ein religiöses Ding, oder was?“

---

[244] „116. Item so eyn mensch mit eynem vihe, mann mit mann, weib mit weib, vnkeusch treiben, die haben auch das leben verwürckt, vnd man soll sie der gemeynen gewonheyt nach mit dem fewer vom leben zum todt richten.“ Peinliche Gerichtsordnung Karls V., 1532, zitiert nach http://www.koeblergerhard.de/Fontes/PeinlicheGerichtsordnungKarlsV.htm (23.04.2019). Der englische sogenannte „Buggery Act“ mit fast dem gleichen Inhalt wurde ein Jahr später erlassen.

[245] Seit Ende des 19. Jahrhunderts suchten Ärzte und Psychologen nach Behandlungsmethoden für homosexuelle Empfindungen. Für einen Abriss von US-amerikanischen Polizeimethoden siehe unter anderem Carter (2004). Manchmal frage ich mich, was geschehen wäre, wenn man all diese Energie konstruktiver verwendet hätte.

[246] https://www.der-liebe-wegen.org/ (20.02.2019).

Die meisten von uns haben kein Interesse daran, anderen Sex zu verbieten, nein. Es ist auch kein religiöses Ding, wie meine bisherigen Ausführungen gezeigt haben sollten. Aber Religion ist auf mehreren Ebenen ein Thema, und Anthony Bogaert, der die moderne Asexualitätsforschung begründet hat, liefert Ergebnisse dazu. Während sich die asexuellen Menschen aus dieser Studie gleich häufig wie andere einer religiösen Gruppe zuordneten, besuchten sie häufiger Gottesdienste oder Veranstaltungen ihrer Gemeinde. Wir dürfen spekulieren, dass organisierte religiöse Aktivitäten für allein lebende Personen recht reizvoll sind. Wer allein lebt und Single ist, braucht anderweitig Anschluss. Da bieten sich Religionsgemeinschaften als niedrigschwelliges Angebot durchaus an. Diese Ergebnisse stehen im krassen Gegensatz zu den Erkenntnissen der Online-Umfragen. Hier sind immer mindestens 25 Prozent atheistische und mindestens 18 Prozent agnostische Personen unterwegs. Dies dürfte daran liegen, dass die Befragten im Schnitt jünger und besser ausgebildet sind als die Teilnehmenden aus Bogaerts Studie. Diese Zahlen von „Nichtreligiösen“ aus den Online-Umfragen liegen im vermuteten Schnitt für mittel- und nordeuropäische Staaten, aber weit über dem, was für die USA geschätzt wird.[247] Da die Mehrzahl der Beteiligten aus den USA stammte, finde ich das bemerkenswert. Abgesehen davon wollen manche religiöse Gruppierungen gar keine asexuellen Menschen in ihren Reihen.

Wie oben schon erwähnt, sind einige Religionsgemeinschaften sex-negativ und finden es daher nicht gut, wenn Frauen ihrer „ehelichen Pflicht“ nicht nachkommen. Andere halten es für die Pflicht des Menschen, zu heiraten und sich zu „mehren“, wie es in der Bibel steht. Wenn da wer aus der Reihe tanzt, nehmen das manche Gemeinschaften schlecht auf und fordern von den Gemeindemitgliedern Gehorsam ein oder schließen diese deswegen aus.[248]

---

[247] https://fowid.de/meldung/anteile-und-anzahl-atheisten-agnostikern-gottlosen (20.02.2019).

[248] Ein wirklich absurdes Video zum Thema ist hier: https://www.youtube.com/watch?v=VDxjiz2P5bw Es beweist, dass auch religiöse Menschen in die Minderheiten-Denkfalle tappen und erst einmal kein besseres Argument als „unnormal, muss krank sein“ vorweisen können.

Exkurs: Schrödingers Queer. Diskriminiert genug?

Wie bereits erwähnt, haben Menschen aus dem asexuellen Spektrum zahlreiche Erfahrungen mit anderen sexuellen Minderheiten gemeinsam. Inneres und äußeres Coming-out, vermehrte Selbstzweifel und häufigere Suizidgedanken gehören dazu. Einsamkeit und Ablehnung verursachen eine Belastung, die zu Depressionen und anderen psychischen Krankheiten beitragen kann.

Wie ebenfalls erwähnt, gibt es verschiedene Meinungen darüber, was Asexualität ist und ob Menschen aus dem asexuellen Spektrum eine eigene sexuelle Orientierung haben. An dieser Frage scheiden sich dann die Meinungen. Dürfen Aces bei der queeren Buchstabensuppe mitspielen und ihr A hinter das LSBTTIQ (oder LGBTQI oder ähnlich) einreihen? Für die einen ist die Antwort ganz klar. Asexuelle Menschen verhalten sich offensichtlich nicht wie heterosexuelle Menschen. Das liegt daran, dass sie nicht heterosexuell sind. Neuesten Ergebnissen aus den USA zufolge stellen Aces zehn Prozent der Befragten, wenn es um Erhebungen unter LGBT Jugendlichen geht. Das heißt, gerade die Jüngeren verstehen sich durchaus als „queer“.[249]

Diejenigen, die darauf bestehen, dass hetero-, homo- und bisexuell ja immer die Romantik mit einschließen würde (die sich also bei „sexueller Orientierung“ auf „Geschlecht“ statt auf „Sex“ konzentrieren), haben immer noch keine Antwort auf aromantische Menschen, die weder sexuell noch romantisch noch emotional zu irgendwem hin orientiert sind. Dementsprechend dürfen Menschen aus dem asexuellen Spektrum sich mal mitgemeint fühlen und mal nicht. Und deswegen hat das Buchstabensuppenmonster hier einen Vorteil.

Neben der Frage nach der genauen Definition spielt oft auch Folgendes eine Rolle: Geht’s euch schlecht genug? Werden asexuelle Menschen aufgrund ihrer Asexualität diskriminiert? Anderen Buchstabengruppen geht es aber insgesamt schlechter. Seid ihr queer genug? Das Englische hat

---

[249] https://www.thetrevorproject.org/2020/10/26/research-brief-asexual-and-ace-spectrum-youth/ (6.12.2020).

hierzu den schönen Begriff „oppression olympics“ geprägt: die „Unterdrückungs-Olympiade“.

Gewiss gibt oder gab es kein Gesetz, das asexuelle Menschen ausdrücklich betroffen hat oder nur Menschen aus dem asexuellen Spektrum als Zielscheibe hatte. Die Ehe für (fast) alle ist seit 2017 da, insofern können auch homo- und biromantische Menschen aus dem asexuellen Spektrum heiraten, sofern die Beteiligten einen eindeutigen Geschlechtseintrag haben.[250] Vergewaltigung in der Ehe ist schon (erst?) seit 1997 in Deutschland eine Straftat.[251] Der Staat ist also nicht mehr der Meinung, dass Ehepartner*innen sich grundsätzlich Sex schulden. Eine Wohltat für Menschen aus dem asexuellen Spektrum, auch wenn „asexuell“ nirgends im Gesetzestext auftauchte.

Demgegenüber stehen aktuell folgende Dinge: Eine Ehe muss „partnerschaftlich stabil“ sein, wenn die Eheleute adoptieren möchten. Was heißt das? Was ist, wenn die Ehe kinderlos ist, weil die Beteiligten keinen Sex haben möchten?[252]

Wenn eine der verheirateten Personen nicht die deutsche Staatsbürgerschaft hat, kann der Verdacht aufkommen, dass eine Scheinehe vorliegt, mit der sich eine Person das Aufenthaltsrecht erschleichen möchte. Wie beweisen Menschen in einer quasiplatonischen Partnerschaft mit getrennten Schlafzimmern, dass sie nicht zum Schein verheiratet sind?[253]

Was ist Zustimmung zu sexuellen Handlungen? Ein schwuler Bekannter meinerseits erklärte, dass er wohl vor Jahren mal einen asexuellen Freund gehabt hätte, und jetzt plagte ihn sein Gewissen. Ist es Vergewaltigung, wenn eine Person Sex hat, „weil es eben dazugehört“ und

---

[250] https://www.sueddeutsche.de/leben/gleichstellung-wen-die-ehe-fuer-alle-ausschliesst-1.3638087 (23.04.2019).
[251] https://www.facebook.com/tagesschau/videos/vergewaltigung-in-der-ehe-wird-strafbar/10155393962669407/ (31.01.2019).
[252] https://www.familienrecht.net/adoption/#wohnverhaeltnisse-psychologische-eignung-und-gesundheit (31.01.2019).
[253] https://www.scheidung.org/scheinehe/ (31.01.2019).

sie kein gutes Argument dagegen hat außer „ich mag nicht“ und deswegen nichts sagt?

Das sind größere rechtliche Fragen.

Hinzu kommen Dutzende kleinere und größere Aspekte:

- Asexuelle Frauen, die nicht (mehr) zu Frauenärztinnen gehen, weil ihnen nicht geglaubt wird, dass sie keinen Sex haben. Oder weil sie bei einem Coming-out dumme Kommentare kassiert haben. „Das gibt es nicht. Das bilden Sie sich nur ein.“ – „Was glauben Sie, wie oft ich von jungen Frauen höre, dass sie nicht schwanger sein können?“ Tests auf Gebärmutterhalskrebs scheinen jedenfalls etwas, das bei asexuellen Menschen seltener durchgeführt wird als in der Durchschnittsbevölkerung – und bei der Hälfte der Befragten liegt das wohl mit daran, dass sie gynäkologischen Konsultationen generell aus dem Weg gehen.[254]
- Menschen, die Psychotherapien durchführen und sich an der Tatsache aufhängen, dass eine Person keinen Sex möchte, statt sich um das eigentliche Problem zu kümmern.
- Sprüche von Wildfremden, Bekannten und Verwandten, dass es ja jetzt so langsam mal Zeit wäre, eine Familie zu gründen. Eltern, die bei jeder verfügbaren Gelegenheit fragen, wann sie endlich Enkel bekommen.
- Vermieter*innen, die eine potentielle Mieterin misstrauisch anschauen, wenn die sagt, dass sie nicht vorhat, irgendwann zu heiraten.
- Das dumme Gefühl, bei Mädelsrunden nicht mitreden zu können und deswegen als Zicke oder prüde Spielverderberin geschnitten zu werden.
- Das dumme Gefühl, bei Mackerrunden nicht mitreden zu können und deswegen später als „Schwuchtel“ oder „Weichei“ schikaniert zu werden.

---

[254] Weis et al. (2020).

- Der berufliche Nachteil, der entsteht, wenn man deswegen nicht als „Teamplayer*in“ wahrgenommen wird.
- Das schlechte Gewissen, das einem die streng religiöse Gemeinschaft vermittelt, wenn man keine Anstalten macht, zu heiraten und sich zu mehren.
- Die echt lästige Tatsache, dass man Geschichten, in denen Menschen vorkommen, mit denen man sich identifiziert, mit der Lupe suchen muss.[255]

Das sind Beispiele, die nicht aus der Luft gegriffen sind, weil ich sie teilweise selbst erlebt habe und weil sie mir teilweise in persönlichen Gesprächen anvertraut wurden.

Dazu passt eine Studie aus den USA von McInnis und Hodson, die ergab, dass asexuellen Menschen die Fähigkeit zu Gefühlen teilweise abgesprochen wird. An ihrem Menschsein wird also eher gezweifelt als an dem von anderen Minderheiten.[256] Liegt das daran, dass sexuelle Anziehung als eine so fundamental menschliche Erfahrung gilt, dass sie für viele nicht wegzudenken ist?[257] Die Studienteilnehmenden waren sich außerdem einig, dass sie lieber an hetero- und homosexuelle Menschen vermieten würden als an a- und bisexuelle Personen.

Gehen wir nach Selbstauskunft, werden Menschen aus dem asexuellen Spektrum aufgrund ihrer sexuellen Identität häufig offline und online beschimpft, und bekommen fast zur Hälfte „Heilungsmethoden“ angeboten. Ein Fünftel ist wegen ihrer sexuellen Identität von sozialen Aktivitäten ausgeschlossen, ein Zehntel bekommt Ablehnung aus der eigenen Familie zu spüren – und ein Drittel dieser Gruppe so weit, dass ihnen finanzielle Unterstützung vorenthalten wurde.[258]

---

[255] Amazon spuckt am 4. März 2019 insgesamt sechs deutschsprachige Romane im Bereich „Bücher“ aus, im Mai 2020 waren es 13. Zwei davon sind von der Autorin dieses Buches.

[256] McInnis und Hodson (2012).

[257] Vgl. Decker (2014) Seite 47.

[258] Bauer, Miller, Ginoza et al. (2018) und Weis et al. (2020).

Irgendwas ist also, auch wenn die Gefahr eher gering ist, wegen des Aussehens als *asexuelle* Person von einer Damentoilette verjagt oder an der Bushaltestelle verprügelt zu werden. Und da es, wie Julie Sondra Decker feststellt, keine asexuellen Bars gibt, besteht auch keine Gefahr, nach dem Verlassen einer solchen von Asex-Hassenden überfallen zu werden.[259]

#thisiswhatanasexuallookslike – Schönheitsnormen

Gerade habe ich geschrieben, dass Leute nicht asexuell aussehen. Wer nicht gerade ein Motto-T-Shirt und Accessoires in den Flaggenfarben trägt, läuft nicht Gefahr, wegen des Aussehens als asexuell „enttarnt“ und belästigt zu werden. Ehrlich nicht. Dennoch begegnet asexuellen Menschen ein Kommentar immer wieder: „Du bist doch gar nicht so hässlich.“ So oder in Variationen. Das liegt daran, dass die meisten Menschen lieber nicht darüber nachdenken, dass auch viele Leute, die sie nicht attraktiv finden, gerne Sex haben möchten. Seien sie nun älter oder dicker oder dünner oder pickliger oder dunkelhäutiger oder was auch immer als das, was uns Zeitschriften, Fernsehen, Youtube und Instagram als „attraktiv“ vorführen.

Einerseits leben wir also in einer Kultur, die manchen Leuten vorschreibt, dass sie kein Interesse an Sex haben sollten. Sie seien nicht attraktiv, also sollen sie bitte den Beziehungsmarkt nicht mit ihrer Anwesenheit stören. Außerdem ist nachgewiesen, dass es konventionell attraktive Menschen in der Karriere eher nach vorn bringen.[260] Wer aber mehr verdient und den höheren Rang hat, dem wird eher zugehört. Demnach dürfen und sollen die vermeintlich Hässlichen dieser Welt nicht nur auf dem Beziehungsmarkt nicht so gern mitspielen.[261]

---

[259] Decker (2014), Seite 57.

[260] Dieser Effekt nennt sich „Halo-Effekt“ – Heiligenschein-Effekt. Eine Wahrnehmungsverzerrung, bei der das Aussehen (oder ein anderer erster Eindruck) auf andere Bereiche der Persönlichkeit „überstrahlt“, sodass die meisten Leute einer fremden attraktiven Person automatisch auch bessere Charaktereigenschaften zuschreiben.

[261] https://www.faz.net/aktuell/beruf-chance/beruf/karriere-schoenheit-macht-

Andererseits erwartet unsere Kultur offenbar von denjenigen, die „gar nicht so hässlich“ sind, dass sie diesem Beziehungsmarkt zur Verfügung stehen. Ist das ein Ausdruck davon, dass es um die „guten Gene“ schade sei? Rückstand aus einer Zeit, als jedes gute Gen das Überleben der Menschheit sichern musste?[262] Oder ist da etwas anderes am Werk?

Dass eine ganze Industrie davon lebt, Leuten zu vermitteln, dass sie nicht jung genug, sportlich genug, glatthäutig genug oder dünn genug aussehen, ist klar. Kosmetikfirmen, Diätprodukte, Nageldesignerinnen, Friseursalons, Fitnessstudios, Beauty-Spas und so weiter sind darauf angewiesen, dass Menschen sich nicht schön genug fühlen und Geld in die „Selbstoptimierung“ investieren. Wer sich bemüht und dann trotzdem nicht ganz perfekt ist: Dafür gibt es Softwareprogramme und Apps. Den eigenen Körper nicht als etwas wahrzunehmen, das verbessert werden muss, bis es dem am Computer erschaffenen Ideal gleicht – so unabhängig sind nur wenige. Erscheint es deswegen als unverständlich, gar als Frevel, wenn eine Person sich aus diesem Markt teilweise hinaushält, obwohl diese Person konventionell gutaussehend ist.

Dass man im Angesicht einer derartigen Markt- und Konsumverweigerung das eigene Verhalten hinterfragt, ist wohl kaum der Fall. Statt sich an die eigene Nase zu fassen, wird lieber auf der Person rumgehackt, die das Ganze als das entlarvt, was es ist: Ein Nullsummenspiel. Gewinnen tun nur diejenigen, die uns jedes Jahr gegen Geld mit den aktuellen Beautytrends versorgen. Und die, die Bildbearbeitungssoftware verkaufen. Wer auf diesem Markt nicht mitspielen mag, wird dann genauso abgewertet wie diejenigen, die nicht mitspielen sollen.

Nun sind asexuelle Menschen aber bei diesem Spiel nicht komplett außen vor. Der Beziehungsmarkt ist vielleicht ein anderer, aber auch viele asexuelle Menschen suchen eine Beziehung. Und da die meisten von uns Geld verdienen müssen, ist ein angenehmes Äußeres bei der Karriere

---

erfolgreich-1514523.html (06.02.2019).

[262] Mittlerweile ist die Menschheit ja gut dabei, sich selbst komplett vom Planeten zu entfernen, und Gene haben damit nichts zu tun. Der Rest der Tier- und auch die Pflanzenwelt würden wahrscheinlich aufatmen, wenn das mit dem aufrechten Gang und dem gegengreifenden Daumen Geschichte wäre.

durchaus von Vorteil.[263] Nichtsdestoweniger gibt es Menschen im asexuellen Spektrum, die dem Ideal überhaupt nicht nahe kommen. Wie überall eben.

Ich hatte Phasen, da schob ich meine Unfähigkeit, bei der allgemeinen Pärchenbildung mitzuspielen, auf die Tatsache, dass ich „zu fett" sei. So dick war ich gar nicht, trotzdem stand mein Gewicht der Selbsterkenntnis im Wege. Und das ging nicht nur mir so.[264]

Andererseits könnte es sein, dass manche nicht normschönen asexuellen Menschen sich fragen, ob sie sich etwas vormachen. Denn zu sagen: „Ich bin asexuell", erscheint ihrem Unbewussten vielleicht einfacher, als eine Abfuhr zu kassieren. Ihnen mag vielleicht eher geglaubt werden, dass sie zum Spektrum gehören – allerdings mit dem Rückschluss, dass das daran liegt, weil sie eben nicht das Schönheitsideal erfüllen. Als ob das eine mit dem anderen irgendetwas zu tun hätte. Aber da unattraktive Menschen ja im politischen und wirtschaftlichen Zirkus seltener erfolgreich mitmischen, ist wieder ein Grund gefunden, das Ganze nicht ernst nehmen zu müssen.

Wir sind doch nicht bei der Hundezucht. – Rasse

Oben hatte ich davon geschrieben, dass das gängige Schönheitsideal auch ein gewisses Spektrum an Hauttönen umfasst. Weiterhin wird Menschen aufgrund ihrer Physiognomie – also wie ihre Gesichtsknochen geformt sind und wie die Lidfalte und die Lippen beschaffen sind – und ihrer Hautfarbe in manchen Kontexten eine sogenannte „Rasse" zugewiesen. In der neueren Literatur gibt es daher den Begriff „rassifiziert". Dies soll deutlich machen, dass „Rasse" ein Begriff ist, der erfunden wurde, um ihn anderen überzustülpen und sie damit zu bewerten.

---

[263] Dass Erfolg von Sexyness abhängt, postuliert Schönherr-Mann (2015).
[264] http://theasexual.com/article/2017/9/29/krystal-cooper-being-asexual-and-overweight (03.03.2019).

Sicher gibt es *im Schnitt* augenfällige Unterschiede zwischen Menschen aus Nordafrika und Ostafrika, oder zwischen Menschen aus Moskau und solchen aus Taschkent. Genauso wie zwischen Menschen aus Schweden und Italien. Und wahrscheinlich verhalten diese Menschen sich auch in manchen Situationen *im Schnitt* anders, weil ihre Kulturen von anderen Umweltbedingungen und anderen Religionen geprägt sind. Das sind aber Wahrscheinlichkeiten, keine absoluten Fakten.

Alle Menschen sind unterschiedlich, und neben dem Kulturkreis beeinflussen unter anderem der sozioökonomische Status der Eltern, der Bildungsgrad, die persönlichen Wertvorstellungen und individuelle Erfahrungen und Eigenarten das Verhalten. Hautfarbe, Gesichtszüge und Verhalten sind daher keine Folge voneinander. Das Aussehen erlaubt auch keine Vorhersage für ein bestimmtes Verhalten. Das Denken in „Menschenrassen" macht aber genau diese Wahrscheinlichkeiten zu absoluten Fakten und Vorhersagen. Die Person sieht so und so aus? Dann ist das und das ihr Charakter! Die und die sind so. Warum? Weil sie die und die sind.[265] Und ändern können die sich deswegen auch nicht. Das ist ein Fall von Essentialismus: Gruppen von Millionen bis Milliarden von Menschen werden so zu einer einförmigen Masse herabgewürdigt.

Es gibt dazu eine schlechte Nachricht: Sobald der Essentialismus zugegriffen hat, man also glaubt, dass Menschen mit einem gewissen Aussehen zwangsweise ein gewisses Verhalten an den Tag legen, denkt man rassistisch.[266] Sobald man glaubt, dass es „Menschenrassen" gibt, ist man rassistisch. Und sobald sich dieses Denken in einer Herabwürdigung äußert, hat man rassistisch gehandelt.[267]

Menschen, die von solchem rassistischen Denken betroffen sind, nennen sich häufig Black, Indigenous and People of Color (BIPoC). Wenn sie

---

[265] So etwas nennt man auch einen Zirkelschluss. Das zieht nicht, wenn Logik gefragt ist. Menschen und ihre Glaubenssätze sind leider selten logisch.

[266] Frei nach Sow (2015).

[267] Und wenn es nur ist, das mit dem Zigeunerschnitzel halb so wild zu finden. (Ironie an: Ich mein, der Wirt ist eh ein Zigeuner und bescheißt nach Strich und Faden. Deswegen enthält das Schnitzel keine Beleidigung. Ironie aus.)

als „Schwarz“ wahrgenommen werden, ist der derzeit akzeptable Ausdruck Schwarz – bevorzugt großgeschrieben, mit dem Gegenstück *weiß*. Damit wenigstens ein bisschen auffällt, wie willkürlich „schwarz“ als Beschreibung für manche Hauttöne ist.[268]

So weit also zu den Grundlagen.

Das rassistische Denken schließt nicht nur Dinge ein wie ein gutes Rhythmusgefühl oder eine Neigung zum Diebstahl, sondern macht auch Zuschreibungen bezüglich der Sexualität von rassifizierten Menschen.

Oben schrieb ich, dass von Frauen der „besseren Gesellschaft“ über Jahrhunderte erwartet wurde, ihrer Lust nicht nachzugeben. Wie anders lesen sich die Berichte *weißer* Männer über Schwarze Frauen, Frauen aus „dem Orient“, der Südsee, der Karibik. Die seien naturverbunden und von einer freizügigen, überbordenden Sexualität – man täte ihnen quasi einen Gefallen, wenn man sie vergewaltigte.[269] Derlei Vorurteile hängen BIPoC Frauen immer noch nach. „Rassige“[270] und „exotische“ Schönheiten aus den Inseraten von Bordellen warten nur darauf, von deutschen Freiern bestiegen zu werden. Gleichzeitig inszenieren die Medien aber selten Rassismus ausgesetzten Frauen als begehrende Personen. Ihnen wird die Sexualität abgesprochen. Daher schrieb Bäumchen:

> „Ich habe es lange Zeit Desexualisierung genannt, um es von Asexualität zu trennen, aber langsam seh ich die Grenzen aufweichen. Ich kämpfe seit Jahren mit einem sterbenden Gefühl, mit einem sterbenden Begehren, und ich sehe diese Asexualität nicht als wunderbar oder als Identität, die ich ‚embracen‘, umarmen und lieben kann. Ich wurde dazu gemacht.“[271]

---

[268] http://www.derbraunemob.de/faq/ (06.02.2019).
[269] Vgl. unter anderem Said (1994) und https://www.ferris.edu/HTMLS/news/jimcrow/jezebel/index.htm (13.02.2019). Übersicht, woher die US-amerikanischen Stereotype kommen: https://static1.squarespace.com/static/5610dfd1e4b0c37386dd0a90/t/5a717a78ec212dcf0f021970/1517386363525/Racing+Ace.pdf (24.02.2019).
[270] Die Sprache verrät die Einstellung.
[271] https://web.archive.org/web/20160317055529/http://rumbaumeln.blogsport.eu/2014/01/30/kein-sex-ii-classsexrace-liebe-und-begehre-mich-trotzdem/ (09.02.2019).

Männer, die Rassismus ausgesetzt sind, treffen andere Vorurteile: Schwarze Männer und solche aus dem arabischen Raum hätten eine überbordende, ja fast kindisch unkontrollierte Sexualität.[272] Deswegen seien sie grundsätzlich eine Gefahr für *weiße* Frauen. Hingegen wird Männern aus dem süd- und ostasiatischen Raum eher das Begehren abgesprochen, sie werden als „harmlos“ inszeniert. Die einen können quasi nie asexuell sein, die anderen sind es sowieso.

Wenn eine rassifizierte Person sagt: „Ich bin asexuell“, kämpft sie an mindestens zwei Fronten: Einmal gegen das Vorurteil, dass sie als Frau jederzeit zu haben sei oder als Mann über einen ungebändigten Trieb verfüge. Solche Vorurteile werden oft verinnerlicht, insofern zweifelt die Person vielleicht sogar an den eigenen Empfindungen. Oder wird sie als jemand wahrgenommen, der sich gegen das rassistische Stereotyp auflehnt? Oder glaubt man in der eigenen Community, die Person halte sich für etwas Besseres? Zweitens kämpft diese Person hier in Europa gegen eine Gesellschaft, die ihr vermittelt, dass sie weder begehrenswert ist noch begehren darf. Damit könnte bei den solcherart desexualisierten People of Color der Verdacht aufkommen, dass sie sich dem gängigen Bild beugen und sich aufgegeben haben. Bin das noch ich oder sind das schon die anderen?[273]

Dazu kommt die Tatsache, dass derzeit viele Personen aus dem asexuellen Spektrum, die sich an die Öffentlichkeit wagen, *weiß* sind. Wie oben bemerkt, handelt es sich um ein Phänomen, das hauptsächlich im englischsprachigen Internet stattfindet. Und da sind eben hauptsächlich gut ausgebildete, *weiße* junge Leute am Start.[274] Damit spiegelt sich die Gesell-

---

[272] https://movements-journal.org/issues/03.rassismus/10.dietze--ethnosexismus.html (09.02.2019).

[273] Vgl. Decker (2014) Seite 72 ff. und https://mediadiversified.org/2014/05/03/whats-race-got-to-do-with-it-white-privilege-asexuality/ (11.02.2019).

[274] Auf Statistiken verzichte ich, da die einzigen verfügbaren Daten aus den USA stammen. Dort gibt es im Verhältnis mehr Schwarze Menschen und Hispanics, dafür werden bei uns Menschen rassistisch behandelt, die jenseits des großen Teichs derzeit oft unter dem Radar fliegen, nämlich u. a. Menschen „mit südländischem Aussehen“ und/oder vom Balkan bzw. aus Süd(ost)europa, Iran, Kurdistan, Türkei und vom Kaukasus.

schaft: In den USA sind People of Color im Schnitt weniger gut ausgebildet, haben teilweise mehrere schlecht bezahlte Jobs, um sich über Wasser zu halten, oder müssen um die Aufenthaltsgenehmigung bangen.[275] In einer solchen Situation ist es unwahrscheinlich, dass ich das Wort finde, das ich bräuchte. Der Zugang zu Informationen ist erschwert. Und habe ich das Wort gefunden, ist es unwahrscheinlich, dass ich an einem Samstag bei einer Demoparade für Gleichberechtigung mitmische. Es ist unwahrscheinlicher, dass ich mich interviewen lasse, denn ich gelte wegen meines Äußeren als unglaubwürdiger als meine *weißen* Mit-Aces.

Was Bildungs- und Lohngerechtigkeit angeht, haben wir aber auch in Deutschland noch viel zu tun. Und wenn es mal eine gemischte Gruppe zu interviewen gäbe, pickt sich das Filmteam die jungen *Weißen* raus.[276] Dadurch entsteht aber ein Bild, das nicht zutrifft: Dass nur *weiße* Menschen Teil des asexuellen Spektrums sind.

Einer Person of Color könnte nun der Verdacht kommen, dass sie entweder sowieso nicht dazugehören kann oder dass sie nicht erwünscht ist. *Weiße* asexuelle Menschen sind nämlich ebenfalls in einer rassistischen Kultur aufgewachsen. Daher halte ich es für sehr wahrscheinlich, dass asexuelle Menschen of Color es sich dreimal überlegen, ob sie zu einem Stammtisch gehen wollen.

… wenn Sie das lesen können? – Klasse

Wo wir gerade bei Menschen sind, denen eine unkontrollierte Sexualität unterstellt wird: Ich hörte hier im Badischen schon des Öfteren Bekundungen der Freude, wenn „rechde Leut“ (hochdeutsch: rechtschaffene, ordentliche Personen) Kinder haben. Also nicht die, die mit acht Personen in einer Dreizimmerwohnung an einer vielbefahrenen Straße hausen und wo die Mutter Putzen geht und der Vater bestenfalls Päckchen ausfährt. Sofern

---

[275] https://www.census.gov/prod/2004pubs/p20-550.pdf (18.05.2020).
[276] http://loud-and-queer.tumblr.com/post/179630388217/why-i-hate-my-bbc3-asexuality-documentary (11.02.2019).

noch beide Eltern in der Familie leben und die Kinder nicht von drei verschiedenen Vätern stammen, die alle abgehauen sind. Wo alle Erwachsenen, die die Kinder kennen, Arbeitslosengeld II beziehen. Leute, die in ihrer Wohnung außer den Schulbüchern der Kinder keine Literatur haben. Egal aus welcher Herkunftsnation die Eltern oder Großeltern dieser Menschen sind: Sie haben einen niedrigen sozioökonomischen Status. Manchmal werden sie auch als zugehörig zur „Unterschicht" bezeichnet und ihre Wohngegend als „sozialer Brennpunkt".

Der „Rang" einer Person – und damit ihr Einfluss und ihr Handlungsspielraum – bemisst sich durchaus aus ihrem sozioökonomischen Status. Der setzt sich grob zusammen aus: Beruf und Rang der Eltern plus Wohnort plus eigene Ausbildung plus Einkommen. Der sozioökonomische Status wird oft genug vererbt.

Den soziologischen Hintergrund hierfür bildet Pierre Bourdiers Habitus-Theorie. Bei dieser geht es grob darum, dass von der Familie und dem weiteren sozialen Umfeld übernommene Verhaltensweisen und Vorlieben (der Habitus) keinesfalls zufällig sind, sondern eine „unbewusste Verinnerlichung strukturell vorgegebener, klassenspezifischer Grenzen".[277]

Wer also beispielsweise glaubt, dass manche Dinge „zu hoch" seien, gibt diese klassenspezifische „Grenze" meist auch bewusst oder unbewusst an die eigenen Kinder weiter. Gleichzeitig kann ein bestimmter Habitus verhindern, dass eine Person von einer ihr fremden sozialen Klasse Anerkennung erhält. Dadurch sind die Handlungsspielräume eingeschränkt: Es ist schwierig, auf einem Gebiet einen höheren Rang zu erwerben, das hauptsächlich von einer anderen sozialen Klasse kontrolliert wird.

In Deutschland ist die Möglichkeit zum sozioökonomischen Aufstieg noch häufiger begrenzt als anderswo. Je geringer der Bildungsabschluss der Eltern, desto wahrscheinlicher haben die Kinder ebenfalls einen nied-

---

[277] Zitiert aus der Kurzeinführung von Reemda Tieben, https://www.uni-muenster.de/FNZ-Online/theorien/modernisierung/unterpunkte/habitus.htm (18.05.2020).

rigen Bildungsabschluss. Offenbar kriegen wir als Gesellschaft es kollektiv nicht hin, Kindern aus Familien mit wenigen Büchern Spaß am Lesen und einen grundlegenden Wissensdurst zu vermitteln.[278]

Menschen aus sozioökonomisch rangniederen Familien haften ähnliche Stereotype an wie rassifizierten Menschen: promiskuitive Sexualität, vulgär, „zu dumm für Familienplanung". Gleichzeitig werden sie oft als „hässlich" charakterisiert: dick, schlechter Haarschnitt, schlechtere Zähne, abgetragene Kleidung oder geschmackloses Outfit.[279] Und wie bereits beschrieben: Die Sorge, dass die „armen Leute" mehr Kinder kriegen als die „ordentlichen", hatten schon die Menschen im viktorianischen England.

Ist es also unmöglich, dass Menschen mit niedrigem sozioökonomischem Status asexuell sind? Andererseits werden sie selten von denen, die sich für „was Besseres" halten, als attraktiv wahrgenommen. Umso erstaunlicher scheint es, dass sie sich trotzdem fortpflanzen, nicht wahr?

Allein anhand dieser zwei Sätze sollte auffallen, dass die Stereotypen sich widersprechen und dass daher offensichtlich der sozioökonomische Status und die sexuelle Ausrichtung nichts miteinander zu tun haben. Trotzdem führen solche Vorurteile vielleicht dazu, dass Menschen daran zweifeln, dass sie asexuell sein könnten. Oder es führt dazu, dass ihnen nicht geglaubt wird.

Wenn Menschen mit niedrigem sozioökonomischem Status nicht als „asexuell" in den Medien auftauchen, liegt das zu einem Teil daran, dass man längere Texte lesen muss, um die Communities überhaupt zu finden. Und um sich zu auszutauschen, muss man zudem halbwegs zusammenhängende Texte schreiben können. (In einem Land, das anscheinend 20 Pro-

---

[278] https://de.wikipedia.org/wiki/Auswertung_der_PISA-Studien:_Einfluss_des_sozialen_Hintergrunds#Kommentare_zum_Einfluss_des_sozialen_Hintergrundes_bei_PISA (11.02.2019), die zitiert aus: Wissenschaftlicher Beirat für Familienfragen: Die bildungspolitische Bedeutung der Familie – Folgerungen aus der PISA-Studie. Berlin 2002, ISBN 3-17-017927-6. (Band 224 – Schriftenreihe des Bundesministeriums für Familie, Senioren, Frauen und Jugend.)

[279] https://www.anschlaege.at/feminismus/2015/11/an-sage-antirassismus-der-diskriminiert/ (12.02.2019) – beispielsweise.

zent funktionelle Analphabeten produziert, ist das eine Herausforderung.[280]) Weil sich der recht hohe Bildungsgrad üblicherweise bei den Stammtischen widerspiegelt, kann es sein, dass sich weniger eloquente und informierte Personen ausgeschlossen fühlen. Es könnte sein, dass sie entweder gar nicht erst auftauchen, weil sie sich nicht trauen, oder weil sie die Information nicht finden konnten. Oder sie kommen nur ein Mal und dann nie wieder.

Körperliche Behinderungen und chronische Krankheiten

Mit Leuten, denen Begehren zugestanden wird, hat auch das Thema Behinderung zu tun. Über manche Dinge will die Gesellschaft wie beschrieben lieber nicht nachdenken. Dazu gehören, wie oben geschildert, alte Menschen und Menschen, die anderweitig den gängigen Schönheitsnormen nicht entsprechen. Und Menschen mit einer wahrnehmbaren körperlichen Behinderung. Seien es nun ein Klumpfuß, eine sichtbar gerichtete Kiefer-Gaumen-Spalte, Schuppenflechte, Multiple Sklerose, eine Querschnittslähmung, eine Spastik, Kleinwuchs oder was auch immer.[281] Es gibt zahlreiche Krankheiten, die Menschen daran hindern, das zu tun, wie sie wollen. Die Gesellschaft hindert zudem körperlich und kognitiv eingeschränkte Menschen an gleichberechtigter Teilhabe, wozu auch Sexualität gehört. So tauchen behinderte Menschen in den Medien kaum als begehrende und begehrenswerte Personen auf. Das verstärkt die Vorurteile, dass Menschen mit einer körperlichen Behinderung entweder asexuell sind oder keinen Sex haben können.[282]

---

[280] https://www.change.org/p/jedes-kind-muss-lesen-lernen (12.02.2019). Der Spruch aus dem Titel ist übrigens so ähnlich von mir, da mir selbst diesbezüglich nicht unbeträchtliche Vorurteile anerzogen wurden. (Im Gegensatz zu offenem Rassismus, der in meiner Familie nur von einer Großmutter gepflegt wurde.)

[281] Wobei sich die Stereotypen bei männlichen Kleinwüchsigen nicht ganz einig zu sein scheinen. Vgl. Tyrion Lannister aus Game of Thrones.

[282] Die zehn gängigsten Vorurteile sind hier: https://raul.de/leben-mit-behinderung/10-missverstandnisse-uber-sex-und-behinderung/ (12.02.2019) Dahingegen bloggt Katja darüber, wie es ist, behindert zu sein und Sexualität zu leben. http://einfach-katja.de/

Wieder entsteht ein Dilemma, von dem wir oben schon gelesen haben. Menschen, die nicht asexuell sind und körperlich behindert sind/werden, werden als asexuell abgestempelt und als potentielle Partner*innen übersehen. Menschen mit Behinderung(en) fühlen sich unter Umständen beleidigt, wenn das Wort „asexuell“ im Zusammenhang mit ihnen fällt.[283]

Wenn man nach den großen Online-Umfragen geht, werden/sind – je nach Maßstab – knapp fünf bis zehn Prozent der Menschen aus dem asexuellen Spektrum körperlich behindert. Nach der Schwere der Behinderung wurde nicht gefragt, demnach können darin von Menschen mit einem vom Sport oder Unfall kaputten Knie über solche mit Fibromyalgie und schwerer Migräne bis zu solchen, die wegen Spastiken in einem E-Rollstuhl sitzen, alle möglichen körperlichen Behinderungen versammelt sein.

Alle diese Menschen können dann hunderte Runden in einer Selbstzweifelspirale drehen. Bin das noch ich oder liegt das an der Krankheit oder Behinderung? Ruhe ich mich hier auf einem Stereotyp aus, um mir Enttäuschungen zu ersparen? Selbst wohlmeinende Menschen finden, dass ich asexuell sein sollte. Beuge ich mich unbewusst dieser Meinung oder bin das wirklich ich?

Und so weiter. Auch hier gilt: Ist der Begriff nützlich? Beschreibt er treffend meine Gefühle und Wahrnehmungen? Dann kann, muss man ihn aber nicht benutzen. Und wenn es nicht mehr passt, ist auch gut.

Solche Zweifelspiralen sind sehr kraftraubend. Es wird Zeit, dass wir als Gesellschaft zu einem entspannten Umgang mit Sexualität und Behinderung finden.[284]

(zuletzt geprüft 16.04.2019).

[283] Daraus lernen wir einmal, dass die Bezeichnungen für Minderheiten als Beleidigungen (nicht nur für andere Minderheiten) herhalten müssen. Zum Zweiten wünscht sich ja jeder Mensch verständlicherweise, als das gesehen zu werden, was er ist. Beispielsweise reagiere ich unter Umständen entnervt, wenn ich für heterosexuell oder lesbisch gehalten werde, was wiederum Lesben oder Heterosexuelle vor den Kopf stößt. Hetero- und Lesbischsein ist an sich nichts Schlimmes, aber die Verwechslung hat mir schon genug Ärger eingebracht, dass ich auf derlei gern verzichten würde.

[284] Aber der allgemein entspannte Umgang mit Sexualität lässt ja ebenfalls auf sich warten.

Psychische Krankheiten und Menschen mit Lernbehinderungen

Wie ich schon zum Coming-out geschrieben hatte: Menschen aus sexuellen oder romantischen Minderheiten oder solchen mit einer Geschlechtsthematik wird gern unterstellt, dass sie nur deswegen so sind, weil sie „nicht ganz richtig im Kopf“ seien. Nur wer auffallen will oder die sozialen Regeln nicht versteht oder so doof war, sich von „Homopropaganda“ verführen zu lassen, wird sich dafür entscheiden, zu einer solchen Gruppe zu gehören.

Menschen, die in die Minderheiten-Denkfalle getappt sind, verstehen nicht, dass manche Leute einfach so sind. Menschen aus sexuellen, romantischen und geschlechtlichen Minderheiten sind also diejenigen, die von ihrer Umwelt oft eine ebenso laienhafte wie falsche „Diagnose“ bekommen.

Nun gibt es Menschen, die psychisch krank sind oder durch widerspenstige Nervenbahnen behindert werden. Hier akzeptiert die Gesellschaft nur schwer, dass viele dieser Menschen sich sexuelle Beziehungen wünschen. Es entsteht die etwas widersinnige Situation, dass manchen – vor allem denen mit den aktiven Auffälligkeiten – eine Art unfreiwillige Triebtäterschaft angedichtet wird[285], andere aber als sexuell grundsätzlich desinteressiert gelten. In keinem Fall werden sie als attraktiv betrachtet.

In diesem Wust aus Vorurteilen bewegen sich Menschen im asexuellen Spektrum, die als depressiv, bipolar, schizophren oder mit einer sogenannten Persönlichkeitsstörung diagnostiziert wurden, oder die ADHS, schwere Epilepsie oder Lernschwierigkeiten haben.

Beispielsweise wird von depressiven, alleinstehenden Menschen häufig erwartet, dass sie nach ihrer Genesung die Energie aufbringen sollten, eine sexuell-romantische Beziehung zu suchen. Menschen im asexuellen Spektrum können solche Erwartungen natürlich nicht oder nur teilweise

[285] Dass bei Sexualverbrechen häufig mit unqualifizierten Diagnosen um sich geworfen wird („krank im Kopf“), hilft dann auch nicht weiter.

erfüllen. Um hier Missverständnissen vorzubeugen, hat AktivistA ein Infoblatt für Heilberufe einer englischsprachigen Organisation übersetzt.[286]

Im Umkehrschluss halten es viele für logisch, dass Menschen mit Depressionen kein Interesse an Sex und/oder Romanzen zeigen dürfen. Das ist ein Stereotyp, das nicht nur asexuellen Menschen schadet, denn auch verliebte Menschen können an Depressionen leiden. Und deren Diagnosestellung könnte sich dadurch verzögern.

Ob sie asexuell sind, können Menschen mit Lernschwierigkeiten gar nicht so leicht herausfinden. Viele dieser Menschen haben Schwierigkeiten, lange Sätze zu verstehen. Über Asexualität gibt es noch nicht besonders viele Informationen. Und die meisten dieser Informationen haben lange Sätze oder Fremdwörter.[287]

Asexuelle Menschen mit einer Lernbehinderung müssen also erst einmal herausfinden, dass es das gibt. Und schon Menschen ohne Lernbehinderung stolpern eher aus Zufall über die Information. In Deutschland gehören rein rechnerisch 831.000 Menschen zum asexuellen Spektrum.[288] Selbst wenn man davon ausgeht, dass diese niemals alle beim deutschsprachigen AVEN-Forum angemeldet sein werden, sind die derzeitigen Userzahlen relativ niedrig.

Während also die einen systembedingt daran gehindert werden, an korrekte Informationen zu gelangen, haben die anderen Schwierigkeiten mit den bestehenden Vorurteilen. Wie immer die alte Frage: Bin das ich oder meine Krankheit? Die draußen sind der Meinung, dass es meine Krankheit ist und dass ich nur deswegen keinen Sex will, weil das ein Symptom ist. Ist es ein Symptom? War es vorher schon da? Ja? Bin ich mir sicher? Liegt es nicht vielleicht doch an den Tabletten? Dabei sollte es doch eigentlich egal sein.

---

[286] https://aktivista.net/materialien/heilberufe/ (12.02.2019).

[287] Dieses Buch bildet keine Ausnahme. Hier wimmelt es von langen Wörtern, Fremdwörtern und Sätzen mit mehr als zwölf Worten.

[288] https://www.destatis.de/DE/Themen/Gesellschaft-Umwelt/Bevoelkerung/Bevoelkerungsstand/Tabellen/zensus-geschlecht-staatsangehoerigkeit-2019.html (18.05.2020).

„Asexuell“ ist eine Beschreibung, nicht die Vorschrift, sich ewig und drei Tage damit identifizieren zu müssen. Wenn der Begriff nützlich ist, darf man ihn benutzen, und wenn er nicht mehr passt, dann ist auch gut.

Natürlich hat aber jemand nachgeforscht, wie häufig asexuelle Menschen psychisch krank sind. Nach den Online-Umfragen von 2016 bis 2018 haben zwischen 5 bis 15 Prozent der Menschen aus dem asexuellen Spektrum kognitive Einschränkungen – wobei hier nicht steht, was das genau heißt, sondern nur, ob die Menschen sich so einschätzen oder diesbezüglich unsicher sind.[289] Demnach werden manche Menschen mit beispielsweise Lese-Rechtschreibschwäche oder ADHS „ja“, manche „nicht sicher“ und manche „nein“ angekreuzt haben. Ein bisschen genauer wird es bei psychischen Krankheiten. Da schätzen sich etwa 40 Prozent selbst als krank ein, knapp 20 Prozent sind unsicher, ob sie sich da einsortieren sollen. Zudem fragen die Studien nach Diagnosen, nämlich nach Angststörungen und Depressionen. Die beiden Krankheiten treten recht oft gleichzeitig auf, müssen aber nicht. Manchmal sind Depressionen die Folge von Angststörungen. Wenn wir nur die Fremddiagnosen durch eine fachlich kompetente Person rechnen, sind von Angststörungen und Depressionen jeweils 36 Prozent aller Befragten betroffen. Selbst, wenn man das jugendliche Alter der meisten dieser Menschen berücksichtigt, ist das im Vergleich zum US-amerikanischen Durchschnitt erhöht.[290]

Unbehandelte Depressionen können zu Suiziden führen.[291] Das würde wiederum meine Zahlen oben erklären: In denselben Umfragen geben 50 bis 60 Prozent der Befragten an, dass sie schon aktiv über Suizid nachgedacht haben, und 14,1 Prozent sagen, dass sie einen Suizidversuch überlebt haben. Trans Jugendliche haben noch höhere Raten von versuchten Selbsttötungen.[292]

---

[289] Bauer, Miller, Ginoza et. al. (2018) und Weis et al (2020).
[290] Ebd.
[291] Es wird geschätzt, dass etwa 50 Prozent aller Suizide Depressionen anzulasten sind: https://www.deutsche-depressionshilfe.de/depression-infos-und-hilfe/depression-in-verschiedenen-facetten/suizidalitaet (18.05.2020).
[292] https://www.hrc.org/blog/new-study-reveals-shocking-rates-of-attempted-suicide-among-trans-adolescen (22.02.2019).

Sehr konservative christliche oder politisch rechts verortete sex-negative Menschen nehmen diese Zahlen gerne, um zu beweisen, dass „diese Menschen“ geistig „labil“ seien, und dass „die Entscheidung“ einer sexuellen oder geschlechtlichen Minderheit anzugehören, unglücklich mache. Wenn Depressionen und Angststörungen gehäuft auftreten, ist das jedoch keine direkte Wirkung der Ursache „Minderheit“. Vielmehr brauchen wir einen Faktor, über den die beiden Dinge zusammenhängen. Es könnte damit zusammenhängen, dass Leute, die sich als Kinder nicht konform mit der für sie vorgesehen Geschlechtsrolle verhalten, unglücklich werden, wenn sie dauernd hören, wie verrückt, krank, moralisch verwerflich oder minderwertig sie sind. Vielleicht werden sie von anderen Kindern deswegen geschnitten oder gemobbt, und ihre Eltern vermitteln ihnen, dass etwas an ihnen falsch ist.[293] Je öfter sie das hören, desto eher glauben sie es, bis zu einem Punkt, an dem es ihnen schwerfällt, das Gegenteil überhaupt wahrzunehmen. (Der Bestätigungsfehler eben.) Da bekommt verständlicherweise selbst die stabilste Psyche irgendwann Risse.

Wie oben gesagt, nennt sich dieses Phänomen „Minderheitenstress“. Offensichtlich hat Minderheitenstress tödliche Auswirkungen. Diskriminierungen erweisen sich somit als ein probates Mittel, unliebsame Menschen in die Depression und/oder in den Selbstmord zu treiben.

Nur ein knappes Viertel der Befragten bei den großen Online-Umfragen 2016 und 2017/18 meint, dass ihr Minderheitenstatus keinen Einfluss auf ihre geistige Gesundheit hatte.[294]

Autismus, schizoide Persönlichkeiten und Neurodiversität

Es gibt Dinge, über deren Krankheitswert lässt sich allerdings diskutieren. Darunter fällt manches, das als „Syndrom“ gilt: Zum Beispiel das Asperger-Syndrom, das eine Form von Autismus ist. Außerdem ADHS, das Aufmerksamkeits-Defizit- und Hyperaktivitäts-Syndrom. Zu ADHS und dem

---

[293] Unter „Diskriminiert genug?“ habe ich oben ein paar Zahlen zusammengetragen.
[294] Bauer, Miller, Ginoza et al. (2018) und Weis et al. (2020).

asexuellen Spektrum gibt es meines Wissens nach weder größere Forschung noch Vorurteile. Erzählen Sie jedoch einer beliebigen Person, dass Sie asexuell sind (und vielleicht noch aromantisch), hören Sie mit recht großer Wahrscheinlichkeit folgende Laiendiagnose: „Das klingt aber autistisch." Ist das autistisch? Was ist Autismus überhaupt? Die meisten Menschen kennen Autismus aus Filmen wie *Rain Man*. Autismus wird von der Fachwelt üblicherweise als eine Entwicklungsstörung betrachtet. Sogenannte Autismus-Spektrum-Störungen können kaum bis stark wahrnehmbar sein, was auch auf das Umfeld ankommt. Die Fachwelt spricht hier von einem Spektrum, weil sich einzelne Formen nicht gut voneinander abgrenzen lassen. Autismus-Spektrum-Störungen behindern Menschen dabei, mit und ohne Worte zu kommunizieren. Dadurch wird logischerweise auch der soziale Umgang erschwert. Menschen mit einer Autismus-Spektrum-Störung haben häufig auch Schwierigkeiten, sich in andere hineinzuversetzen, was sie daran hindern kann, Ironie und Sarkasmus zu verstehen. „Tun so, als ob"-Spiele fallen ihnen demnach ebenfalls schwer.[295] Oft kommen sie mit einer Reizüberflutung (auch einer emotionalen Reizüberflutung) nicht gut zurecht und sie ziehen sich zurück, können auf einmal nicht mehr sprechen oder reagieren in einer Weise, die die Gesellschaft nicht angebracht findet.

Im Gegensatz zum Vorurteil, dass Menschen mit Autismus-Spektrum-Störungen gefühlskalt seien, ist es wohl häufig eher so, dass sie diese Gefühle nicht angemessen ausdrücken können oder von ihnen überfordert sind. Das heißt aber nicht, dass Menschen mit Autismus-Spektrum-Störungen und ausgeprägten Sprechschwierigkeiten grundsätzlich keine Informationen verstehen können.[296] Es bedeutet auch nicht, dass ihnen die Gefühle anderer egal sind.[297] Auch die dauernde Wiederholung bestimmter Verhaltensweisen und (häufig auf Dinge) fixierte Interessen müssen nicht unbe-

---

[295] https://www.autism-help.org/introduction-asperger-autism.htm (21.02.2019).
[296] https://www.nzherald.co.nz/lifestyle/news/article.cfm?c_id=6&objectid=11641832 (21.01.2019).
[297] https://graphicexplanations.info/2013/09/22/first-impressions-of-a-non-stereotypical-autistic/ (22.02.2019).

dingt auftauchen oder Fremden besonders auffallen. All diese Eigenschaften können somit bei autistischen Menschen extrem unterschiedlich ausgeprägt sein und auch nach Situation variieren.

Weil zahlreiche autistische Menschen sich nicht krank fühlen – es gehört eben zu ihrer Persönlichkeit –, haben Aktivist*innen die Worte „neurodivers“ oder „neurodivergent“ geprägt. Das heißt, dass alle Gehirne Informationen unterschiedlich verarbeiten. Neben autistischen Menschen können somit auch Menschen mit ADHS, Lese-Rechtschreibschwäche, Rechenschwäche, Sprachentwicklungsstörungen, Tourette-Syndrom, verschiedenen sogenannten Persönlichkeitsstörungen und den oben erwähnten psychischen Krankheiten als Neurominderheiten verstanden werden.[298]

Wenn einem Menschen aus einer Neurominderheit ein Krankheitswert zugewiesen wird und man damit bestimmt, das eine Persönlichkeit unerwünscht oder minderwertig ist, erfolgt unter Umständen eine unangebrachte oder schädliche Behandlung. Außerdem behindert das Umfeld Menschen aus Neurominderheiten häufig in ihrer Selbstentfaltung, was dazu führt, dass sie ausgeschlossen sind und/oder diskriminiert werden.[299]

Im Zusammenhang mit Asexualität wurden neben Depressionen von wissenschaftlicher Seite vor allem Autismus und die „Schizoide Persönlichkeitsstörung“ untersucht.

Anders als in Bezug auf Autismus kenne ich niemanden persönlich, der eine Diagnose für eine schizoide Persönlichkeitsstörung hat oder bei oberflächlicher Bekanntschaft die Kriterien für eine solche erfüllt. Laut dem ICD-10 ist die Schizoide Persönlichkeitsstörung eine

> „Persönlichkeitsstörung, die durch einen Rückzug von affektiven, sozialen und anderen Kontakten mit überma-

---

298 https://de.wikipedia.org/wiki/Neurodiversit%C3%A4t (17.05.2020).

299 Nicht alle autistischen Menschen finden diese Art Aktivismus gut, aber das ist eine andere Baustelle. Unabhängig davon finde ich es aussagekräftig, was Gesellschaften krank finden und wie viel Wert unsere Gesellschaft dem „Funktionieren“ und dem Angepasstsein beimisst.

ßiger Vorliebe für Phantasie, einzelgängerisches Verhalten und in sich gekehrte Zurückhaltung gekennzeichnet ist. Es besteht nur ein begrenztes Vermögen, Gefühle auszudrücken und Freude zu erleben."[300]

Dr. med. Dunja Voos, eine Psychotherapeutin, erklärt auf ihrem Blog: „Ein Hauptproblem der Betroffenen ist die sehr große Sehnsucht nach Nähe bei gleichzeitiger Angst davor." Und weiter: „Das Wortteil ‚schizo' bedeutet ‚gespalten', wobei bei der Schizoidie hauptsächlich Denken und Fühlen voneinander abgespalten sind – schizoide Menschen können exzellent logisch denken, aber es fällt ihnen schwer, einen Zugang zu ihren Gefühlen zu finden."[301]

Sich permanent als Beobachter*in im eigenen Leben zu empfinden, kann Leid verursachen und Menschen daran hindern, das zu tun, was sie möchten. Wenn Menschen solcherart eingeschränkt sind und darunter leiden, kann eine fachlich kompetente Person eine schizoide Persönlichkeitsstörung diagnostizieren, auch damit die Krankenkasse eine Psychotherapie bewilligt. Leute, denen es mit einem derartigen Einzelgängertum gut geht, brauchen weder eine Diagnose noch eine Therapie.

Aber wie viele Menschen im asexuellen Spektrum sind nun neurodivers? In den großen Online-Erhebungen gaben 7,1 bis 8,1 Prozent der Befragten an, dass sie eine diagnostizierte Autismus-Spektrum-Störung haben. 0,7 Prozent hatten eine Diagnose für eine schizoide Persönlichkeitsstörung. Jeweils etwa 28,3 Prozent sortierten sich selbst als „neurodivergent" ein.[302] Das ist, zugegeben, im Fall von Autismus mehr als in der Durchschnittsbevölkerung. Wobei „neurodivergent" eben auch heißen kann, dass die Person eine Depression oder Angststörung hat. Und dies kommt bei Menschen im asexuellen Spektrum wie gesagt bei einem guten Drittel vor.

---

[300] https://www.dimdi.de/static/de/klassifikationen/icd/icd-10-gm/kode-suche/htmlgm2019/block-f60-f69.htm#F60.1 (17.05.2020).
[301] https://www.medizin-im-text.de/2019/166/schizoide-neurose/ (17.05.2020).
[302] Bauer, Miller, Ginoza et al. (2018), Weis et al. (2020).

Im Falle von Autismus hat noch eine andere Studie Daten erhoben, und kommt anscheinend darauf, dass 17 Prozent aller Frauen im asexuellen Spektrum auch auf dem autistischen Spektrum leben.[303] Ich finde das Ergebnis „eine von sechs“ aus persönlichen Begegnungen heraus etwas hoch gegriffen und halte die 8 Prozent (etwa ein Mensch von zwölf) für die bessere Hausnummer, da die Studie, die auf 17 Prozent kommt, 54 Frauen aus dem Autismus-Spektrum befragt hat[304], und nicht knapp 15.000 Menschen auf dem asexuellen Spektrum.

Interessanter ist, was die Studie mit den 54 Frauen sonst noch zu sagen hat. Jungen gehören doppelt bis dreimal so häufig zum autistischen Spektrum wie Mädchen.[305] Man vermutet daher, dass das mit den Hormonen zusammenhängt, die die Kinder während der Schwangerschaft umspülen. Und auch die sexuelle Orientierung wird mit Hormonen in der Schwangerschaft in Zusammenhang gebracht. Wahrscheinlich ist das der Grund, warum eine andere Studie zu dem Schluss kommt, dass geschätzte 68 Prozent der Menschen mit Autismus sich als nicht heterosexuell verstehen, und zwar Frauen noch mehr als Männer. Unter autistischen Frauen scheinen sich etwa 20 Prozent als asexuell zu beschreiben, bei den Männern sind es etwa 10 Prozent, plus eine hohe, aber nicht genau angegebene Anzahl von demisexuellen und gray-A Menschen. Für genauere Aussagen war die Auswahl der Befragten leider nicht ausreichend.[306]

Wir sehen, dass nicht alle autistischen Menschen asexuell sind, und dass nicht alle Menschen im asexuellen Spektrum autistisch sind. Beide Phänomene treten manchmal gleichzeitig auf. Eventuell sind sie dann die Folge derselben Ursache.

---

[303] Brotto und Yule (2017).

[304] https://www.ncbi.nlm.nih.gov/pubmed/17462645 (22.02.2019).

[305] Die gesamte Häufigkeit scheint etwa 2 Prozent zu betragen. https://www.autism-help.org/autism-incidence-increase.htm (30.04.2019).

[306] George und Stokes (2018).

Was die schizoide Persönlichkeitsstörung angeht, so postulieren Wöller et al. eine Häufigkeit in der Gesamtbevölkerung zwischen 0,4 und 0,9 Prozent. Damit sei sie im Vergleich selten.[307] Mit schizoider Persönlichkeitsstörung waren bei der großen Online-Umfrage von 2016 0,7 Prozent der befragten Aces diagnostiziert, das entspricht etwa der geschätzten Häufigkeit in der Gesamtbevölkerung. Die Gesamtmenge der diagnostizierten Persönlichkeitsstörungen belief sich 2016 bis 2018 auf 3,9 bis 4,2 Prozent. Nehmen wir die Selbstdiagnosen dazu, landen wir bei Werten von 8 bis 9,5 Prozent.[308]

Da laut einer Metaanalyse von 2008 etwa 10 Prozent aller Individuen irgendeine Persönlichkeitsstörung haben[309], finde ich diese Zahl nicht weiter bemerkenswert, was die Häufigkeit angeht. Wenn ich aber überlege, wie viele Menschen das sind, frage ich mich, wie eng unsere Gesellschaft eigentlich die Grenzen für akzeptables Verhalten steckt.

Andererseits erkennt die Menschheit langsam, dass die Ursachen vieler Störungen oft in der Kindheit liegen. Armut, Gewalt, der Verlust eines Elternteils, Kriegserlebnisse, Naturkatastrophen und schreckliche Unfälle: Das alles ist Stress, der das junge Gehirn darauf polt, erst zu handeln und dann nachzudenken. Die Selbstkontrolle ist unter Umständen beeinträchtigt. Oder das Gehirn entwickelt mit den Persönlichkeitsstörungen oder einer Belastungsstörung Überlebensmechanismen, die im späteren Leben eher schaden als nutzen.[310]

Medikamente

Wo wir gerade dabei sind: Es gibt Medikamente, die das Lustempfinden einschränken können oder die Libido völlig ersterben lassen.[311] Gerade solche für Menschen mit Depression, bipolarer Störung und Schizophrenie.

---

307 Wöller et. al. (2002).
308 Bauer, Miller, Ginoza et al. (2018) und Weis et al. (2020).
309 https://pubmed.ncbi.nlm.nih.gov/18638642/ (17.05.2020).
310 Sapolsky (2017).
311 Vgl. https://www.impotenz-selbsthilfe.de/ursachen/medikamente.html

Und damit zusammenhängend unter Umständen auch solche gegen Epilepsie und solche, die es manchen Menschen mit ADHS oder aus dem autistischen Spektrum erleichtern sollen, sich zu konzentrieren.

Auch manche Wirkstoffe in der „Pille" können die Libido verringern, weil sie die Wirkung von Testosteron blockieren. Damit zusammenhängend gilt das auch für Tabletten, die bei trans Frauen eingesetzt werden, um schneller Ergebnisse in der Angleichung an ihre innere Körperlandkarte (Transition) zu erhalten. Hier sind sie höher dosiert als in den meisten Anti-Baby-Pillen. Die Nebenwirkung kann aber in beiden Fällen jahrelang bis dauerhaft anhalten und/oder sehr ausgeprägt sein.[312]

Wenn eine Person zu dem Schluss kommt, dass ihr sexuelles Desinteresse an den Medikamenten liegt, könnte sie mit einem Arzt oder einer Ärztin darüber reden, ob eine Änderung der Medikation möglich ist. Oder ob man sie ausschleichen oder die Dosis verringern kann.[313]

Andererseits kann es sein, dass die Person weiß, dass sie exakt diese Tabletten noch auf Jahre, wenn nicht Jahrzehnte einnehmen muss. In dem Falle muss die Person mit sich ausmachen, ob sie vielleicht professionelle Hilfe in Anspruch nehmen möchte.

Menschen mit Suchterkrankungen können ebenfalls mit geschädigten Nervenbahnen und einer dadurch geminderten Libido oder Erektionsstörungen zu kämpfen haben. Der sofortige Effekt von Alkohol als Nervengift ist bekannt. Bei jahrelang andauerndem Alkoholmissbrauch ist eine längerfristige Folge zu erwarten. Etwas außer der Reihe sind Opiate wie Heroin und Nikotin, die wie manche andere Arzneimittel eher Potenzprobleme als eine verminderte Libido verursachen – also weniger das Interesse als die Umsetzung desselben behindern.

Und dann gibt es noch die, die zwar wissen, dass es nicht an den Tabletten liegt, die aber von ihrem Umfeld wegen ihrer Medikamente nicht

---

(19.06.2019) für eine ziemlich ausführliche Liste gängiger Arzneimittel.

[312] Laut persönlichem Gespräch mit Katharina Vater von der InTra Beratung und SpOn: https://www.spiegel.de/wissenschaft/mensch/verhuetung-zerstoert-die-pille-weibliche-libido-auf-dauer-a-358222.html (19.06.2019).

[313] So etwas sollten Sie immer mit jemandem besprechen, der sich auskennt. Alles andere gefährdet Sie und/oder Ihre Umwelt.

ernst genommen werden. Oder sich selbst dauernd hinterfragen, ob es vorher auch schon so war.

Vielleicht hilft es auch hier, sich klarzumachen, dass eine Selbstbeschreibung als asexuell kein in Blut unterzeichneter Vertrag ist. Hilft das Wort, die eigenen Empfindungen zu beschreiben? Dann darf man es benutzen, mit oder ohne Tabletten. Und falls es irgendwann nicht mehr passt, ist das auch in Ordnung.

Exkurs: Bogaerts Studienergebnisse zum Thema Gesundheit und sozioökonomischer Status

In den Abschnitten über Klasse und körperliche Einschränkungen habe ich kaum Prozentzahlen angegeben. Das hat unter anderem damit zu tun, dass diese beiden Dinge zusammenhängen: Menschen mit einem niedrigen Einkommen bzw. ohne Erwerbstätigkeit sind im Vergleich zur Gesamtbevölkerung kränker und sterben früher.[314] Das hängt tatsächlich miteinander zusammen. Nehmen wir eine durchschnittliche Person mit geringem sozioökonomischem Status. Die Person hat wahrscheinlich die Hauptschule abgeschlossen. Vielleicht ging es mit dem Lesenlernen nicht so flüssig und die Lehrkräfte und die Person selbst haben irgendwann aufgegeben. Nach der Schule hat die Person als ungelernte Kraft angefangen zu arbeiten. Diese Jobs sind oftmals körperlich anstrengend. Irgendwann ist der Rücken kaputt oder die Arbeitsbedingungen sind prekär. Die Person wird arbeitslos und findet wegen des kaputten Rückens und/oder wegen der mangelnden Ausbildung keine Arbeit mehr. Das Geld wird noch knapper. Zusätzlich ist die Person vielleicht einsam, weil ihr die Ansprache fehlt, und nutzlos fühlt sie sich sowieso.

Armut ist Stress pur. Bei erhöhtem Stress schüttet der Körper Cortisol aus.[315] Das sorgt kurzfristig dafür, dass man leistungsfähiger ist. Aber es

---

[314] http://www.gbe-bund.de/gbe10/abrechnung.prc_abr_test_logon?p_uid=gast&p_aid=0&p_knoten=FID&p_sprache=D&p_suchstring=16560 (13.02.2019).
[315] Sapolsky (2017).

unterdrückt das Immunsystem. Auf Dauer kann sich der Körper nicht mehr so gut verteidigen: Wer viel und andauernd Stress hat, bekommt zum Beispiel öfter Erkältungen oder Entzündungen. Bei anderen wird der Magen zu sauer und sie bekommen irgendwann ein Magengeschwür. Die dauernde Anspannung äußert sich vielleicht in verkrampften Muskeln, der Rücken oder der Nacken tun weh. Der Blutdruck ist permanent zu hoch. Der Körper kann Entzündungen in den Gefäßen, in der Bauchspeicheldrüse oder in der Lunge nicht mehr so gut regulieren. Die Person bekommt dadurch schneller einen Herzinfarkt, Schlaganfall, Diabetes oder Asthma. Teure oder zusätzliche Behandlungen sind für sie allerdings unerschwinglich.

Leute mit wenig Geld leben außerdem meistens in Vierteln mit schlechterer Luft, weil da die Mieten günstiger sind. Der Straßenlärm verursacht zusätzlich Stress. Einsamkeit kann dazu führen, dass man den Sinn des Lebens hinterfragt und von da aus in Depressionen rutscht.

Der negative Effekt auf die Lebenserwartung ist bei Männern etwas stärker als bei Frauen. Insgesamt sterben Menschen mit geringen Einkommen im Schnitt fast zehn Jahre früher als Menschen mit hohem Einkommen.[316]

Schlussfolgerung: Je schlechter wir Menschen behandeln, die einen niedrigen sozioökonomischen Status haben, desto schlechter geht es ihnen und desto kürzer leben sie im Durchschnitt. Dagegen hilft auf Dauer nur Gerechtigkeit.

Und wie sieht es aus bei den Aces? Daten über den sozioökonomischen Status gibt es vor allem aus Bogaerts Studie von 2004. Vorsicht: Er sortiert alle unter „asexuell“ ein, die ein Kreuz machten bei „ich habe noch nie sexuelle Anziehung für jemanden empfunden“. Das entspricht also nicht exakt denjenigen Menschen im asexuellen Spektrum, die heutzutage an

---

316 https://www.rki.de/DE/Content/Gesundheitsmonitoring/Gesundheitsberichterstattung/GBEDownloadsGiD/2015/03_gesundheit_in_deutschland.pdf?__blob=publicationFile (12.12.2020).

Umfragen teilnehmen. Dieser Bevölkerungsteil ist, wie wir gelernt haben, im Schnitt jünger und besser ausgebildet als die Personen, die Bogaert ins Netz gingen. Seitdem hat sich auch die wirtschaftliche Lage geändert. Die Daten sind aus Großbritannien, wo die Arbeitslosigkeit zum Zeitpunkt der Befragung (1994) sehr viel höher war als 2015 bis 2019.[317]

Die asexuellen Menschen aus Bogaerts Studie waren viel seltener in Beziehungen als der Rest der Teilnehmenden. Nur knapp 33 Prozent statt knapp 64 Prozent der Nicht-Asexuellen waren verheiratet oder lebten mit einem Partner*einer Partnerin zusammen. Der Anteil von Aces in festen Beziehungen bei den großen Online-Umfragen ist etwas niedriger, wahrscheinlich, weil die befragten Menschen im Schnitt jünger waren.[318]

Wir dürfen spekulieren, dass das nicht unbedingt Absicht ist. Oben schrieb ich von ungefähr 50 Prozent aromantischer Menschen im asexuellen Spektrum. Das macht 50 Prozent, die romantisch orientiert sind. Dazu kommt eine unbekannte Anzahl von aromantischen Menschen, die eine queerplatonische Beziehung suchen. Insofern leben von jenen Aces, die sich eine langfristige Beziehung wünschen, wahrscheinlich weniger als die Hälfte tatsächlich in einer Beziehung. Wenn dieses Single-Leben keine Absicht ist, fühlt die Person sich möglicherweise einsam. Zudem werden Singles, die „niemanden abgekriegt haben", von ihrem Umfeld manchmal herablassend oder als minderwertig behandelt. Bei unfreiwillig Alleinlebenden kann dies zu mehr Stress und damit mehr Depressionen und chronischen körperlichen Krankheiten führen.

Asexuelle Menschen haben laut Bogaert im Schnitt einen geringeren sozioökonomischen Status. Das widerspricht den Teilen der Bevölkerung, die bei den Umfragen im Internet mitmachen. Die sind überdurchschnittlich gut ausgebildet und haben daher bessere Aussichten auf einen guten sozioökonomischen Status. Warum sind die asexuellen Menschen aus Bogaerts Studie im Schnitt ökonomisch schlechter gestellt? Das ist eine

---

[317] https://www.ons.gov.uk/employmentandlabourmarket/peoplenotinwork/unemployment/timeseries/mgsx/lms (30.04.2019).

[318] Weis et al. (2020).

Frage, die wir noch nicht abschließend beantworten können. Wenn wir jedoch davon ausgehen, dass der Minderheitenstress schon in der Schule zuschlägt und asexuelle Jugendliche sich deshalb unter Gleichaltrigen nicht so gut aufgehoben fühlen, könnte dies dazu führen, dass manche von ihnen abgelenkt sind und in ihrer kognitiven Entwicklung behindert werden, mehr schwänzen oder sich nach der Schule lieber nicht noch eine Uni antun.

Wie wir oben gesehen haben, erfahren Menschen aus sexuellen Minderheiten eher weniger Unterstützung aus dem Elternhaus. Das könnte dazu führen, dass sie lieber schnell Geld verdienen möchten, statt noch zu studieren. In Ländern, wo die Universitäten teils horrende Studiengebühren erheben (wie in Großbritannien), könnte ein schlechter Draht zu den Eltern ebenfalls ein Faktor sein, dass Menschen keinen Universitätsabschluss haben.

Zudem haben wir im asexuellen Spektrum einen hohen Anteil an Menschen, die trans sind und/oder ein nicht-binäres Geschlecht haben. Menschen, die nicht den traditionellen Erwartungen von Geschlechterrollen entsprechen, finden wahrscheinlich schlechter lukrative Arbeit.

Damit aber genug spekuliert: Es gibt viel zu forschen.

Wenn wir uns anschauen, wer sonst noch arm ist[319], stellen wir fest: Alleinlebende Frauen haben ein höheres Risiko für Armut als Alleinlebende allgemein, die sowieso schon eher betroffen sind. (Unter anderem, weil die Wohnungskosten höher sind und sie mit höherer Wahrscheinlichkeit mieten.) Kombinieren wir die bekannten Daten, sind viele asexuelle Menschen, nämlich etwa die Hälfte, allein lebende Frauen.

Schwule Männer und vor allem bisexuelle Personen sind häufiger von Armut betroffen als lesbische Paare und heterosexuelle Menschen. Eine Online-Erhebung aus Baden-Württemberg bestätigt, dass bisexuelle Men-

---

[319] Studie zu LGB-Armut in den USA: https://williamsinstitute.law.ucla.edu/wp-content/uploads/LGB-Poverty-Update-Jun-2013.pdf (13.02.2019). Und zum Armutsrisiko in Deutschland: http://www.bpb.de/nachschlagen/zahlen-und-fakten/soziale-situation-in-deutschland/61785/armutsgefaehrdung (13.02.2019).

schen im Vergleich zu schwulen und lesbischen Personen häufiger ein geringes Einkommen haben, und queere Menschen in Bezug auf sexuelle Identität sind noch einmal mehr armutsgefährdet. Darunter könnten auch asexuelle Personen erfasst sein. Allerdings ist die Armutsgefahr bei Menschen mit einer Geschlechtsthematik noch weit höher.[320]

Es erscheint daher sowohl mir als auch Anthony Bogaert folgerichtig, dass die asexuellen Menschen aus seiner Studie im Schnitt einen niedrigeren sozioökonomischen Status haben und auch deswegen etwas weniger gesund sind als ihre nicht-asexuellen Gegenstücke.

Sexuelle Traumata und „schlechte Erfahrungen"

Wir haben jetzt die gängigsten Einwände gegenüber Asexuellen betrachtet, genauso wie manche Erklärungsversuche. Scheitern diese, folgt fast unvermeidlich die letzte und schwerste Keule: „Hast du irgendwelche schlechten Erfahrungen gemacht? Ist mal was vorgefallen?" Damit ist sexualisierte Gewalt gemeint.[321] Die Anzahl von Menschen, die sexualisierte Gewalt erfahren haben, ist deprimierend hoch.[322] Die Wahrscheinlichkeit, dass eine beliebige Frau, die gefragt wird, ob sie vergewaltigt wurde, mit „ja" antworten muss, beträgt etwa eine von zwanzig, rechnen wir andere Formen sexualisierter Gewalt und Nötigung hinzu, sind wir in Deutschland bei einer von sieben. Sexuell belästigt wurden bereits mehr als die Hälfte

---

[320] https://sozialministerium.baden-wuerttemberg.de/fileadmin/redaktion/m-sm/intern/downloads/Downloads_Offenheit_und_Akzeptanz/Onlinebefragung_Aktionsplan_Akzeptanz_2014.pdf (13.02.2019). Dieses Ergebnis korreliert mit den Ergebnissen von Government Equalities Office (2018).

[321] Es gibt einige Diskussionen darüber, ob „sexuelle Gewalt" oder „sexualisierte Gewalt" der bessere Ausdruck ist. Beide Seiten haben überzeugende Argumente. Ich finde „sexualisierte Gewalt" besser. Wir haben es hier auch mit nicht-binären Personen und Frauen als Täter*innen zu tun, und mit Männern und nicht-binären Personen als Opfern. Es handelt sich also keinesfalls nur um ein durch das Geschlecht (also den Sexus) bedingtes Verbrechen.

[322] https://www.sueddeutsche.de/panorama/vergewaltigung-die-wichtigsten-fakten-zu-sexueller-gewalt-1.2937498 (15.02.2019) und https://www.aerzteblatt.de/archiv/174931/Praevalenz-sexueller-Gewalt (15.02.2019).

aller Frauen. Männer sind von sexualisierter Gewalt seltener betroffen, da scheint es wohl auf einen von sechzig bis hundert hinauszulaufen.[323] Lassen Sie das einmal auf sich wirken: Das sind mindestens vier Leute in einem ICE-Wagen, in dem alle Sitzplätze belegt sind. Oder ein bis zwei Menschen pro Schulklasse.

Menschen, die als Kinder sexualisierte, körperliche oder psychische Gewalt erlebt haben, sind auch als Erwachsene häufiger von Gewalt betroffen. Vermutlich, weil ihre Grenzen frühzeitig verschoben worden sind.

Die Wahrscheinlichkeit, dass ich mit der Frage nach schlechten Erfahrungen eine Person zwinge, über Dinge nachzudenken, die jemand ihr angetan hat, ist also recht hoch. Manche mögen ihre Erlebnisse gut verarbeitet haben, aber die anderen? Will ich wirklich, dass ich die Person, die ich da ausfrage, möglicherweise durch meine Frage triggere und sie eine Panikattacke oder einen Flashback[324] bekommt? Die meisten Menschen, die die Frage nach sexualisierter Gewalt stellen, denken natürlich nicht so weit. Sie sind gefangen in ihrer Minderheiten-Denkfalle, die für das Anderssein ihres Gegenübers unbedingt einen Grund braucht, dass ihnen schon mal die Fähigkeit zum Anstand abhandenkommt.

Nichtsdestoweniger fragen sich natürlich auch asexuelle Menschen, ob sexualisierte Gewalt etwas mit ihrer sexuellen (Nicht-)Orientierung zu tun hat. Auch Menschen der Minderheiten selbst tappen in die Minderheiten-Denkfalle.

Sicher kann die Erfahrung sexualisierter Gewalt dazu führen, dass ein Mensch Sex lieber vermeidet.[325] Ein solcher Mensch möchte sich vielleicht nicht in eine erneute gefährliche Situation bringen oder erlebt beim Sex Flashbacks oder Panikattacken – auch wenn die Person eigentlich gern Sex hätte. Andere Opfer neigen zu Hypersexualität: Sie haben viel Sex. Die Person hat kaum noch persönliche Grenzen, vielleicht in einem Versuch,

---

[323] https://www.sueddeutsche.de/panorama/vergewaltigung-die-wichtigsten-fakten-zu-sexueller-gewalt-1.2937498 (15.02.2019) und https://www.aerzteblatt.de/archiv/174931/Praevalenz-sexueller-Gewalt (15.02.2019).
[324] Das heißt, dass das Gehirn dieser Person sie die schreckliche Situation wieder durchleben lässt.
[325] Banner, Whipple und Graziottin (2006).

sich vor erneuten Verletzungen zu schützen. Denn wer vermeintlich keine Grenzen hat, dessen Grenzen können vermeintlich auch nicht (wieder) überschritten werden.[326]

Kann eine solche Erfahrung die sexuelle Orientierung ändern? Es gibt zahlreiche Studien, die so etwas zu beweisen versuchten, es aber nicht geschafft haben.[327]

Viel eher als eine sexuelle Orientierung scheint sexualisierte Gewalt eine sexuelle *Des*-Orientierung zu verursachen, vor allem bei männlichen Opfern.[328] Warum? Die traumatische Situation verursacht in unserer Gesellschaft häufig Scham- und Schuldgefühle bei den Überlebenden. Bei solchen Dingen wird ja liebend gern die Schuld wird beim Opfer gesucht. Dieses Vorgehen heißt „victim blaming“ oder „Täter-Opfer-Umkehr“. Diese Umkehr erlaubt, nicht darüber nachdenken zu müssen, dass ein Mensch die Entscheidung getroffen hat, einem anderen Menschen diese Gewalt anzutun. Und darüber, wie viele Täter*innen diese Gesellschaft im Lauf ihrer Geschichte bereits gedeckt hat.[329]

Deswegen fragt sich der*die Überlebende: Warum ist mir das passiert? Habe ich etwas getan, dass diese Gewalt „provoziert“ hat? Warum habe ich mich nicht gewehrt? Warum war ich nicht misstrauisch genug? Manchmal ist es einfacher, so zu tun, als habe man selbst noch einen letzten Rest Macht gehabt, das Geschehen zu ändern, denn wer nimmt sich schon gerne als völlig machtlos wahr? Diese Schuldgefühle schleppen die Betroffenen oft jahrelang mit sich herum.

Und manchmal behauptet auch der Täter*die Täterin, dass das Opfer daran schuld ist. Anscheinend suchen deswegen vor allem Männer, die Op-

---

[326] Vgl auch Miras Geschichte hier: https://neuroqueer.wordpress.com/2016/02/14/neurodivergenz-und-geschlecht/ (21.02.2019).

[327] Wilson und Widom (2010).

[328] https://www.psychologytoday.com/us/blog/understanding-the-erotic-code/201708/sexual-disorientation-male-sexual-abuse-survivors (19.02.2019). Und: Wilson und Widom (2010).

[329] Ein verfilmtes Beispiel ist „Spotlight“ über jahrelang gedeckten Kindesmissbrauch in Boston durch katholische Priester. Da war neben Kirchenvertretern auch die Staatsanwaltschaft beteiligt.

fer von anderen Männern wurden (ob in ihrer Kindheit oder nicht), gleichgeschlechtliche sexuelle Kontakte. Ob das eine hypersexuelle Reaktion ist (siehe oben) oder ein Versuch, die (Selbst-)Beschuldigung unbewusst zu bestätigen: Wer weiß?[330] Es könnte aber auch sein, dass Täter*innen ihre Opfer gezielt auswählen und ein erwachendes, aber noch kindliches Interesse ausnutzen. Auch mit dem Ziel, dass das Opfer nachher sich die Schuld gibt.

Übrigens gibt es eine krasse Umkehr des Vorurteils, dass sich Menschen nach einer Vergewaltigung oder schlechtem Sex „entscheiden", asexuell oder lesbisch zu sein. Es handelt sich um Menschen, die glauben, dass homosexuelle und asexuelle Personen durch Vergewaltigung heterosexuell werden. Diese Praxis nennt sich „corrective rape" (korrigierende Vergewaltigung) und kommt nicht nur in Südafrika vor, wo die grausamsten Fälle dokumentiert wurden.[331] Funktionieren tut das natürlich nicht.

Allein dieser Fehler in der Logik – macht Vergewaltigung nun Heteros asexuell oder asexuelle Menschen heterosexuell? – sollte darauf hinweisen, dass hier die Minderheiten-Denkfalle am Werk ist. Offenbar können sich zweifelnde Menschen und asex-, schwulen- bzw. lesbenfeindliche Täter*innen die Realität hier nach Geschmack zurechtbiegen, um das gewünschte Ziel zu erreichen. Insofern ist es unwahrscheinlich, dass Vergewaltigungen einen Einfluss auf die sexuelle Orientierung haben.

Sollte eine Person aus einer sexuellen Minderheit allerdings ihr Minderheitendasein an einem solchen Vergehen festmachen, möchte ich auch nicht widersprechen. Wörter wie „asexuell" sind Beschreibungen, keine Vorschriften.

Allerdings hängt die Wahrscheinlichkeit, vergewaltigt zu werden, mit der sexuellen Orientierung zusammen.

---

[330] https://www.psychologytoday.com/us/blog/understanding-the-erotic-code/201708/sexual-disorientation-male-sexual-abuse-survivors (19.02.2019). Und: Wilson und Widom (2010).

[331] https://medium.com/femmes-unafraid/what-its-like-to-wonder-if-your-assault-made-you-queer-a0a3e24e63ba (19.02.2019) und https://en.wikipedia.org/wiki/Corrective_rape (19.02.2019).

Was bedeutet es, zum asexuellen Spektrum zu gehören, in einer Welt, die Vergewaltigung fast unwidersprochen hinnimmt und nur einen Bruchteil der Täter*innen vor Gericht verurteilt?[332]

Asexuelle Menschen geraten selbstverständlich auch an Täter (und zu einem Fünftel auch an Täter*innen), selbst wenn sie „alles richtig machen“. Denn die meisten Täter*innen springen nicht aus dem Gebüsch im dunklen Park, sondern sind Eltern, Geschwister, andere Verwandte, Kumpels und Freund*innen (eigene oder die von Verwandten), Mitstudierende, Nachbarn, Vorgesetzte, Kolleg*innen, Geliebte, Ex-Geliebte, Ehegesponse, Lehrende jeder Art, Personen in der Kinder-, Jugend-, Kranken- und Altenbetreuung und andere Bekannte.

Partner*innen und Expartner*innen als Täter*innen werden von Menschen im asexuellen Spektrum mit etwa 50 Prozent am häufigsten genannt. Das scheint etwas häufiger als der Durchschnitt.

Menschen aus dem asexuellen Spektrum scheinen von Vergewaltigung mit etwa 13 Prozent tatsächlich seltener betroffen als der Schnitt der Befragten aus den großen Online-Umfragen von 2015 und 2016[333], aber mehr als doppelt so häufig als die „eine Frau von zwanzig“ von oben. Für die neueren Umfragen ergab sich ein weit traurigeres Ergebnis mit 20 Prozent.[334]

Außerdem wurde 2016 nach „sexual assault“ gefragt, also nach sexueller Nötigung bzw. ungewolltem sexuellen Kontakt ohne Penetration. Das reicht vom einmaligen Begrapschtwerden über ungewollte Küsse bis zum Zwang, jemanden mit der Hand zu befriedigen. So etwas haben mehr als ein Drittel der Befragten erfahren.[335]

---

[332] https://ifgbsg.org/studien/ (19.02.2019).

[333] Bauer, Miller, Ginoza et al. (2018) und Bauer, Miller, Ginoza et al. (2017).

[334] Weis et al. (2020).

[335] In manchen dieser Fälle bin ich geneigt, Gnade vor Recht walten zu lassen, da man ja als nötigende Person erst einmal ahnen muss, dass manche dieser Dinge manchen Menschen nicht willkommen sein könnten. Oder sind Menschen aus dem asexuellen Spektrum sensibler für Grenzüberschreitungen, über die andere kulturell bedingt hinwegsehen?

Aber auch im asexuellen Spektrum gibt es Unterschiede. Asexuelle Menschen erfahren mit etwa 12 Prozent seltener ungewollten Geschlechtsverkehr als gray-A (17 bis 18 Prozent) und demisexuelle Menschen (18 bis 22 Prozent).

Die Unterschiede sind auch dann augenfällig, wenn jeglicher ungewollte sexuelle Kontakt berücksichtigt wird. Dann haben wir ein gutes Drittel zu jeweils um die 55 Prozent.[336]

Offensichtlich hindert eine „Nein, danke"-Einstellung Menschen eher daran, Beziehungen einzugehen, die sie gefährden, oder Orte aufzusuchen, die der Kontaktanbahnung dienen, daher geraten Menschen mit einer „Vielleicht"-Haltung zu Sex häufiger an Täter*innen. Gleichzeitig sprechen viele von uns kein „Sex", viele von uns können ein nettes Gespräch nicht von einem Flirt unterscheiden und erschließen sich erst Tage später, dass jemand sie angebaggert hat. Derlei Unbeholfenheit lässt sich gewiss prima ausnutzen, um jemandem Schuldgefühle einzureden.

Was das Geschlecht betrifft, gibt es bei „jeglichem ungewollten sexuellem Kontakt" unter Menschen des asexuellen Spektrums kaum Unterschiede, dafür leiden trans Personen häufiger darunter als diejenigen, die nicht trans sind.

Übrigens sind heterosexuelle Menschen mit 9 Prozent Wahrscheinlichkeit Opfer, allosexuelle Nicht-Heteros dagegen mit 23 Prozent noch häufiger als demisexuelle Personen.[337]

Die Daten stammen hauptsächlich aus den USA, und, Überraschung: Schwarze Menschen und amerikanische Natives sind ebenfalls häufiger Opfer als alle anderen gesellschaftlichen Gruppen. Das sind in den USA diejenigen Gruppen, die am häufigsten von Rassismus betroffen sind.[338] Auch die neuere Erhebung findet mehr Fälle unter nationalen rassifizierten Minderheiten.

---

[336] Bauer, Miller, Ginoza et al. (2018).

[337] Bauer, Miller, Ginoza et al. (2017).

[338] Bauer, Miller, Ginoza et al. (2018) und Weis et al. (2020). Vgl. auch Waywalkers und Adair Gearhearts Geschichten in Bellamy (2017).

Was sagt uns das? Täter*innen wissen genau, wer von der Polizei ernst genommen wird. Sie wissen, wer auf keinen Fall zur Polizei gehen würde, weil die einen wie den letzten Dreck behandelt, ob nun Schwarz, Native, trans, offen schwul oder anderweitig zu einer sexuellen Minderheit gehörig. Offensichtlich nutzen Täter*innen diese gesellschaftlich benachteiligten Positionen weidlich aus.

Dass Leute Angst haben, eine Straftat bei der Polizei anzuzeigen, finde ich ziemlich traurig und ein Armutszeugnis für angeblich aufgeklärte Gesellschaften. Vielleicht wäre es angebracht, sich erst einmal darum zu kümmern statt um die Frage, warum manche Menschen zu sexuellen Minderheiten gehören.

Sein, Schein und das unanzweifelbare Ace

Halten wir also fest: Wenn sich eine beliebige Person in der Öffentlichkeit als Teil des asexuellen Spektrums outet, sind besorgte und vermeintlich besorgte Kommentare nicht fern. Entweder wird angenommen, dass die Person einem Internet-Hype aufgesessen ist oder nur auffallen will – und dass es das Phänomen nicht gibt. Oder es wird verzweifelt nach der Ursache gebohrt. Und wenn ein vermeintlicher Grund gefunden wurde, heißt es: „Ha, du bist ja in echt gar nicht asexuell!“

Es gibt Leute, die keine Lust haben, sich dieser Art von Kommentaren auszusetzen, daher sind sehr viele Menschen im asexuellen Spektrum nicht geoutet. Diejenigen, die sich outen, erzählen zuerst nicht-heterosexuellen und guten heterosexuellen Freund*innen davon, und danach einem Partner*einer Partnerin. Kolleg*innen, die erweiterte Familie, Menschen in Heilberufen und Beratungsfunktionen, Mitschüler*innen bzw. Mitstudierende und Bekannte kommen am schlechtesten weg, wenn es darum geht, andere ins Vertrauen zu ziehen. Aber auch mehr als die Hälfte aller Eltern und Geschwister weiß nichts davon.[339] Wie ich oben gezeigt habe, gibt es

[339] Bauer, Miller, Ginoza et al. (2018), Weis et al. (2020) und Government Equalities Office (2018).

Eltern, die ihre Kinder deswegen schlechter behandeln, daher verwundern diese Zahlen nicht weiter.

An die weitere Öffentlichkeit zu treten, erfordert dementsprechend nicht wenig Mut. Und die Überlegung: Wie könnte diese Öffentlichkeit versuchen, meine Aussagen anzuzweifeln? Hier schließt „Öffentlichkeit" die Medienschaffenden ein, die das Interview gesucht haben. Auch ich hatte schon das Missvergnügen, im gleichen Text wie ein Sexologe zu Wort zu kommen, der offensichtlich keine Ahnung vom Thema hatte, aber trotzdem vorbeugend mit Diagnosen um sich warf.[340]

Und auch ein viel neuerer Themenabend bei SWR3 hatte – trotz der sonst exzellenten Recherche – nichts Besseres zu tun, als die Zuhörenden zu trösten, dass das ja bei manchen Menschen im asexuellen Spektrum nichts Endgültiges sei.[341] Dabei sind sie nicht die einzigen.[342]

Zwar schreibe ich oben: Eine Selbstbeschreibung ist kein in Blut unterzeichneter, lebenslanger Pakt, und man lernt ständig neue Dinge über sich selbst. Aber der Fokus ist doch ein anderer. Ich will Menschen ermuntern, das Wort zu finden, das zu ihnen passt. Die anderen tätscheln dem allosexuellen Publikum die Hand und versichern ihm, dass es weniger schräge Vögel gibt, als sie befürchten.

Dazu kommt die Minderheiten-Denkfalle. Oben schrieb ich, dass eine Person, die als Teil einer Minderheit wahrgenommen wird, zum Teil einer gesichtslosen Masse wird. Diese Masse besteht aus Personen, „die sind alle so und so." Leider funktioniert die Denkfalle so gut, dass von einer Einzelperson aus der Minderheit auch Rückschlüsse auf die Minderheit gezogen werden. Bin ich in die Denkfalle getappt und treffe eine Lesbe, die aus

---

[340] https://dertorheitherberge.wordpress.com/2011/09/06/miladys-pr-abenteuer/ (23.02.2019).

[341] SWR3 Beziehungsshow vom 10.04.2018, nachzuhören bei https://www.swr3.de/podcasts/SWR3-Beziehungsshow/-/id=279178/did=4640614/37vdms/index.html (23.02.2019) und https://asexualitaet.wordpress.com/2019/05/21/das-online-gegangene-regenbogenportal-in-hinblick-auf-asexualitat/ (25.05.2019).

[342] https://aktivista.net/2016/10/13/aktivista-2016-teil-5-von-5-asexualitaet-in-zeitungsartikeln/#more-1009 (04.03.2019).

irgendeinem Grund Männer hasst, dann schließe ich daraus, dass alle Lesben Männer hassen. Treffe ich eine asexuelle Person, die aromantisch ist, schließe ich daraus, dass alle asexuellen Personen aromantisch sind. Treffe ich eine Person, die Schwarz ist und aus irgendeinem Grund nichts gegen rassistische Witze sagt, schließe ich daraus, dass rassistische Witze okay sind. Und so weiter.

Deshalb wird jede Person aus einer Minderheit unfreiwillig zu einem Sprachrohr, beziehungsweise zu einem Botschafter*einer Botschafterin. Auf Sprachrohren lastet also zum einen ein Druck von außen, durch das, was im Internet „concern troll", also „Besorgnis-Troll" heißt. (Es gibt einen Grund, warum ich nie die Kommentare in Online-Berichten über mich lese.) Zum anderen kommt der Druck aber auch von innen. Die Community möchte natürlich in einem positiven Licht erscheinen. AVEN heißt ja auch ein „Netzwerk zur Sichtbarmachung und Aufklärung", weil es als zweite Funktion eine PR-Maschine ist. Und PR-Maschinen brauchen Markenbotschafter*innen, ob es um Asexualität oder um Kosmetik geht.

Es stellte sich die Frage: Sollten Menschen, deren Asexualität angezweifelt werden kann, sich überhaupt öffentlich äußern? Man möchte schließlich respektiert werden, und da ist es von Vorteil, Respektabilitätspolitik zu betreiben. „Wir haben uns das nicht ausgesucht und sind auf jeden Fall glaubwürdige, nützliche Mitglieder der Gemeinschaft" ist wohl das, was man in solchen Situationen am liebsten vermitteln möchte. Auch wenn es keinen ausdrücklichen „Befehl von oben" gab, dass eine bestimmte Person den Mund zu halten hatte, sorgten diese Überlegungen dafür, dass manche Menschen lieber schwiegen.

Aber gibt es einen Menschen im asexuellen Spektrum, dessen Aussagen auf keinen Fall angezweifelt werden können? Ein unanzweifelbares Ace? Gibt es die perfekte Botschafterin? Den perfekten Botschafter? Die Diskussion darum ist schon älter. Wohl von Sciatrix kam der Vorschlag, eine solche Person ein Ace „mit Goldstern" zu nennen.[343]

---

[343] http://shadedtriangle.proboards.com/thread/18 (23.02.2019).

Julie Sondra Decker hat eine übersichtliche Liste von denjenigen Personen zusammengestellt, die am wenigsten angreifbar sind. Die habe ich ein wenig aktualisiert. Unanzweifelbare Aces

- sind neurotypisch und sowohl geistig als auch körperlich gesund und müssen keine Medikamente einnehmen,
- haben keine körperlichen Einschränkungen,
- sind nie Opfer von Misshandlungen und sexualisierter Gewalt geworden,
- sind extrovertiert oder wenigstens im sozialen Umgang kompetent,
- sind cis-gender (sie sind also weder transsexuell noch transgender und sind eindeutig männlich oder weiblich),
- haben eine sex-positive politische Einstellung, unterstützen also die einvernehmlichen sexuellen Praktiken anderer Menschen,
- sind sex-indifferent, können Sex also haben oder es sein lassen, ohne starke Gefühle ihrerseits. Auf keinen Fall sollten sie gelegentlich gern Sex haben oder auf den Vorschlag, selbst Sex zu haben, mit „Bäh" reagieren. Dementsprechend sollten sie auch nicht über BDSM- oder Kink-Neigungen reden, sofern sie welche haben.
- haben keine Libido,
- sind normschön und daher für andere attraktiv,
- sind entweder gar nicht an Beziehungen interessiert (aromantisch) oder wenn, dann an Hetero-Beziehungen,
- sind im Alter zwischen zwanzig und vierzig,
- sind *weiß*. (Vor allem in Ländern, wo Personen of Color grundsätzlich als weniger glaubwürdig gelten.)[344]

Sollten sich doch einmal Menschen melden, die nicht alle Punkte erfüllen, werden sie gelegentlich wegen ihrer Hautfarbe weitgehend ignoriert[345] oder wegen ihrer Erfahrung von sexualisierter Gewalt ausgeladen.[346] Und

---

[344] Decker (2014).
[345] https://www.youtube.com/watch?v=ft8T5EDnjAo&feature=youtu.be (23.02.2019).
[346] https://dasnixblix.wordpress.com/2017/09/23/wer-darf-eigentlich-in-der-oeffentlichkeit-ueber-die-eigene-asexualitaet-sprechen-und-wer-entscheidet-darueber/ (23.02.2019).

so kommt es, dass das Bild, das in den Medien von asexuellen Menschen herrscht, eher eintönig ist. Der Witz ist natürlich: Selbst ich, die tatsächlich jedes verfluchte Häkchen machen kann, wurde schon angezweifelt. Menschen aus dem asexuellen Spektrum sind nirgends vor Zweifeln, echt besorgten Menschen und Besorgnis-Trollen sicher. Nirgends. Nicht in der eigenen Familie, nicht in Zeitungen, nicht im Fernsehen und auf keinen Fall in den Kommentarspalten. Egal, wie viele Häkchen sie beim „Goldstern“-Test machen können. Man kann sich nur entscheiden, trotzdem den Mund aufzumachen und jeden Fall von Filterung durch Außenstehende öffentlich zu kritisieren.

3. Buchstabengruppe A positiv?

Wir betrachten zunächst das Leben von Menschen aus dem asexuellen Spektrum, die nicht wissen, dass das asexuelle Spektrum existiert. Sobald sie das Wort kennenlernen, tun sich Fragen auf. Zunächst bei ihnen selbst, und wenn sie ihrem Umfeld vertrauen, dann auch bei Familie und Lebenspartner*innen. Der Ratgeberteil soll hier erste Hilfe leisten, ist aber keineswegs eine erschöpfende Behandlung aller Fragen, die vielleicht aufkommen.

3.1. Wortlose Lebensrealitäten

Ich hab die Worte nicht

Wie ich schon öfter angerissen habe, ahnte ich etwa seit meinem zwölften Lebensjahr, dass ich irgendwie anders ticke als der Rest der mir bekannten Welt. Ein bisschen wusste ich das schon vorher, immerhin wurde mir als introvertierter Person häufiger gesagt, dass ich „zu still" sei und derlei Unfug mehr. Trotzdem war ich sehr früh in meiner Lesekarriere über Figuren gestolpert, die introvertiert waren, und kannte das Wort spätestens zu Beginn meiner Teeniezeit. Ich hatte also eine Referenz dafür, dass ich nicht „zu still" war, sondern dass sehr viele Leute mir „zu laut" sind. Mein Rückzugbedürfnis offen vor anderen zu verteidigen und zu begründen, fiel mir zwar schwer bis unmöglich, aber ich konnte meine Erlebnisse wenigstens etwas einordnen. Auch wenn es mir natürlich trotzdem wehtat, von wichtigen Menschen zu hören, dass ich nicht das erwünschte Verhalten an den Tag legte.

Vergleichen wir das mit der Tatsache, dass mir mit zehn Jahren gesagt wurde, dass ich „zu dick" sei und abnehmen müsse. Ich war zugegeben körperlich ziemlich stabil, aber nicht so übergewichtig, dass man mich auf eine echte Diät mit Kalorienzählen hätte setzen müssen. Derlei Versuche waren übrigens zum Scheitern verurteilt. Mich von Saftschorlen zu entwöhnen, wäre cleverer gewesen, aber Eltern sind auch nur Menschen. In dem Fall Menschen, die manchmal nichts Besseres zu tun hatten, als meinen Körper (und auch anderer Leute Körper) abwertend zu kommentieren. Die Kommentare trafen mich, denn auch sie vermittelten mir, dass ich „nicht richtig" war oder dass etwas anderes von mir erwartet wurde. Ich wusste zwar, dass ich das beschissen fand, hatte aber keine Worte, um mich darüber zu beschweren. Ich war ja fett und selbst schuld, wenn ich nicht abnahm.

Richtig?

Falsch.

Mir fehlte das Konzept *Fat Shaming* – wenn dicken Menschen vermittelt wird, sich wegen ihrer Figur schämen zu müssen, und man sie schlechter behandelt. Mir fehlte das Wissen, dass von außen verordnete Scham ein Weg ist, Leute zum Schweigen zu bringen. Ich hatte nur eine vage Ahnung, dass andere Leute ähnlichen Mist durchmachten, und hielt diese ebenfalls für „selbst schuld". Ich wusste nicht, dass „Dicke" wohl geistig gesünder wären und eine bessere medizinische Versorgung erhielten[347], wenn wir alle nicht so oft „Dicke sind faul und ungesund" zu hören bekommen würden. Also litt ich unter einer Ungerechtigkeit, für die ich keinen Namen hatte, vergaß eine Weile, wie man richtig aß, und legte mir ein so verzerrtes Körperbild zu, dass ich mich manchmal wundere, warum ich mir keine Magersucht angeschafft habe. Meine Neigung zum Besserwissen und zu passiv-aggressiver Widerborstigkeit sind wohl doch zu etwas gut.

Ein Teil davon hätte sicher verhindert werden können, wenn ich mit dreizehn Jahren hätte sagen können, dass sich jemand sein Fat Shaming bitte dahin schieben soll, wo die Sonne nicht scheint. Wahrscheinlich wäre ich immer noch verletzt gewesen, aber ich hätte es als die Form von Machtausübung erkannt, die es war. Diese Machtausübung ist nicht immer allen voll bewusst – manchmal geht es nur darum, sich selbst besser zu fühlen

---

[347] https://www.sueddeutsche.de/gesundheit/uebergewicht-schlecht-behandelt-weil-dick-1.3614958 (04.03.2019).

und sich unbewusst den eigenen Rang bzw. Wert (auf Kosten anderer) zu bestätigen.

Des Weiteren fehlte mir auch das Konzept Asexualität. Ich glaubte, dass eine Gewichtsabnahme wie magisch dazu führen würde, dass sich Jungs für mich interessierten und dass ich auf einmal flirten können würde. Die Annahme erwies sich als falsch. Ich stellte fest, dass das übliche Interesse von Jungs mich eher hilflos mit den Armen rudernd zurückließ als geschmeichelt. Hilfe, der tanzt mich an! Hilfe, der will was von mir! Wie finde ich raus, was er will? Und was mach ich denn jetzt? Was war falsch mit mir, dass ich mich nicht ohne Vorbehalte auf einen Drink einladen lassen konnte? Was zum Henker war los mit mir, dass ich mich in Situationen, die die meisten Teenager scheinbar erfolgreich meisterten, wie ein tapsiges Kind fühlte? Wieso musste ich diese Dinge durch Lesen und Beobachten vom Kopf her lernen, statt das im Herz oder im Bauch zu erspüren?

Anders als für das herbeifantasierte Gewichtsproblem gab es dafür aber keine offensichtliche Lösung, zumal Üben nicht half. Und zu einem Therapeuten gehen? Deswegen? Bei allen Macken, die ich hatte, ahnte ich doch, dass es da nichts zu durchleuchten gab. Damit war das Thema, wie in der Einleitung gesagt, für mich abgeschlossen.

Ich habe somit bei meiner persönlichen Entwicklung einige Umwege machen müssen, die nicht hätten sein müssen. Wenn ich früher gewusst hätte, dass es so etwas wie Asexualität gibt, wäre ich nicht über Jahre immer wieder damit beschäftigt gewesen, mich zu fragen, ob ich gesund und ganz richtig im Kopf bin. Diese Erfahrung teile ich mit einigen anderen.

Vom Schweigen und sich Verbiegen

In der Einleitung schrieb ich von Menschen, die wie ich gehört hatten: „Irgendwann wirst du Sex haben wollen." Am Anfang klingt das noch wie ein Versprechen, dass die Person, die vom asexuellen Spektrum nichts weiß, einmal „normal" sein wird. Doch irgendwann verwandelt es sich in eine Drohung. Was geschieht, wenn ich es nicht will?

Oder man glaubt, dass es so sein *muss,* und fragt sich, was mit einem falsch ist, weil man es nicht will.

Selbst ohne partnerschaftliche Schwierigkeiten fühlen sich also viele Aces von der Welt entfremdet und leiden unter Schamgefühlen, weil sie sich selbst die ganze Zeit beobachten, um herauszufinden, was mit ihnen nicht stimmt.

Spätestens zu Schwierigkeiten kommt es dann, wenn man eine liebe Partnerin*einen lieben Partner gefunden hat und mit dieser Person Sex haben wollen sollte – und es trotzdem nicht will. Oder zwar nichts dagegen hat, aber „die Leidenschaft" fehlt, weil man von alleine nie drauf käme.

Alle Voraussetzungen für ein erfülltes Sexualleben sind vorhanden. Es gibt keinen guten Grund, Nein zu sagen. Denn man braucht in dieser Gesellschaft und ihrem Klima der „compulsory sexuality" keinen Grund, ein Einverständnis zum Sex zu geben, sondern man braucht einen Grund, es nicht zu geben.[348]

Immerhin wird man irgendwann Sex haben wollen. Das Schulbuch sagt das, die Serien, die *Bravo* und das Internet sagen das. Also muss es stimmen. Also sagt man Ja, obwohl man sich unwohl fühlt. Oder vielleicht spielt man dem geliebten Menschen Leidenschaft vor, obwohl man sie nicht empfindet, weil der sonst beleidigt ist und sich unattraktiv fühlt.

Man schweigt darüber, dass man sich unwohl fühlt oder um des lieben Friedens willen lügt. Man passt sich an. Man überschreitet die eigenen Grenzen und tut Dinge, obwohl einem beim genaueren Nachdenken darüber schlecht davon wird. Man sucht vielleicht medizinische Hilfe und beginnt eine Psychotherapie, aber nichts hilft. Man verbiegt sich, bis man vielleicht gar nicht mehr weiß, wer man ist. Man bleibt vielleicht sogar bei einem nicht so lieben Menschen, der eine*n beschimpft, erniedrigt oder schlägt, weil eine*n mit *dem* Defizit sowieso kein liebevoller Mensch will. Man hat es ja nicht anders verdient. (Da ist der Bestätigungsfehler wieder.) Besser ein Partner*eine Partnerin als keine*r. Besser das bekannte Übel, als sich ins Unbekannte zu wagen.

---

[348] Vgl. http://starchythoughts.tumblr.com/post/141266238674 (04.03.2019) und ausführlicher Chen (2020).

Und die ganze Zeit glaubt man, dass man an der Situation selbst schuld ist. Wenn man nur nicht kaputt wäre. Oder aufrichtig lieben würde, dann würde man leidenschaftlich sein/den Sex wollen und alles wäre gut.

Richtig?

Falsch.

Der Witz ist natürlich, dass es einen guten Grund für die Distanz, für die mangelnde Leidenschaft gibt – nämlich Asexualität –, von dem die Person aber nichts weiß. Das Nichtwissen verhindert die informierte Zustimmung zu sexuellen Handlungen.

Von hermeneutischer Ungerechtigkeit

Wenn eine Person nicht ausreichend informiert über ihre Möglichkeiten ist, dann ist sie gegenüber voll informierten Menschen im Nachteil, egal ob es um Sex oder die Wahlberechtigung geht. Es entsteht ein Machtgefälle. Wenn Machtgefälle zum Vorteil der mächtigeren Person ausgenutzt wird, entsteht Ungerechtigkeit.[349] Das muss nicht einmal Absicht sein. Es wird im Fall von Asexualität sogar in den wenigsten Fällen Absicht sein, denn die Person mit mehr Macht weiß ja häufig genauso wenig, dass es Asexualität gibt, und hat obendrein ein Ja (oder zumindest kein Nein) gehört. Ungerecht ist es trotzdem.

Wir dürfen davon ausgehen, dass es zahlreiche Menschen gibt, die keinen Sex haben würden, wenn sie wüssten, dass sie ihn mit einer Begründung ablehnen könnten. Nicht alle Leute sind so selbstbewusst, es auch ohne Begründung zu tun.[350]

Nichtwissen über Asexualität sorgt dafür, dass sich Tausende Menschen einsam und kaputt fühlen und sich von ihren Lebenspartner*innen ein schlechtes Gewissen machen lassen, weil sie diese nicht genug „lie-

---

[349] https://anagnori.tumblr.com/post/68614066770/asexuality-and-consent-issues (04.03.2019).

[350] http://starchythoughts.tumblr.com/post/141266238674 (04.03.2019).

ben". In dieser Gesellschaft wird Liebe viel zu oft mit Begehren verwechselt, als sei „Sex haben wollen mit" oder Besitzenwollen das gleiche wie das Gefühl namens Liebe.

Es gibt allein in Europa wahrscheinlich Tausende Menschen, die unter Minderheitenstress leiden und nicht einmal wissen, warum, weil ihnen das Konzept „Asexualität" fehlt.

Hier kommen die Fremdworte aus der Überschrift ins Spiel: Hermeneutische Ungerechtigkeit ist Ungerechtigkeit, die entsteht, wenn wir nicht die Möglichkeit haben, unsere Erfahrungen richtig einzuordnen.[351]

Solche ungleichen Machtverhältnisse entstehen oft dann, wenn Worte fehlen. Meistens fehlen diese Worte Minderheiten und Gruppen, die für nicht so wichtig erachtet werden. Deren Erfahrungen findet die Gesamtgesellschaft demnach auch nicht wichtig. Es wird weder darüber nachgedacht noch darüber gesprochen, also gibt es keine Wörter für diese Erfahrungen.

Nicht einmal bewusst lassen die Mitglieder der Mehrheitsgesellschaft die Minderheit im Unklaren. Diese ist gezwungen, ihre Erfahrungen zu umschreiben, wirkt dadurch wenig redegewandt bis übertrieben emotional und damit weniger glaubwürdig als ohnehin schon. Die Menschen aus der Minderheit bleiben mangels des Wortes im Unwissen darüber, dass es anderen ähnlich geht und dass man etwas für ein besseres Leben tun könnte. Nach Dübgen liegt darin

> „die eigentliche Pointe der hermeneutischen Ungerechtigkeit: Dass eine Person ihren Status als Opfer verkennt und das Unterdrückungsverhältnis internalisiert [also verinnerlicht, Anm. d. A.] – was häufig zu einem geminderten Selbstbewusstsein führt."[352]

Das Ende der Sprachlosigkeit und die Erkenntnis, dass man Opfer einer strukturellen Benachteiligung wurde – wenn man das Unbehagen in Worte

---

[351] https://np.reddit.com/r/philosophy/comments/3dyuu3/weekly_discussion_epistemic_injustice/ (04.03.2019).
[352] Dübgen (2016).

fassen kann – ist für die meisten Menschen ein bewegender, vielleicht sogar lebensverändernder Moment. „Ich bin nicht schuld an meiner Misere, sondern mein Umfeld und die Gesellschaft haben absichtlich oder unbewusst Druck auf mich ausgeübt. Ich war ein unbequemes Element, das sich anpassen oder schweigen sollte. Ich bin nicht die einzige Person, der es so ergeht. Andere erleben genau das gleiche." Diese Erkenntnis verleiht oftmals mehr Selbstbewusstsein.

Nicht nur meine Wenigkeit fühlt sich seit der Erkenntnis im eigenen Körper viel wohler.[353] Manchen gibt es vielleicht den Antrieb, sich aus einer Situation zu lösen, die ihnen schadet.

Für manche ist die Erkenntnis, dass es eine hermeneutische Ungerechtigkeit in Bezug auf Asexualität gibt, der Antrieb, wütend zu werden, sich zu outen, zu demonstrieren und Bücher zu schreiben.

Ich arbeite für die Sichtbarmachung. Nicht weil ich die Aufmerksamkeit von tausend Fotos brauche, die von mir bei einem Christopher Street Day auf der Parade geschossen werden. Nicht weil ich Lust darauf habe, anderen meine sexuelle Orientierung ungefragt unter die Nase zu reiben. Sondern weil es Leuten da draußen gut tut, dass da andere mit ihrer Flagge rumlaufen. (Mir tut es auch gut, und man kann Leute deswegen spontan umarmen.) Weil vielleicht jemand den Flyer aufbewahrt und einer Freundin oder einem Bekannten oder Familienmitglied gibt, die ähnliche Probleme haben und total verzweifelt sind.

Eine der Grundannahmen dieser Gesellschaft ist, dass alle Sex wollen, und dass Beziehungen ohne Sex weniger wert sind. Das ist falsch, und das schadet nicht nur Menschen aus dem asexuellen Spektrum.

---

[353] http://theasexual.com/article/2018/6/29/from-dissonance-to-understanding (04.03.2019).

3.2. Das Leben während der Erkenntnis. Oder: Woher weiß ich, dass ich asexuell bin?

Manche Leute sehen die kurze und knackige Erklärung „Asexualität ist, wenn man keine sexuelle Anziehung und/oder kein Verlangen nach sexueller Interaktion verspürt" und haben eine Erleuchtung, dass es sich dabei um das handelt, was sie schon immer fühlen. Diejenigen Personen sind wahrscheinlich in der Minderzahl, vor allem, wenn sie über die Erklärung mit der sexuellen Anziehung zuerst stolpern, sex-favorable sind und/oder ihre Empfindungen eher im Graubereich liegen.

Andere finden erst eine Geschichte oder ein Bild, das sie an ihre eigenen Erfahrungen erinnert, und erschließen sich von da aus das Wort. Manchmal reicht eine Geschichte in einem Online-Magazin, eine Szene in einer Serie oder Ähnliches, um zu sagen: „Das könnte ich sein." Manchmal braucht es ein paar Geschichten oder Szenen mehr.

Ich kann hier keine Geschichten anderer Leute zusammentragen, dazu reicht der Platz leider nicht. Wie beschrieben müssten es sehr viele sein, um dem Spektrum halbwegs gerecht zu werden.[354] Die Vorstellungsseite des deutschsprachigen AVEN-Forums ist ein solcher Quell von Geschichten auf Deutsch.[355] Und die Beispiele unter den ganz kurzen Erklärungen in Teil 1 sollten erste Hinweise liefern.

Einige Erfahrungen werden immer wieder genannt. Wobei Julie Sondra Decker zu bedenken gibt, dass die Erfahrungen von Menschen im aromantischen und im asexuellen Spektrum teilweise überlappen.[356] Als da wären unter anderem:

- sich irgendwie „anders" oder wie ein Alien zu fühlen.
- zu glauben, dass andere ihr Interesse an Sex übertreiben, um erwachsener zu wirken.

---

[354] Neues Projekt, für später. Bis dahin lesen englischsprachige Menschen Bellamy (2017) und Chen (2020).

[355] https://aven-forum.de/viewforum.php?f=3&sid=df22804438f14dac74d24d2fd6a1445d

[356] Decker (2014) Seite 138f.

- sich zu fragen, ob man homo, hetero, bi oder pan ist und zu keiner Antwort zu kommen.
- sich zu fragen, warum man so geworden ist, wie man ist. (Die Denkfalle macht wie gesagt vor niemandem halt.)
- Sex taucht nicht auf der Liste von Dingen auf, die man vor dem Tod oder der Apokalypse unbedingt noch erleben oder erledigen muss.
- Es erscheint unverständlich, warum andere sich um jeden Preis romantisch-sexuell verbandeln wollen und unzufrieden sind, wenn sie keine Beziehung und/oder keinen Sex haben.
- nicht zu wissen, ob man gern Single ist, aber das ständige Nachfragen, wann man endlich „jemanden" hat, auf keinen Fall zu mögen.
- nicht zu merken, wenn jemand mit einem flirtet.
- vorgeworfen zu bekommen, dass man flirtet, obwohl man das niemals beabsichtigt hat.
- in einer Beziehung oder Ehe zu stecken und der anderen Person nicht klarmachen zu können, dass man sie liebt, obwohl man keinen Sex möchte oder nicht von selbst darauf kommt.
- nicht zu verstehen, warum Leute so ein Theater um Sex machen und sich drüber unterhalten.
- sich in Gesprächen über Sex unwohl zu fühlen.
- zu sehen, *dass* Sex für viele Menschen eine Motivation ist, aber beim besten Willen nicht zu verstehen, *wieso* Sex für manche Menschen eine Motivation ist.
- Witze mit sexuellen Anspielungen nicht sofort zu begreifen und sie sich erst erschließen zu müssen.
- oder, wenn man sie begreift, „Sex" nicht sprechen zu können: Man amüsiert sich vielleicht über anzügliche Witze, kann aber schlecht beurteilen, ob und wann sie angebracht sind.
- sexuelle Anspielungen selbst nicht zu verwenden, weil man von alleine nicht darauf kommt.
- davon überrascht (und manchmal verunsichert bis verstört) zu sein, wenn jemand einem sagt, wie sexy und begehrenswert man ist.

- die Sex-Rolltreppe von Küssen-Rummachen-Vorspiel-Penetration-Orgasmus nicht zu verstehen, die allosexuelle Menschen voraussetzen.
- keine Sexträume zu haben – oder wenn, dann davon eher verstört als erregt zu sein.
- „sexy“ Klamotten und Posen eher bizarr und unpraktisch zu finden.
- romantische und sexuelle Entwicklungen in Geschichten langweilig, seltsam oder unglaubwürdig zu finden.
- über Sexszenen lieber hinwegzublättern oder vorzuspulen, je nach Medium.

Das ist eine Auswahl. Es ist sehr wahrscheinlich, dass für Menschen im asexuellen Spektrum einige dieser gelisteten Punkte zutreffen.

3.3. Das Leben nach der Erkenntnis. Oder: Wie gehe ich damit um, dass ich zum asexuellen Spektrum gehöre?

Sämtliche Hinweise deuten darauf hin, dass man sich als asexuell oder mit einem verwandten Begriff beschreiben könnte. Es fühlt sich vielleicht ein bisschen an, wie an einem Grenzzaun zu stehen oder sich eine neue Arbeitsstelle zu suchen. Auf der bekannten Seite weiß man genau, wo alles ist und wie die Welt funktioniert. Und sobald man sich entschließt, das Wort zu benutzen, tritt man durch ein Tor und landet in einer Welt, von der man befürchtet, dass sie ziemlich unfreundlich sein könnte. Wer weiß, ob da nicht ein verwunschener Wald und Raubtiere beziehungsweise unbezahlte Überstunden oder gehässige Kolleg*innen lauern?

Ist das eine Phase? Geht das wieder weg?

Wie ich unter „Orientierungs-los“ geschrieben habe, lautet die kurze Antwort auf diese Frage: Sehr wahrscheinlich nicht. Ob Asexualität nun wissenschaftlich gesehen eine sexuelle Orientierung ist, darauf gibt es noch keine abschließende Antwort. Aber das Nicht-Begehren oder Wenig-Begehren ist – wie eine sexuelle Orientierung – bei den meisten Betreffenden über Jahre bis Jahrzehnte stabil. Trotzdem betonen einige Texte im Internet, dass Sexualität „fluid" sei, also fließend oder veränderlich.

Es mag sein, dass eine Handvoll Menschen, die sich als asexuell beschreiben, irgendwann einem Menschen begegnen, für den sie sexuelle Gefühle entwickeln. Und dann darüber nachdenken müssen, ob demisexuell nicht doch ein besser geeignetes Wort wäre. Genauso gibt es Menschen, die heterosexuell oder homosexuell begehren, dann aber die eine Person treffen, für die sie diese Einordnung hinterfragen müssen. Sind sie nicht vielleicht doch bi? Und manchmal verlässt Menschen im mittleren Lebensalter die sexuelle Anziehung, und sie werden asexuell.[357]

Daraus leiten sich einige Ratschläge ab.

Erstens:

Es bringt nichts, darauf zu warten, dass eine höhere Macht mit den Fingern schnippt und sich die eigene Sexualität ändert. Ganz gleich, um welche Sexualität es sich handelt. Wer auf so etwas wartet, erlebt sich als ewig unfertig. Und als minderwertig sowieso, denn die Frage „Geht das wieder weg?" schließt ja schon ein, dass der derzeitige Zustand unerwünscht ist.

Nützt es, wie ein Mensch an einem Bahnhof ohne Uhren und Abfahrtspläne auf dem Bahnsteig herumzutigern, in der Hoffnung, dass irgendwann ein Zug kommt, der eine*n irgendwo hinbringt? Es gibt keine Garantie, dass ein Zug kommt, und es gibt keine Garantie, dass eventuell eintreffende Züge in Richtung Heterosexualität fahren. Eine derartige Wartestellung verhindert, dass man selbst handelt. Man ergreift keine der zahlreichen Gelegenheiten, das eigene Leben sinnvoll zu gestalten.

Wem nützt es, wenn man sich selbst als minderwertig betrachtet?

Wem nützt es, wenn man an einem Platz verharrt, statt eine neue Welt zu erkunden?

Wem nützt es, wenn man schöne Erlebnisse auf dann vertagt, wenn man einmal nicht mehr so fühlt?

---

[357] Vgl. Jos Geschichte in Bellamy (2017).

Zweitens:
Unsere Kultur hat, wie gesagt, einen Hang, Sexualität für einen Wesenskern eines Menschen zu halten. Man *fühlt* nicht nur hetero-, homo-, bi- oder asexuell, man *ist* es. Das ist für viele Menschen eine Bestärkung und hilft ihnen, sich in unserer Welt zurechtzufinden. Über das Wort identifiziert man sich als zu einer Gruppe gehörig. Das hilft, Gleichgesinnte zu finden und politische Allianzen zu schmieden. Es ist aber nicht die einzige Möglichkeit, sich selbst zu betrachten. Ein bisschen habe ich es oben schon angedeutet. Wer sich als asexuell (oder gray-A, demi, etc.) beschreibt, kann das als eine *Beschreibung* nutzen. Man muss keine Garantien abgeben, dass man für den Rest seines Lebens so fühlen wird.

Es ist auch völlig okay, sich als „fragend" oder „unentschlossen" oder „Lass mich bloß damit in Ruhe! Ich hab keine Lust, darüber nachzudenken!" zu beschreiben und das so lange beizubehalten wie nötig oder auch lebenslang.

Wer sich dafür entscheidet, sich als asexuell (oder demi oder gray-A) zu beschreiben, hat damit ein Kürzel zur Hand. Es beschreibt Dinge, die ohnehin da sind. Denn wie ich oben schon sagte: Es geht darum, wie man Menschen anschaut, welche Art Beziehungen man sucht, und wie man mit Erwartungen umgeht, die andere an eine*n stellen. Und da kann es sehr hilfreich sein, dafür ein bis drei Wörter zu benutzen statt fünf Sätze.

Und es hilft wie gesagt dabei, Menschen zu finden, denen es ähnlich geht und die sich vom Leben ähnliche Dinge wünschen.

Soll ich nicht doch mal meine Hormone testen lassen oder eine Psychotherapie versuchen?

Drücken wir es so aus: Wenn es darum geht, Asexualität wegzumachen, dann ist das keine so gute Idee.

Es gibt eine Vielzahl von Hormonen, und manche haben einen Einfluss auf die Stimmung und damit auf Umwegen auch auf die Libido. Das wären zum Beispiel das Schilddrüsenhormon und Vitamin D. Andere, wie Östrogen und Testosteron, haben einen direkten Einfluss darauf. Ärztlicher Rat lohnt sich unter anderem, wenn

- man plötzlich und unerklärlich zu- oder abnimmt,
- man Haare verliert oder Haare an unerwarteten Stellen wachsen,
- man plötzlich sehr trockene oder sehr fettige Haut bekommt,
- man kaum noch schläft oder viel schläft und trotzdem müde ist,
- man Konzentrationsstörungen hat,
- man scheinbar grundlos Hochstimmung oder schlechte Laune hat oder aggressiv wird,
- man plötzlich keine Lust mehr auf Sex hat,
- die eigenen Genitalien Dinge tun, die sie vorher nicht getan haben, oder
- wenn sie etwas nicht mehr tun, was sie vorher getan haben.

Falls die Pubertät völlig ausbleibt, ist das ebenfalls ein Grund, genauso wie sehr starke Regelbeschwerden und Schmerzen beim Geschlechtsverkehr, die nicht durch mangelhafte „Technik" zustande kommen.[358]

Außerdem können viele der genannten Symptome auch Nebenwirkungen von Medikamenten sein, wie von der sogenannten Antibabypille oder von manchen Mitteln gegen Depressionen, Herzschwäche und Parkinson.

Wir sehen also, dass es vor allem dann interessant ist, Hormone anzuschauen, wenn sich etwas *geändert* hat oder eine Person Schmerzen hat. Bei so etwas besteht Grund zur Sorge.

Meistens erklären die gemessenen Hormone nicht, warum ein Mensch keine sexuelle Anziehung verspürt und/oder kein Verlangen nach Sex hat. Sexuelle Orientierungen lassen sich auch nicht an den Hormonen messen und nicht dadurch verändern, dass eine Person Hormone (oder Hormonblocker) einnimmt.[359] Wohingegen sich die Libido durchaus ändern lässt.

---

[358] Merke: Wenn es wehtut und nicht wehtun soll, stimmt etwas nicht. Genauso sollte es nicht bluten.

[359] Bogaert (2012) beruft sich auf die Analyse diverser Studien durch Meyer-Bahlburg. Abstract: https://link.springer.com/article/10.1007/BF01541203 (18.05.2020).

Womit wir bei der Frage angekommen sind: Soll man eine Psychotherapie machen? Im Fall von Homosexualität ist die Sache klar: Es gibt von den entsprechenden Fachgesellschaften[360] Stellungnahmen, dass Homosexualität keine Krankheit ist. Es ist nachgewiesen, dass man daran weder mit Medikamenten noch mit einer Psychotherapie etwas ändern kann. Dafür kann man Menschen, die man trotzdem behandelt, Schaden zufügen.[361] Es ist anzunehmen, dass ein Mensch, der behauptet, Asexualität heilen zu können, entweder absolut nicht verstanden hat, worum es geht, sich völlig selbst überschätzt oder lügt. Weiterhin wird es wie gesagt nichts helfen. Im schlimmsten Fall wird es die behandelte Person dazu drängen, ihre Grenzen zu überschreiten und sich in Situationen zu bringen, die ihr nicht gut tun. Oder sie wird Medikamente mit starken Nebenwirkungen schlucken, die sie nicht braucht.

Wenn man also eine Psychotherapie anfängt, dann sollte es darum gehen zu lernen, wie man die eigenen Grenzen absteckt. Oder es sollte darum gehen, sich zu mögen und das eigene Selbstwertgefühl aufzubauen.

Also bin ich jetzt krank oder nicht mehr normal?

Durchatmen. Ich habe sehr viele Seiten darauf verwendet, um zu beweisen, dass Asexualität keine Krankheit ist.

Manche Menschen im asexuellen Spektrum sind gleichzeitig auch krank, das eine hat aber mit dem anderen nicht unmittelbar zu tun. Wie bei den anerkannten sexuellen Orientierungen ist es eben einfach so.

Wenn Sie dennoch das Gefühl haben, krank zu sein, dann haben Sie es wahrscheinlich, weil es einfacher ist, sich für krank zu halten, als anzuerkennen, dass es Asexualität gibt.

---

[360] Das sind Gesellschaften aus Fachärzt*innen, die sich mit einem Gebiet sehr gut auskennen. Sie sichten gemeinsam die vorhandenen medizinischen Studien und erarbeiten daraus Behandlungsleitlinien.

[361] https://www.dgppn.de/_Resources/Persistent/23c8aa3e5d35b4fc50d3e5cbb879cb92cce33a2d/DGPPN-Referat_Stellungnahme_zu_Konversionstherapien.pdf (20.03.2019).

Und was das Normal-Sein angeht? Das kommt darauf an. „Normal“ kann zwei Dinge heißen. Das eine besagt, wie häufig etwas ist, und dann ist Asexualität tatsächlich nicht normal, weil sie nicht so häufig vorkommt. „Normal“ wird jedoch nicht nur gebraucht, um Häufigkeiten zu beschreiben. Es kann auch heißen: „so [beschaffen, geartet], wie es sich die allgemeine Meinung als das Übliche, Richtige vorstellt“.[362] Und da wird es kompliziert, denn dann ist „nicht normal“ gleich „nicht richtig“. Was nicht richtig ist, ist falsch.

Ich habe zuvor hoffentlich bewiesen, dass dieses Gefühl, „nicht richtig“ zu sein, eine Reaktion auf die Maßstäbe anderer Menschen ist. Wer sich falsch fühlt, schämt sich. Wer sich schämt, hält den Mund und passt sich an. Im Fall von Asexualität schadet man sich damit vor allem selbst.

Es ist schwierig, sich aus dieser Denkspirale zu lösen und sich als „genau richtig“ wahrzunehmen, aber der Aufwand lohnt sich. Der erste Schritt dazu ist, zu verstehen, wie sich die missbilligende Aufmerksamkeit anderer in Selbsthass verwandeln kann.

Ist das schlimm? Und was passiert jetzt mit meinen ganzen Plänen?

Wer die vielen Seiten vor dieser gelesen hat, wird wissen, dass ich es nicht schlimm finde, asexuell zu sein. Tatsächlich fühle ich mich sogar viel besser als früher, weil ich jetzt nicht mehr versuche, mich an Erwartungen anzupassen, die ich nicht erfüllen kann. Außerdem finde ich es nett, eine Erklärung zu haben, warum ich manche Sachen einfach nicht blicke. Ich hatte höchstens Bedenken, mich in eine Schublade einzusortieren und mich dadurch einzuschränken.

Aber wie ich schon sagte, kann es sehr schwierig sein, vor sich selbst zuzugeben, dass man eben in einer Hinsicht „nicht normal“ ist. Dass es zu dem Wort eine Menge Vorurteile und seltsame Reaktionen gibt, hilft auch nicht gerade. *Will* ich zu dieser Truppe gehören?

---

[362] https://www.duden.de/rechtschreibung/normal (05.05.2019).

Tatsächlich kann das zunächst wie ein Schicksalsschlag wirken. Lebensträume wie eine eigene Familie können dadurch in scheinbar unerreichbare Ferne rücken. Und man fragt sich: Warum ich? Warum kann ich nicht einfach sein wie alle anderen? Warum ist das, was ich im Leben brauche, so anders als das, was die Mehrheit braucht? Das kann sich sehr unfair anfühlen, zumal sich das Leben nicht reklamieren lässt. Es ist außerdem unwahrscheinlich, dass das Leben die Karten neu mischt und man auf einmal mit völlig anderen Voraussetzungen startet. Es bleibt nur übrig, mit den Karten zu spielen, die man hat. Also zuerst einmal durchatmen und genau hinschauen.

Wenn ich davon ausgehe, dass ich mich zum asexuellen Spektrum zählen kann, dann sind das Begriffe, die beschreiben, wie ich mit anderen Menschen und mit Beziehungen umgehe. Diese Wörter erzählen etwas über meine persönlichen Grenzen. Das ist zunächst etwas Positives. Dadurch weiß ich, wie ich mich am besten gut behandle und woran ich zerbrechen könnte. Somit habe ich bessere Chancen, ein erfülltes Leben zu führen.

Zum Vergleich: Eine Person, die lieber allein vor sich hin werkelt, als mit Menschen zu sprechen, wird als Kindergärtner*in oder als Gebietsvertretung für Kosmetik wahrscheinlich nicht glücklich. Wozu sich dann also zu etwas zwingen, wenn nicht gerade das Überleben davon abhängt?

Wenn man dann den Ausgangspunkt kennt, kann man sich das weitere Vorgehen überlegen. Was sind die eigenen Lebensträume? Und ich meine die eigenen, nicht die, von denen alle sagen, dass man sie haben sollte.

Wer eine Beziehung sucht, kann suchen, er*sie ist nicht der einzige asexuelle Mensch, der sich verlieben möchte. Acebook, AVEN-Partner, AceDate, Facebook-Gruppen, die Ameisenbären, die ACEapp, Stammtische, die innerhalb und außerhalb von AVEN und/oder dem asex-web zu finden sind: Die Möglichkeiten sind zwar (noch) überschaubar, aber es gibt sie.

Es gibt funktionierende Beziehungen, in denen ein Mensch zum asexuellen Spektrum gehört und der andere nicht. Es gibt zahlreiche asexuelle Menschen mit Kindern, und zahlreiche Menschen im asexuellen Spektrum mit Kinderwunsch. Vielleicht findet sich jemand für ein solches Abenteuer, auch wenn das Ergebnis nachher nicht ganz so aussieht wie die klassische Kleinfamilie.

Und wenn ein Plan nicht klappt, oder wenn der Traum tatsächlich nicht zu verwirklichen ist? Dann ist es in Ordnung, traurig zu sein. Es ist in Ordnung, sich ein wenig Zeit zu nehmen, um sich von einem Traum zu verabschieden. Sie dürfen um Chancen trauern oder um Türen, die geschlossen bleiben. Gönnen Sie sich die Zeit.

Vielleicht finden Sie Menschen, die sich ähnlich umorientieren mussten, mit denen Sie sich austauschen können. Wenn das Internet für eines gut ist, dann das.

Und dann erinnern Sie sich daran, dass Sie noch andere Karten auf der Hand haben. Den Sinn des Lebens an sich kann ich Ihnen nicht verraten, und den Sinn Ihres Lebens kennen nur Sie. Was gibt Ihrem Leben Sinn? Die Welt hat darauf keine eindeutigen Antworten, und es ist so anstrengend wie bereichernd, diesen Sinn selbst zu suchen. Eigene Kinder sind nicht der einzige Weg, den nächsten Generationen etwas mitzugeben. Was ist mit Pflegekindern, Mentoring, Hausaufgabenhilfe, Umweltschutz, Lesepatenschaften …? Ein Häuschen im Grünen ist nicht die einzige Chance auf einen Garten. Es gibt viele Tänze außerhalb des klassischen Paartanzes, und wer sagt eigentlich, dass frau beim Standardtanz nicht führen darf? Das Spiel ist noch nicht zu Ende. Ihre Karten mögen für Canasta nicht taugen, aber vielleicht für Skat!

Falls diese Überlegungen Sie aber nicht aus Ihrem Tief holen und Sie sich fühlen wie gelähmt, dann ist es in Ordnung, sich Hilfe zu suchen, etwa bei einer Psychotherapie oder einer Beratungsstelle für Menschen aus dem queeren Spektrum. In jedem Fall ist es in Ordnung, einzufordern, dass die beratende oder therapierende Person sich schlau macht, was Asexualität ist, und sich nicht mit ihren gesammelten Vorurteilen auf Sie stürzt.[363]

---

[363] Eine sehr kurze Einführung gibt es hier: https://aktivista.net/materialien/heilberufe/

Werde ich einsam sterben?

Ich wünschte, ich könnte allen Lesenden versichern, dass sie nicht einsam sterben werden. Leider sind sehr viele Menschen einsam. Ich arbeite seit Jahren in Apotheken, und da begegnen mir regelmäßig einsame alte Menschen. Viele von ihnen waren sogar einmal verheiratet. Dann ist ihr Ehepartner*ihre Ehepartnerin gestorben, und sie hatten verlernt, Freundschaften zu schließen oder Freundschaften zu unterhalten. Manche sind noch verheiratet. Manche haben die geliebte Person bis zum Schluss selbst gepflegt (oder pflegen sie noch) und sind dadurch jahrelang nur noch zum Einkaufen vor die Tür gegangen. Manche dieser Menschen haben auch Kinder, aber die leben mehrere Stunden Autofahrt oder sogar einen Interkontinental-Flug weit entfernt, haben selbst Kinder, Ärger im Job und andere Probleme, als zu schauen, ob die Mama oder der Papa sich einsam fühlen.

Das klingt nicht nach Aufmunterung, ich weiß.

Weder eine Beziehung noch eigene Kinder sind eine Garantie für ein glückliches Leben jenseits der Rente. Das Gute an dieser Erkenntnis ist: Wenn man weiß, dass man in Gefahr ist zu vereinsamen, kann man etwas dagegen tun. Es ist unglaublich verführerisch, sich an einem Tag, an dem man sich traurig fühlt, vor den Fernseher oder den Computer zu setzen. Da ist Ablenkung garantiert. Und prinzipiell spricht auch nichts dagegen, aber es wird kritisch, wenn es das einzige ist, was man in seiner Freizeit tut. Insofern ist es sinnvoll, sich rechtzeitig (und nicht erst, wenn man nicht mehr richtig sehen, hören oder gehen kann) nach Kontakten umzuschauen.[364] Es gibt unglaublich viele Vereine, die sich freuen, wenn jemand ehrenamtlich mithilft. Stammtische mit ehemaligen Kolleg*innen, regelmäßige Spielerunden, Selbsthilfegruppen, Sportangebote von Vereinen … es gibt in jedem Alter die Option, Anschluss im echten Leben zu

---

[364] In diesem Zusammenhang kann ich Sie nur beschwören, sich rechtzeitig Sehhilfen und Hörgeräte zu besorgen. Ja, das ist erst mal mühselig und sieht anfangs ungewohnt aus, aber das hilft Ihrem Gehirn, bis ins Alter fit zu bleiben. Wenn Sie sich anstrengen müssen, zu sehen oder zu hören, bindet das viele geistige Kapazitäten, die Ihr Gehirn eigentlich braucht, um sich beispielsweise Dinge zu merken.

finden. Wenn man den Anschluss gefunden hat, muss man diese Freundschaften pflegen. Auch das ist ein bisschen Aufwand, aber der lohnt sich.[365]

Wenn man schon einsam ist, ist es ehrlich schwierig, sich aus dieser Situation zu befreien – egal welche sexuelle Orientierung man hat oder nicht hat. Die Welt diesseits des Zauns mag ein bisschen trostlos sein, aber man weiß wenigstens, was man hat. Und wie vor einem Coming-out steht man vor dem Problem, dass man nicht weiß, wie andere reagieren, wenn man sich hinauswagt. Man hat ja schon lange nicht mehr dafür geübt. Es ist in Ordnung, wenn Sie ein bisschen Angst haben.

Halten Sie kurz inne. Atmen Sie durch. Verweigern Sie sich dem Alltagstrott und Ihren üblichen Mustern. Machen Sie sich klar, was Sie gewinnen können und was sie zu verlieren haben.

Und dann? Vielleicht verreisen Sie nicht gerne und sind dafür gern an der frischen Luft? Könnten Sie sich vorstellen, mit einem Hund zu leben? Oder schreiben Sie einen Brief oder ein E-Mail an jemanden, der schon länger auf eine Nachricht wartet. Finden Sie heraus, ob Ihre Stadt eine Freiwilligenagentur hat. Finden Sie heraus, ob es in Ihrem Umkreis einen Stammtisch für Menschen aus dem asexuellen Spektrum gibt. Oder …?

Fangen Sie klein an, wenn Sie möchten. Es gibt hundert Möglichkeiten. Am Ende der meisten Telefonleitungen und Internetverbindungen von sozialen Institutionen sitzen umgängliche Menschen, die sich über Leute freuen, die Interesse zeigen.

Ja, es ist eine Überwindung. Aber ist es nicht schön, wenn man weiß, dass man den Mut hatte, den ersten Schritt zu machen?

---

[365] Sie denken jetzt vielleicht, dass sowieso niemand mit Ihnen zu tun haben möchte. Oder Sie denken, dass Sie Ihre Lieben nicht verdient haben, oder dass Sie andere sowieso nur runterziehen. So etwas klingt danach, als würde der schwarze Hund Depression Ihnen Schuldgefühle einflüstern. Bitte wenden Sie sich in diesem Fall an einen Arzt*eine Ärztin.

Coming-out: ja, nein, vielleicht? Und wenn ja, wie viele?

Gesetzt den Fall, man hat sich entschlossen, sich im eigenen Kopf als asexuell (oder demi oder gray-A oder so ähnlich) zu beschreiben. Dann ist das innere Coming-out geschafft. Je nachdem, wie sehr der eigene Lebensstil auffällt, steht man jetzt vor der Frage: Soll ich anderen davon erzählen? Diese Frage müssen alle Betreffenden für sich selbst entscheiden. Zuerst kommt es auf die Lebenssituation an. Bringe ich mich in Gefahr, wenn ich einer bestimmten Person davon erzähle? Die meisten jungen Menschen haben verständnisvolle Eltern, die nach einer anfänglichen Verunsicherung ihre Kinder nach bestem Wissen und Gewissen unterstützen möchten. Einige junge Menschen, die noch bei den Eltern leben, auf deren Geld angewiesen sind oder große Konflikte befürchten, werden es sich jedoch zweimal überlegen, die Eltern einzuweihen.

Einige Menschen aus dem asexuellen Spektrum sind verheiratet. Manche dieser Menschen sind vielleicht finanziell von ihrem Partner*ihrer Partnerin abhängig. Vielleicht stecken sie noch in einer Ausbildung oder im Studium und brauchen die Unterstützung. Vielleicht sind sie freiberuflich tätig oder gerade in Elternzeit und darauf angewiesen, dass sie bei der anderen Person mit krankenversichert sind. In einem solchen Fall muss man sich überlegen, ob man eine Trennung riskieren möchte, indem man sich der*dem anderen offenbart.

Selbst, wenn die Familie entspannt reagiert hat: Erzähle ich das in der Schule oder am Arbeitsplatz? Riskiere ich, gemobbt zu werden oder eine Kündigung zu erhalten? Deswegen die Überschrift: Es gibt in jedem Leben zahlreiche Kreise, die sich nicht überschneiden, und gegenüber denen man ein Coming-out haben kann. Und dann verändern sich diese Kreise auch noch. Eine neue Arbeitsstelle, neue Freundschaften: Und wieder die Frage. Erzähle ich den Leuten davon?

Die Bloggerin Queenie[366] meinte einmal, dass es nicht *das* Coming-out gibt, sondern dass es darum geht, ein Coming-out zu haben, und noch

---

366 https://asexualagenda.wordpress.com/2014/03/02/coming-out-and-coming-out-and-coming-out-and-coming-out/ (02.04.2019).

eines, und noch eines, und noch eines … Jedes Mal, wenn man neue Leute trifft, immer die Frage: Erzähle ich denen davon? Wie sicher ist das? Und selbst wenn man Leuten davon erzählt hat, kann es sein, dass sie es zuerst nicht glauben oder nicht richtig zugehört haben. Oder sie stellen ihre Fragen später, wenn man schon denkt, dass sie keine mehr haben. Gleichzeitig muss man bedenken, dass einige Menschen es vielleicht weitererzählen. All diese Überlegungen sind sehr lästig. Das führt dazu, dass zahlreiche Menschen nur gegenüber ihrem Stammtisch für das asexuelle Spektrum geoutet sind, oder nur im Internet unter einem Nicknamen[367]. Und Menschen in ihrem näheren Umfeld haben sie nicht davon erzählt. Nur ein Bruchteil aller Menschen im asexuellen Spektrum ist tatsächlich bei allen wichtigen Personen in ihrem Leben geoutet. Manche haben Geschwister eingeweiht, aber nicht die Eltern – oder umgekehrt. Manche haben ihren Freund*innen davon erzählt, aber nicht ihrer Familie – oder umgekehrt. Und so weiter.[368]

Wenn es sich besser anfühlt, sich nicht zu outen, dann ist es ebenso okay, einfach zu sagen: „Ich habe noch nicht die richtige Person getroffen." Oder: „Bis jetzt habe ich mich noch nie für jemanden auf diese Weise interessiert. Mir geht es gut damit."[369]

Manche Menschen fragen sich vielleicht sogar, warum es überhaupt jemand erzählt, denn es klingt ja erst einmal, als hätte man durch das Coming-out nur Nachteile. Es gibt allerdings auch einige unschlagbare Vorteile:

- Man muss nicht lügen oder ausweichen, wenn man zu Stammtischen verschwindet oder dafür sogar in eine fremde Stadt fährt.
- Man hat endlich eine Erklärung für Verhaltensweisen und Meinungen, die andere Leute seltsam finden.

---

[367] Ein Nickname ist ein selbstgewähltes Pseudonym.
[368] Bauer, Miller, Ginoza et al. (2018), Weis et al. (2020) und Government Equalities Office (2018).
[369] Vgl. auch Decker (2014), Seite 143 f.

- Man kann diese Meinungen offen kundtun, anstatt herumzudrucksen.
- Das eigene Leben wird weniger von dem behindert, was andere erwarten.
- Es kann sehr befreiend sein, das eigene Nein begründen zu können.
- Es ermöglicht eine ehrlichere Kommunikation mit wichtigen Menschen. Denn:
- Man muss nicht ständig darauf achten, was man erzählt.
- In manchen Situationen macht man sich weniger erpressbar. (Wir erinnern uns: Wer schweigt, vermittelt das Gefühl, etwas verstecken zu wollen und/oder sich dafür zu schämen.)
- Sich eine „Schublade“ zu eigen zu machen, kann das Selbstwertgefühl erheblich steigern, denn es ist ein Weg aus der gesellschaftlich verordneten Scham.
- Unter Umständen gibt es in der eigenen Umgebung bereits nicht geoutete Aces, die man auf diese Weise entdecken kann.
- Wenn die Umgebung von der eigenen Identität weiß, hat man das Gefühl, mehr man selbst zu sein.
- Und ganz zuletzt tut man den nachfolgenden Generationen, den Neulingen auf dem Gebiet der Asexualität einen Gefallen, denn durch den eigenen Mut haben mehr Menschen vom asexuellen Spektrum gehört.

Ein Sonderfall sind Menschen, mit denen sich eine romantische Beziehung anbahnt. Wie eine weise Person meinte, deren Namen ich nicht preisgeben will: „Bevor man eine feste Beziehung eingeht, sollte man klarstellen, wie viel Sex die Beteiligten wollen und wie es mit dem Kinderwunsch aussieht.“ Das mag erst einmal sehr unromantisch klingen, aber langfristig kann man sich dadurch gewiss vor einigen Enttäuschungen bewahren.

Wie erkläre ich das am besten?

Falls also die Entscheidung für ein Coming-out gefallen ist: Wie stellt man das am besten an? Die Gesprächseröffnung „Ich muss dir was erzählen!“ finden viele peinlich oder unangemessen, denn es klingt, als wäre es ein unangenehmes Thema. Wie sorgt man also dafür, dass die andere Person das Gespräch sucht? Wie oben beschrieben ist es möglich, Informationsmaterial an strategischen Stellen zu platzieren. Sei es ein Buch, ein Flyer oder ein Ausdruck. (Das funktioniert nicht immer, wie eine meiner Testleserinnen meinte.) Man kann einen Button, ein Motto-T-Shirt oder etwas Ähnliches besorgen oder tragen und warten, ob man diesbezüglich angesprochen wird. Man kann das Gespräch vorsichtig auf das Thema lenken und beispielsweise eine Film- oder Serienfigur vorschieben. („XY ist laut Internet asexuell. Was hältst du davon?“) Oder man kann den Link zu einem Blogeintrag, Podcast, Zeitungsartikel oder Video verschicken. („Hab ich gefunden. Interessant, oder?“)

Oder man kann es einer Person erzählen, von der man sicher ist, dass sie es überall weitertratscht. Ganz „Abgebrühte“ verhalten sich so, als hätten sie es schon erzählt, erwähnen ihre Lebensumstände nebenbei und antworten nur auf Fragen, wenn sie welche gestellt bekommen. (Das ist meine Methode für die Arbeitsstellen.) Bekenntnisse bei Social Media sollte man abwägen, da man nicht genau wissen kann, wer mitliest und es weitererzählt.

Man hat also jetzt eine Gesprächssituation geschaffen. Und was sagt man dann? Lohnt es sich, die Definition auswendig zu lernen? Das kommt wohl darauf an. Viele fühlen sich mit ein paar Fakten wohler. (Wozu sonst lesen Sie dieses Buch?) Und es spricht auch nichts dagegen, sich für eine klassische „Ich muss dir was erzählen!“-Situation mit Ausdrucken, einem Tablet oder einem Buch zu bewaffnen. Aber natürlich kann man auch einfach sagen: „Ich bin asexuell. Da bedeutet in meinem Fall, dass …“ Es ist manchmal hilfreich, die andere Person vorher zu bitten, sich die Erklärung bis zum Ende anzuhören und nicht zu unterbrechen.

In sehr vielen Fällen wird die Reaktion weniger dramatisch ausfallen als befürchtet. Meine kürzeste dieser Art war: „Cool.“

Je nachdem, wie ausführlich das Gespräch ist, kann man sich einfach still freuen oder zum Beispiel der eigenen Erleichterung Ausdruck verleihen: „Danke, dass du mir zugehört hast.“, „Ich bin gerade unglaublich erleichtert, dass du so ruhig reagiert hast.“ oder: „Dieses offene Gespräch hat mir richtig gut getan.“

Wie gehe ich mit schlechten Reaktionen um?

Trotz der besten Vorbereitung werden manche Menschen aus dem näheren und weiteren Umfeld von den Neuigkeiten so überrumpelt sein, dass die Denkfalle zuschnappt. In Teil 2 habe ich versucht, die gängigsten Einwände aufzugreifen. Man muss sich leider darauf einstellen, dass manche Menschen sehr verletzend reagieren. Es hilft, sich klarzumachen, dass das normalerweise keine Absicht ist. Wer sich gedanklich darauf vorbereitet, kann sich einige Hinweise zurechtlegen. Die Person, die sich geoutet hat, ist immer noch die gleiche Person wie vorher. Sie hat niemanden hintergangen. Wenn sich jemand mit dem eigenen Coming-out Zeit lässt, dann liegt das an der berechtigten Sorge, abgelehnt zu werden. **Ein Coming-out ist also ein Vertrauensbeweis.**

Man muss sich darauf einstellen, dass Fragen verzögert auftreten oder die andere Person weiterhin Redebedarf verspürt. Genauso kann man das Thema selbst noch einmal ansprechen und die andere Person mit Links, Broschüren oder Ähnlichem versorgen. Dadurch lernt die andere Person, dass sie mit ihren Fragen und Zweifeln nicht allein ist, und merkt hoffentlich, wie beleidigend sie war.

Manchmal kann eine direkte Konfrontation mit der Denkfalle nützlich sein, wie Julie Sondra Decker schreibt. Für Infostand-Situationen oder spontane Aktionen unter Bekannten von Bekannten schlägt sie Sätze vor wie: „Wir kennen uns noch keine fünf Minuten, und schon fragst du mich nach meinen Geschlechtsteilen. Das hat echt Klasse.“ Oder: „Würdest du mich das auch fragen, wenn ich nicht asexuell/demi/gray-A wäre?“

Aufmerksamkeit von sich abzulenken, ist auch eine Option. Kein Mensch muss wissen, ob eine Person masturbiert oder von Sex fantasiert.

„Manche tun es, manche nicht“ ist dann eine völlig angemessene Antwort.[370] Im Anhang befindet sich das „Bingo“ für weitere Ideen.

Außerdem ist es sinnvoll, sich vorher ein kleines Netzwerk aus verständnisvollen Menschen aufzubauen. Diese können sich im persönlichen Umfeld befinden. In den verschiedenen asexuellen Communities finden sich außerdem ebenfalls immer Menschen zum Reden, seien es das AVEN-Forum, Stammtische, Facebook-Gruppen, Discord-Server oder die Ameisenbären. (Tumblr halte ich in diesem Fall eher etwas für Fortgeschrittene, da die Wahrscheinlichkeit, an Trolle zu geraten, ungleich höher ist.)

Trotz wiederholter Erklärungsversuche verstehen manche Menschen im näheren bis weiteren Umfeld nicht, dass man sie nicht absichtlich hintergangen hat. Es kann sein, dass sie sich vorläufig oder dauerhaft abwenden. Einige Menschen werden so sehr in ihrer Denkfalle gefangen sein, dass sie den Kontakt verringern oder komplett abbrechen. Man wird also unter Umständen von Menschen enttäuscht sein und sich neu orientieren müssen. Es ist in Ordnung, darüber eine Weile traurig zu sein.

Andererseits lebt es sich angenehmer, wenn die Menschen im eigenen Umfeld eine*n so akzeptieren, wie man ist. Wenn man sich dauernd offene und versteckte Vorwürfe und Beleidigungen anhören muss, ist das sehr anstrengend. Will man sich einer solchen Situation aussetzen?

Ich bin in einer Beziehung – was wird nun damit?

Sie würden gerne etwas ändern, finden die Beziehung aber so wichtig, dass sie sie fortführen möchten? Vielleicht grollen Sie aber Ihrer Partnerin*Ihrem Partner, weil sie*er Sex von Ihnen verlangt hat. Sie sind vielleicht wütend über oder enttäuscht von sich selbst, weil Sie nachgegeben haben, um Ihren Lieblingsmenschen nicht zu enttäuschen. (Ich gehe davon aus, dass Sie nicht absichtlich ausgenutzt wurden. In einem solchen Fall wäre zu überlegen, sich so schnell wie möglich aus der Situation zu befreien.)

---

370 Decker (2014), Seite 145.

Wenn Sie die Partnerschaft fortführen möchten: Was möchten Sie ändern? Weniger Sex? Kein Sex mehr? Wie sieht Ihre optimale Beziehung aus?[371]

Sobald Sie Antworten auf diese Fragen haben, können Sie mit ihrem Partner*ihrer Partnerin sprechen. Wenn es Ihnen hilft, bitten Sie die andere Person, Sie nicht zu unterbrechen. Ihrerseits sollten Sie dann ebenfalls gewillt sein, wirklich zuzuhören, und sich nicht bereits eine Antwort zurechtlegen, bevor die andere Person geendet hat. Falls das mit dem Ausreden-Lassen nicht klappt: Manchmal ist es hilfreich, einen Schlüsselanhänger, ein kleines Kuscheltier oder sonst etwas zur Hand zu nehmen und nur, wer den Gegenstand hält, darf gerade sprechen.

Vermeiden Sie Vorwürfe. Weder Sie noch Ihr Partner*Ihre Partnerin haben sich gegenseitig absichtlich verletzt. (Meistens jedenfalls, siehe oben bzw. unten.) Unterstellen Sie das nicht, auch wenn Sie gerade unglaublich enttäuscht und daher wütend sind.

Eine ähnlich respektvolle Reaktion dürfen Sie aber auch von Ihrem Lieblingsmenschen erwarten. Die andere Person wird unter Umständen ebenfalls enttäuscht und dementsprechend vielleicht wütend sein. Unter Umständen kann es sinnvoll sein, ein solches Gespräch zu entzerren, indem man sich schreibt. Wenn Sie einen angemessenen Umgangston gefunden haben, können Sie versuchen, gemeinsam Lösungen für das Dilemma zu suchen. Es gibt zahlreiche Möglichkeiten, die je nach Paar unterschiedlich sind. Manche allosexuellen Menschen können ohne Sex leben, manche Aces können sich für Sex in gewissen Abständen verabreden. Andere führen eine offene Beziehung oder versuchen ein polyamores Arrangement. Andere einigen sich auf Praktiken, die die Grenzen der Person aus dem asexuellen Spektrum nicht verletzen. Humor, Offenheit und Experimentierfreude sind von Vorteil.[372]

---

[371] Eine ausführlichere Checkliste haben David Wheitner und Evan Ocean (2017/2018) aufgelistet.

[372] Vgl. Bellamy (2017) und das Interview mit Kati Radloff bei Planet Wissen vom 27.11.2018: https://www.ardmediathek.de/ard/player/Y3JpZDovL3dkci5kZS9CZW10cmFnLTExYzE4NTI0LTIxNDQtNDNjNS04ODVkLTk4MGJiYjc3MWVkOQ/ (13.06.2019).

Wichtig ist, dass Sie einen Konsens finden, also eine Lösung, die für Sie beide gleich akzeptabel ist. Ein Konsens bedeutet nicht, dass eine der beteiligten Parteien nachgibt, weil die zweite Partei lange genug genervt hat. Oder weil die zweite Partei lange genug darauf bestanden hat, dass sie ein Recht auf gewisse Dinge hat. Oder die zweite Partei meint, dass die erste Partei sowieso nicht normal sei und sich deswegen an die Norm anpassen muss. Oder weil die erste Partei die zweite so lange herunterputzt, bis diese sich schmutzig, schuldig und minderwertig fühlt.

Es ist in Ordnung, eine Nachverhandlung zu verabreden oder zu fordern, falls die erste Lösung nicht klappt.

In ein paar Fällen wird die Trennung nicht zu vermeiden sein. Und das ist in Ordnung. Einige Menschen wollen nie Sex, und einige Menschen wollen grundsätzlich Sex mit der Person, die sie (auf romantische Weise) lieben. Wenn diese unterschiedlichen Bedürfnisse aufeinandertreffen, ist es unwahrscheinlich, dass eine Liebesbeziehung auf Dauer funktioniert. Es sind unüberbrückbare Differenzen. Das tut natürlich erst einmal weh. Aber, wie ich schon illustriert habe, ist es ein sehr vernünftiger Trennungsgrund.

… ich war ganz schön grässlich zu einigen lieben Menschen.

Nun haben Sie vielleicht von Menschen aus Ihrem Umfeld gehört, dass Sie unnormal oder krank seien. Vielleicht haben Sie sich das auch selbst so zusammengereimt, weil Sie in einer Zeit aufgewachsen sind, in der das Wort „asexuell" nur für Amöben verwendet wurde. Die meisten Menschen reagieren auf eine solche Zuschreibung mit Scham und Rückzug. Andere versuchen, ihr Selbstwertgefühl durch persönliche Angriffe zu verteidigen.

Unter Umständen versuchen sie, die anderen durch zweideutige Witze und sexistische Bemerkungen zu überbieten. Einige dieser Menschen könnten sich auf zahlreiche Dates begeben und die andere Person fallenlassen, bevor es ernst wird. Was die hoffnungsvollen anderen jeweils enttäuschen wird.

Asexuelle Menschen, die in einer romantisch-sexuellen Beziehung leben, könnten dem Partner*der Partnerin die „Schuld" geben: die Person sei unattraktiv, gefühlskalt oder notgeil (oder welche Beleidigung auch immer). Das führt unter Umständen bei der Person, die solcherart offene oder versteckte Vorwürfe hört, zu einem geminderten Selbstwertgefühl. Es ist sogar möglich, einen geliebten Menschen mit einem solchen Verhalten in eine schwere Depression zu treiben. Doch es fällt so leicht, jemand anderen leiden zu lassen, wenn man selbst leidet, nicht wahr? Dabei handelt es sich einfach um eine schreckliche Form, Stress abzubauen.

Manchmal ertappt man sich bei einem solchen Verhalten. Was ist also zu tun, wenn Sie jemanden so verletzt haben? Teilen Sie Ihre Selbsterkenntnis der anderen Person mit und fügen Sie eine aufrichtige Bitte um Verzeihung hinzu. (Oben habe ich ein paar Tipps für ein Gespräch dieser Art.) In manchen Fällen kann es einfacher sein, ein solches Gespräch gar nicht laut zu führen, sondern sich zu schreiben, weil man dann – hoffentlich – weniger aus dem Bauch heraus reagiert. Machen Sie sich aber klar, dass es zwar neudeutsch „*sich* entschuldigen" heißt, dass Sie aber kein Recht auf Vergebung haben. Je nach Grad der Verletzung kann es sein, dass Sie auf die Ent-Schuldigung (also auf die Befreiung von Schuld) sehr lange warten müssen.

Wenn die andere Person Ihnen verzeiht, können Sie versuchen, herauszufinden, wie Ihre Beziehung weiterhin gelingen kann. Eventuell kann es der anderen Person helfen, wenn Sie sich allein oder als Paar an eine Beratungsstelle wenden oder in eine Psychotherapie begeben. Auch in diesem Fall ist es in Ordnung, einzufordern, dass die beratende oder therapierende Person sich schlau macht, was Asexualität ist, und sich nicht mit ihren gesammelten Vorurteilen auf Sie stürzt.

Wo finde ich Unterstützung und Gleichgesinnte?

Menschen aus dem asexuellen Spektrum sind überall. Manchmal sitzen Sie über Stunden neben einer solchen Person am Tisch und erfahren eher zufällig, dass diese ebenfalls zu der Truppe mit der schwarz-grau-weiß-lila Flagge gehört. (Nein, das ist kein Witz, das ist nicht nur mir passiert.)

Wenn Sie sich auf derartige Zufälle nicht verlassen wollen, habe ich oben schon die Quellen angerissen. AVEN betreibt Foren in unterschiedlichen Sprachen, wo auch Stammtische oder Treffen organisiert werden. Das asex-web hat ebenfalls eine kleine Liste von Stammtischen. Andere organisieren sich über Facebook, Discord oder separate Webseiten, insofern lohnt sich ein Blick in die Suchmaschine Ihres Vertrauens. Die Ameisenbären organisieren sich über Facebook und hauptsächlich WhatsApp und wenden sich mit Letzterem eher an Menschen unter 30. Manche Aids-Hilfen bieten offene Treffen für Menschen aus dem queeren Spektrum an und schließen Asexualität mit ein. Das gleiche gilt für (queere) Jugendzentren oder andere (Jugend-)Gruppen. Und wenn es in Ihrer Stadt oder Ihrer Region wirklich keine Treffen gibt: Wie wäre es, eines zu organisieren? Oder eine WhatsApp-Gruppe oder eine Facebook-Gruppe oder einen Discord-Server oder was auch immer für Ihre Region zu starten?

Bei Treffen im echten Leben ist etwas Durchhaltevermögen gefragt. Einen Termin und Treffpunkt festlegen, pünktlich erscheinen, auch wenn sich nur zwei Leute fest angemeldet haben. Nicht nach einem Treffen aufgeben, auch wenn nur zwei statt der angemeldeten fünf Menschen aufgetaucht sind. Nicht aufgeben, wenn beim zweiten Treffen nur drei Leute auftauchen, obwohl es beim ersten zehn waren. Nicht enttäuscht sein, wenn sich zwei gefunden haben und dann dem Stammtisch fürderhin fernbleiben.

Erfahrungsgemäß sind Treffen im Abstand von ein bis drei Monaten sinnvoll, und es dauert ein wenig, bis sich das verstetigt. Je nach Abstand der Treffen sind Umfragen sinnig, oder man ist einfach an jedem dritten Samstag im Monat an einem bestimmten Treffpunkt.

Sie müssen außerdem damit rechnen, eine Weile diejenige Person zu bleiben, die das organisiert.

3.4. Hilfe! Mein Kind hat sich bei mir als asexuell geoutet.

Wie ich schon geschrieben habe: Erst einmal durchatmen. Sie haben ein unglaubliches Kompliment erhalten!

Eine ernüchternde Erkenntnis

Zunächst mag es ein Schock sein, dass Ihr Kind zum asexuellen Spektrum gehört. Immerhin müssen Sie jetzt eine Menge Dinge verwerfen, die Sie über ihr Kind zu wissen glaubten. Sie haben erwartet, dass Ihr Kind sich auf eine gewisse Weise verhält. Und nun sind eventuell einige Ihrer Erwartungen enttäuscht. Enttäuschungen führen oft dazu, dass Menschen wütend oder traurig werden. Das ist verständlich. Wenn Menschen bemerken, dass ihre Wahrnehmung nicht der Realität entspricht, irritiert sie das, und sie lassen es häufig an anderen aus.[373] Das mag angehen, wenn man tatsächlich einem Betrug aufgesessen ist – wie zum Beispiel geschönten Hotelfotos im Internet. Aber in diesem Fall kann Ihr Kind nichts dafür, dass das, was Sie von Ihrem Kind erwartet haben, und die Person, die Ihr Kind ist, nicht zu hundert Prozent übereinstimmen.

Machen Sie sich klar, dass man andere Menschen nie zu einhundert Prozent kennen kann. Wir sehen etwas, und dann reimt sich unser Gehirn aus dem, was wir sehen, und aus unseren bestehenden Erfahrungen und Vorurteilen zusammen, wie die andere Person ist und wie sie sich in Bezug auf uns verhalten wird. Der Großteil von dem, was wir über andere zu wissen glauben, existiert nur in unseren Köpfen.

In diesem Fall haben Sie gesehen, wie sich Ihr Kind in Ihrer Gegenwart gibt, welche Kleidung es bevorzugt und so weiter. Aus diesen Fakten und den in Ihnen verankerten Vorstellungen und Wünschen hat sich Ihr Gehirn eine Bedeutung gebastelt. Dadurch sind Sie mehr oder weniger selbstverständlich davon ausgegangen, dass Ihr Kind heterosexuell ist (oder einer

[373] In diesem Zusammenhang lernen wir, dass es tatsächlich immer sinnvoll ist, nicht zu viel zu erwarten.

der bekannteren sexuellen Minderheiten angehört). Einfach, weil das am häufigsten vorkommt und Sie vielleicht Schwierigkeiten haben, sich vorzustellen, wie das Leben einer asexuellen Person aussieht. Wahrscheinlich wussten Sie bis vor dem Coming-out Ihres Kindes nicht einmal, dass so etwas wie Asexualität existiert – da konnten Sie damit auch nicht rechnen. Es kann sogar sein, dass Ihr Gehirn beschlossen hat, dementsprechende Hinweise nicht zu beachten! (Dann hat der Bestätigungsfehler zugeschlagen.)

Das ist, wie gesagt, sehr verständlich, denn die meisten Köpfe arbeiten so. Aber bitte machen Sie sich klar, dass die Heterosexualität Ihres Kind nur in Ihrem Kopf existiert hat. Sie war niemals Wirklichkeit.[374]

Diese Erkenntnis mag zunächst entmutigen. Die erste gute Nachricht ist: Das bedeutet, dass Ihr Kind Sie nicht absichtlich belogen hat. Die zweite gute Nachricht ist: Nicht alle Menschen aus dem asexuellen Spektrum sind bei ihren Eltern geoutet. Das bedeutet, dass Ihr Kind Ihnen zutraut, besonnen zu reagieren. Es hält Sie für fähig, mit der Realität gut zurechtzukommen. Es vertraut Ihnen einen sehr persönlichen Teil von sich an. Ihr Kind macht sich Ihnen gegenüber angreifbar. Das heißt, Ihr Kind vertraut Ihnen. Deswegen habe ich oben von einem Kompliment gesprochen.

Ich bin per Zufall darauf aufmerksam geworden, dass mein Kind asexuell ist.

Vielleicht sind Sie über eine offene Seite in einem Browser gestolpert, vielleicht haben Sie ein Gespräch mitgehört, oder eine bereits eingeweihte Person hat absichtlich oder unabsichtlich Ihr Kind vor Ihnen geoutet. Wahrscheinlich fühlen Sie sich zunächst hintergangen. Ihr Kind hat eine Erkenntnis über sich vor Ihnen zurückgehalten. Es hat Ihnen mit diesem Teil seiner Persönlichkeit nicht vertraut. – In den meisten Fällen ist das ein

---

[374] Vgl. Lotto (2018).

„noch nicht vertraut“. Ein inneres Coming-out braucht seine Zeit, und äußere Coming-outs brauchen Energie.

Reaktionen auf ein Coming-out sind schlecht vorhersehbar. Manchmal ist es mit einem kurzen Gespräch getan, manchmal folgen ausführliche Diskussionen. Auf so etwas muss sich ein Mensch mal mehr, mal weniger mental vorbereiten. Von außen gesehen mag es übertrieben wirken, vor solchen Gesprächen Angst zu haben, aber so wie Sie nicht in den Kopf Ihres Kindes sehen können, so wenig kann Ihr Kind in Ihren Kopf schauen und Ihre Reaktion vorausahnen.

Sie sind eine der wichtigsten Personen im Leben Ihres Kindes, an Ihrer Meinung hängt sehr viel. Entsprechend viele Sorgen kann man sich um Ihre Reaktion machen. Und wie es manchmal so ist: Bevor manche Menschen etwas Falsches tun oder sagen, tun oder sagen sie lieber erst einmal gar nichts. Wie oft haben Sie schon ein unangenehmes Gespräch oder eine unangenehme Entscheidung vor sich hergeschoben oder vermieden?

Falls Sie es noch nicht getan haben, können Sie ein vertrauensvolles und vor allem ruhiges Gespräch suchen. Falls es ein lautes Gespräch gab, lesen Sie weiter und bemühen sich dann um Wiedergutmachung.

Ist das eine Phase?

Wenn Ihnen Ihr Kind sagt, dass es asexuell ist (oder demisexuell oder gray-A oder Ähnliches), dann hat es sich in der Regel sehr gut überlegt, ob das Wort zutrifft und ob es Ihnen das erzählen möchte.

Falls Sie es noch nicht getan haben, lesen Sie Teil 2 dieses Buchs und in Teil 3 alles ab „Wortlose Lebensrealitäten“.

Ihr Kind hat mit sehr großer Sicherheit über diese ganzen Einwände nachgedacht. Ihr Kind wird sich selbst gefragt haben, ob das eine Phase ist. Unterschätzen Sie Ihr Kind also nicht.

Ja, es kann sein, dass Sie sich Sorgen machen, aber Fragen wie „Bist du dir sicher?“ helfen nicht weiter. Sie irritieren damit Ihr Kind. Knüpfen Sie an Ihre Liebe keine Bedingungen und bieten Sie Ihrem Kind Zuneigung und Rückhalt.

Ist das schlimm? Was passiert jetzt mit meinen ganzen Plänen?

Wer die vielen Seiten vor dieser gelesen hat, wird wissen, dass ich das nicht schlimm finde. Mit recht großer Wahrscheinlichkeit findet auch Ihr Kind nicht, dass es schlimm ist, zum asexuellen Spektrum zu gehören. Vielleicht hat Ihr Kind bereits seinen Frieden mit dieser Erkenntnis gemacht. Es kann also sehr gut sein, dass sich Ihr Kind jetzt viel besser als früher fühlt, weil es jetzt nicht mehr versucht, sich an Erwartungen anzupassen, die es nicht erfüllen kann.

Mit großer Wahrscheinlichkeit ist sich Ihr Kind bewusst, dass Sie von dem Coming-out überrascht oder gar enttäuscht sind. Für manche Eltern kann es sich wie ein Schicksalsschlag anfühlen, wenn das eigene Kind nicht heterosexuell ist.

Wenn es um Ihre persönlichen Erwartungen geht, ist es völlig in Ordnung, wenn Sie traurig sind. Manche Lebensträume sind für Sie oder Ihr Kind in scheinbar unerreichbare Ferne gerückt oder nicht zu verwirklichen. Erlauben Sie sich diese Trauer, aber lassen Sie diese nicht Ihr gesamtes restliches Leben bestimmen. Lassen Sie diese Enttäuschung und Traurigkeit auf keinen Fall an Ihrem Kind aus.

Falls Sie das allein nicht schaffen, ist es sinnvoll, sich Hilfe zu suchen, vielleicht bei einer Psychotherapie. Manche Beratungsstellen für Menschen aus dem queeren Spektrum bieten auch Sprechstunden für Eltern an, und in manchen Städten gibt es Selbsthilfegruppen für Eltern mit homosexuellen Kindern, die Sie unter Umständen aufnehmen, wenn Sie Redebedarf haben.[375]

Genauso kann es sein, dass Sie sich fragen, was nun der Sinn Ihres Lebens ist, wenn Ihr Kind wahrscheinlich keine eigenen Kinder haben wird oder Ähnliches. Auch das ist in Ordnung. Eine derartige Umorientierung ist schmerzhaft. Den Sinn Ihres Lebens kennen nur Sie. Was gibt einem Leben Sinn? Die Welt hat darauf keine eindeutigen Antworten, und es ist

[375] http://www.befah.de/ (18.04.2019).

so anstrengend wie bereichernd, diesen Sinn selbst zu suchen. Und tatsächlich hat Ihr Kind vielleicht ganz ähnliche Gedanken oder ist vom Leben enttäuscht. (Siehe oben.)

Unabhängig davon kann es sein, dass Sie auf einmal das Gefühl haben, sich schämen zu müssen. Sexualität ist für viele ein peinliches Thema. Versuchen Sie, sich klarzumachen, woher diese Scham kommt. Meist hängt das mit der Aufmerksamkeit zusammen, die Leute erhalten, die nicht ganz mit dem Strom oder gar gegen den Strom schwimmen. Dabei erfordert dies ziemlich viel Mut. Auch in dieser Situation kann es helfen, sich mit Menschen auszutauschen, denen es ähnlich geht.

Habe ich doch etwas falsch gemacht?

In dieser Hinsicht können Sie beruhigt sein: Ihr Kind gehört einfach so zum asexuellen Spektrum. Die Art und Weise der Erziehung hat keinen Einfluss auf die sexuelle Orientierung eines Kindes.

Ich mache mir Sorgen: Wird mein Kind einsam sein?

Neben Einsamkeit kann es sein, dass Sie andere Dinge befürchten. Verbaut Ihr Kind sich mit dieser Schublade nicht etwas? Wird es mit Diskriminierung zu kämpfen haben? Und anderes mehr, das mir nicht einfällt.

Gegen Einsamkeit im Alter gibt es kein probates Mittel. Sie können Ihr Kind allerdings ermuntern, Freundschaften zu pflegen und Anschluss an asexuelle Communities zu suchen, wenn es das nicht schon tut. Vermeiden Sie aber Vorwürfe. „Du hast zu wenig Freunde!“ und Ähnliches fordert eher Widerspruch heraus. Für alle anderen Fragen können Sie Ihr offenes Ohr anbieten.

Darf ich Fragen stellen?

Ihr Kind wird damit rechnen, dass Sie Fragen haben. Es wird würdigen, dass Sie dadurch Interesse an dem zeigen, was in Ihrem Kind vorgeht und wie es die Welt sieht. Versuchen Sie dabei, die Privatsphäre Ihres Kindes zu respektieren – Fragen, die Ihnen selbst unangenehm wären, sollten Sie wohl lieber nicht oder wenigstens nicht unvermittelt stellen.

Respektieren Sie, wenn Ihr Kind auf eine Frage nicht antworten möchte oder entnervt reagiert.

Die Wahrscheinlichkeit, dass Ihr Kind diese Fragen schon beantworten musste, ist relativ hoch – ab einem bestimmten Punkt stellen sich dabei gewisse Ermüdungserscheinungen ein. Das hat mit Ihnen persönlich nichts zu tun, daher sollten Sie das nicht übelnehmen.

Woher bekomme ich Informationen?

Wenn ich Sie nicht genug mit Hinweisen überschüttet habe, gibt es im Internet einige Sammlungen von hilfreichen Links. Starten Sie am besten bei aktivista.net, dort ist derzeit die umfangreichste und übersichtlichste Sammlung für deutschsprachige Informationen im Netz.

Wie kann ich mein Kind am besten unterstützen?

Bieten Sie an, zuzuhören. Fragen Sie, ob Sie helfen können. Erteilen Sie aber nicht ungefragt Ratschläge. Der Drang, Ratschläge zu erteilen oder Dinge, von denen Sie noch nie gehört haben, mit Skepsis zu betrachten, kann jedoch sehr groß sein. Immerhin haben Sie schon eine ganze Menge Lebenserfahrung. Trotzdem lohnt es sich meistens, die eigene Meinung für sich zu behalten, bis man darum gebeten wird. (Schauen Sie nicht mich an, ich muss mir das selbst manchmal in Erinnerung rufen, wenn ich es mit Baby-Aces[376] zu tun habe, die mindestens zehn Jahre jünger sind als ich.)

Verzichten Sie auf Vorwürfe. Das klingt leicht, aber es ist sehr schwierig. Es funktioniert nur, wenn Sie sich über Ihre eigenen enttäuschten Erwartungen im Klaren sind. Diese Enttäuschung sollten Sie auf keinen Fall an Ihrem Kind auslassen.

Informieren Sie sich. Beweisen Sie, dass Sie an der Lebensrealität Ihres Kindes echtes Interesse haben. Zeigen Sie Solidarität. Schweigen Sie nicht, wenn andere Personen über sexuelle Minderheiten herziehen. Wenn andere Verallgemeinerungen benutzen wie: „Alle wollen Sex!“, können Sie vorsichtig einhaken, dass es auch asexuelle Menschen gibt, und dass ein großer Teil von ihnen keinen Sex möchte. Sie können allgemein anderen Menschen mit weniger Vorannahmen über deren sexuelle Wünsche und Erfahrungen begegnen.[377]

Oder besorgen Sie sich Infomaterial, das Sie in Ihrem Bekanntenkreis streuen oder in Cafés, Gemeindezentren usw. auslegen können, die Sie besuchen. Es gibt sogar Eltern, die ihre asexuellen Kinder zu CSD-Paraden begleiten. Wer es nicht ganz so offensiv mag: Es gibt in vielen Online-Shops Ace-Fanartikel – also Bekleidung, Taschen, Schmuck, Aufkleber, Trinkbecher, Handyhüllen und allerlei mehr mit den asexuellen Flaggenfarben. Vielleicht ist da ja mal ein Geschenk drin?

Ermutigen Sie Ihr Kind, nach draußen zu gehen und passende Kontakte zu knüpfen, falls Sie den Eindruck haben, dass es sich zurückzieht. Verzichten Sie aber auch hier auf Vorwürfe.

Was ist, wenn ich mein Kind mit meinen Worten verletzt habe?

Gerade am Anfang, wenn die Gefühle hochkochen, ist es gut möglich, dass man etwas sagt, was man später bereut. Man ist verunsichert und enttäuscht

[376] Menschen auf dem asexuellen Spektrum, die ihr inneres Coming-out noch nicht lange hinter sich haben.
[377] Decker (2014), Seite 163 f.

und lässt das an der Person aus, die eine vermeintlich schlechte Nachricht überbracht hat. Dann hilft eine ehrlich gemeinte Bitte um Verzeihung. Danach sollten Sie sich aber bemühen, es besser zu machen. Informieren Sie sich über Asexualität und darüber, welche Äußerungen problematisch sind. Diese vermeiden Sie in der Zukunft.

Soll ich jemandem davon erzählen?

Wie manche Baby-Aces platzen manche Eltern von Baby-Aces vor Mitteilungsdrang. Wenn Sie mit einem Menschen sprechen möchten, den Ihr Kind auch kennt, fragen Sie vorher, ob das in Ordnung ist. Ansonsten kann es sein, dass Ihr Kind dies als Vertrauensbruch empfindet.

Ob die Person, die Sie ins Vertrauen ziehen möchten, dieses verdient hat, müssen Sie selbst beurteilen. Bitten Sie diese Person um vorläufiges Stillschweigen. Ihr Kind wird es Ihnen nicht danken, wenn sich plötzlich die ganze Nachbarschaft oder Ihre Freund*innen mit seinem Intimleben beschäftigen oder es mit indiskreten Fragen oder ungebetenen Ratschlägen behelligt wird.

Wie gehe ich damit um, wenn mich jemand nach dem Beziehungsstatus meines Kindes fragt?

Teilweise sind Menschen im asexuellen Spektrum in Beziehungen, in diesem Fall ist das einfach. Ob und wie viel Sex dabei eine Rolle spielt, müssen Sie ja nicht thematisieren.

Im Fall von ungebundenen Menschen ist eine Aussage wie „Single und nicht auf der Suche!“ vielleicht passend. Aber ganz ehrlich: Wieso fragen Sie nicht Ihr Kind, welche Antwort es bevorzugt?

Wie gehe ich damit um, wenn andere sich abfällig über mich oder mein Kind äußern?

Manche Menschen sind eher offensiv asexuell. (Ich beispielsweise außerhalb meiner Arbeitsstellen.) Dann kann es sein, dass sich das herumspricht und als hämischer Kommentar zu Ihnen zurückkehrt. Oder Sie haben sich vielleicht jemandem anvertraut, der dieses Vertrauen nicht verdient hat. Meistens liegen negative Reaktionen daran, dass die Menschen in die Minderheiten-Denkfalle tappen oder Schwierigkeiten haben, ihre Wahrnehmung anzupassen. Das ist selten böser Wille, aber es kann sehr anstrengend sein, die entsprechende Aufklärungsarbeit zu leisten.

In seltenen Fällen könnte es tatsächlich böser Wille sein. Machen Sie sich Folgendes klar: Sie wissen, dass Sie in der Erziehung diesbezüglich keine Fehler gemacht haben. Sie wissen, dass Sie Ihr Kind keinem Druck aussetzen möchten, etwas zu tun, das ihm schadet. Sie wissen, dass die andere Person möchte, dass Sie sich schämen, denn damit kann die andere Person Macht über Sie ausüben. Vor diesem Hintergrund können Sie sich passende Antworten zurechtlegen. Asexualität ist eine sexuelle Orientierung[378] und kein Grund, sich zu schämen. Man kann sie weder an- noch aberziehen. Sie haben sämtliche Einwände schon gehört. Glaubt die andere Person, dass Sie und Ihr Kind sich keine solchen Gedanken gemacht haben? Trotzdem können solche Kommentare natürlich sehr verletzend sein. In diesem Fall ist es manchmal sinnvoll, sich Unterstützung bei einer Person Ihres Vertrauens zu suchen, die Ihnen zuhört und bestätigt, dass der Kommentar nicht in Ordnung war.

[378] Lassen wir das so stehen, obwohl die Profis sich noch nicht ganz einig sind.

3.5. Hilfe! Mein Lebenspartner*meine Lebenspartnerin *mein Date hat sich bei mir als asexuell geoutet!

Je nach Situation hat Sie diese Information kalt erwischt oder Sie haben sich schon länger gefragt, ob und was da nicht so läuft wie erwartet. Egal wie: Das kann zunächst ein Schock sein, vor allem wenn man meint, die andere Person sehr gut zu kennen. Wenn Sie erleichtert sind, eine Erklärung zu haben, und die Beziehung nicht beenden möchten, hilft ein sehr offenes Gespräch über die jeweiligen Erwartungen. Auch, wenn die Beziehung noch am Anfang steht, ist ein offenes Gespräch sinnvoll. Von da aus kann man sich auf mögliche Lösungsvorschläge einigen. (Tipps für Gespräche sind zu finden unter „Aber ich bin in einer Beziehung. Was wird damit?“)

Falls das für Sie aus dem toten Winkel gekommen ist, sind Sie wahrscheinlich sehr enttäuscht. Das ist in Ordnung. Versuchen Sie aber, sich von der daraus entstehenden Wut nicht leiten zu lassen. Atmen Sie erst durch und fragen Sie sich, ob Ihre erste Reaktion auch die klügste ist.

Egal wie die Situation ist, werden Sie Fragen haben, die Sie Ihrem Lieblingsmenschen/Ihrem Date vielleicht so nicht stellen möchten. (Oder Sie erwarten keine ehrliche Antwort bzw. Sie erhoffen sich eine gegenteilige Antwort, weil Sie die erste Antwort nicht glauben wollen. Stichwort Bestätigungsfehler.)

Ist das eine Phase?

Wenn Ihr Lieblingsmensch sich so viele Gedanken gemacht hat, dass er sich als asexuell outet, ist das keine Phase.

Hat er*sie mich die ganze Zeit belogen? Warum hat er*sie nichts gesagt?

Ich kann Ihnen da keine Garantie geben, aber wenn, dann war es sehr wahrscheinlich keine böse Absicht. Mit sehr hoher Wahrscheinlichkeit wurden Sie nicht aktiv belogen, sondern eher durch gezielte Auslassungen fehlinformiert. Warum? Sie müssen verstehen, dass Sie die Beziehung mit gewissen Erwartungen begonnen haben. Diese Erwartungen kannte natürlich auch Ihr Lieblingsmensch. Und Ihr Lieblingsmensch war sich von Anfang an oder erst später bewusst, diese Erwartungen nicht erfüllen zu können. Die andere Person wollte Sie aber nicht verlieren. Also hat Ihr Partner*Ihre Partnerin aus Angst vor Ablehnung lieber nichts gesagt.

Sie werden sich vielleicht fragen, warum Ihr Lieblingsmensch ausgerechnet vor Ihnen Angst hatte. Das mag anfangs ein bisschen irrational klingen, das ist wahr. Wenn Sie aber in Teil 2 nachlesen, mit welchen Zweifeln Ihr Lieblingsmensch schon lange konfrontiert war, werden Sie verstehen, warum Ihr Lieblingsmensch diese Angriffsfläche nicht bieten wollte.

Außerdem hat das oft wenig damit zu tun, Angst vor Ihnen zu haben, sondern eher davor, dass Sie Ihren Lieblingsmenschen verlassen. In romantischen Beziehungen sind Menschen oft gefühlsmäßig voneinander abhängig, und da tut es natürlich weh, abgelehnt oder verlassen zu werden, weshalb einige das um jeden Preis vermeiden wollen.

Dass Sie jetzt davon erfahren, zeugt von Vertrauen und/oder einem hohen Leidensdruck.

Liegt es vielleicht doch an mir?

Wenn Sie dieses Gefühl haben, dann ist es wahrscheinlich, dass Ihr Lieblingsmensch Sie das hat spüren lassen, um sich selbst zu schützen. Weder Ihre Verführungskünste noch Ihr Aussehen sind die Ursache der von Ihnen wahrgenommenen Flaute im Bett. Falls allerdings diesbezügliche Vorwürfe zur Sprache kamen, hat Sie das vielleicht sehr verletzt und dies erfordert eine Aussprache. (Siehe oben: „... ich war ganz schön grässlich zu einigen lieben Menschen.")

Ob Sie das verletzende Verhalten vergeben möchten oder nicht, müssen Sie entscheiden. Eventuell kann es nützlich sein, sich professionelle Hilfe zu suchen.

Was wird jetzt aus unserer Beziehung? Werden wir (noch) Sex haben?

Ob und wie viel Sex Ihr Lieblingsmensch haben möchte, müssen Sie von Ihrem Lieblingsmenschen erfragen. Das ist individuell sehr unterschiedlich. Ob die Person sex-avers, sex-indifferent oder sex-favorable ist, macht da sehr viel aus. Das einzige, was daher hilft, ist ein sehr offenes und faires Gespräch darüber, was Sie beide möchten.

Unglücklicherweise gibt es Menschen, die Ihrem asexuellen Lieblingsmenschen versichern, dass es überhaupt kein Problem sei, keinen Sex (mehr) zu haben. Insgeheim aber warten sie darauf, dass sich das ändert oder dass sie die andere Person überzeugen können, doch Sex zu haben. Das funktioniert nicht. Ehrlich nicht.

Abwarten hilft nichts, und Ihre Überredungskünste sind besser woanders aufgehoben. Stellen Sie sich vor, Sie hätten einen Partner*eine Partnerin, der*die auf eine Sexualpraktik steht, die Sie nie im Leben versuchen wollten, weil Sie das eklig oder entwürdigend finden. Oder dass Sie einen flotten Dreier mit einem Menschen vorgeschlagen bekommen, den sie überhaupt nicht sexuell anziehend finden. Stellen Sie sich vor, die andere Person hätte zunächst gesagt, dass Ihre Ablehnung okay ist, würde Sie aber dann regelmäßig zu überreden versuchen, es doch zu tun. Nervig? Würde es Ihren Widerstand dagegen eher erhöhen? Oder würden Sie es tun und sich hinterher schlecht fühlen?

Egal was: So wird es der Person gehen, auf die Sie diese Strategie anzuwenden gedenken. Das ist respektlos, vermeiden Sie das also lieber. Auch wenn das Coming-out Ihres Lieblingsmenschen Ihr Begehren widersinnigerweise erhöht hat.

Wenn Sie tatsächlich nicht ohne Sex leben möchten, hilft nichts als ein klärendes Gespräch. Entweder Sie können sich auf eine Lösung einigen oder nicht. In letzteren Fall ist es vermutlich für beide Seiten besser, die Beziehung zu beenden.

Nein, aber im Ernst: Wie soll das gehen?

Wie gesagt gibt es funktionierende Beziehungen zwischen asexuellen und allosexuellen Menschen. Will sich keine der beiden Parteien zur Unkenntlichkeit verbiegen, ist eine offene und ehrliche Kommunikation die Grundvoraussetzung. Von folgenden Lösungen habe ich gehört bzw. gelesen:

- Manche Paare vereinbaren eine offene Beziehung. Eine weitere Option ist Polyamorie, das heißt beispielsweise, dass mindestens eine der beteiligten Parteien eine zweite Beziehung mit Zustimmung aller Beteiligten führt.
- Intimität muss ohne Druck erfolgen. Wenn sich die Beziehung immer nur darum dreht, wie oft, ob überhaupt und wie Sex stattfindet, kann das den letzten Rest Lust töten, den ein Mensch auf dem asexuellen Spektrum überhaupt empfindet. Wie viel Bedeutung will man dem Thema beimessen? Wie drückt man als Paar Nähe ohne Sex aus? Was ist uns gemeinsam wichtig?[379]
- Manchmal kommen gute Dinge zu solchen, die sich gedulden und auf Selbstbefriedigung ausweichen, ohne irgendwem Schuldgefühle einzureden. Manchmal lohnt es sich zu vereinbaren, dass die asexuelle Person sich meldet, wenn ihre Libido sich rührt.[380]
- Experimentierfreudige Menschen können es mit Tantramassage, der Anwendung von Spielzeug, Voyeurismus und derlei versuchen, um herauszufinden, wer was braucht und wer was erfüllend findet.[381]

---

379 https://aven-forum.de/viewtopic.php?t=15297 (29.05.2019).

380 https://aven-forum.de/viewtopic.php?t=14879 (29.05.2019) und https://aven-forum.de/viewtopic.php?t=6396 (29.05.2019).

381 https://www.ardmediathek.de/ard/player/Y3JpZDovL3dkci5kZS9CZWl0cmFnLTExYzE4NTI0LTIxNDQtNDNjNS04ODVkLTk4MGJiYjc3MWVkOQ/

Darf ich Fragen stellen?

Kurze Antwort: Wenn es Fragen sind und keine Vorwürfe. Ansonsten: Fragen Sie das doch Ihren Partner*Ihre Partnerin. Stellen Sie keine Fragen, die Sie nicht auch beantworten wollten. Vermeiden Sie, Ihrem Lieblingsmenschen Dinge zu unterstellen und machen Sie der Person keine Vorwürfe.

Akzeptieren Sie, wenn Sie nicht gleich eine oder keine Antwort erhalten. Bohren Sie dann nicht nach, sondern versuchen Sie es später noch einmal. Es kann sein, dass Sie mit Ihren Fragen Wunden aufgerissen haben, über die Ihr Lieblingsmensch nicht gern spricht, oder dass für das Thema eine gewisse Menge Energie nötig ist.

In manchen Fällen kann es bei solchen Themen sinnvoll sein, sich zu schreiben.

Woher bekomme ich Informationen?

Wenn ich Sie nicht genug mit Hinweisen überschüttet habe, gibt es im Internet einige Sammlungen von hilfreichen Links. Starten Sie am besten bei aktivista.net, dort ist derzeit die umfangreichste Sammlung für deutschsprachige Informationen im Netz.

Für Menschen mit guten Englischkenntnissen eignet sich das Buch von David Wheitner und Evan Ocean „Ich habe mich in eine asexuelle Person verliebt“ (siehe Quellenangaben: Bücher).

(29.05.2019).

Was ist, wenn ich etwas gesagt habe, das meinen Lieblingsmenschen verletzt hat?

Gerade am Anfang, wenn die Gefühle hochkochen, ist es gut möglich, dass man etwas sagt, das einem später leidtut. Man ist verunsichert und enttäuscht und lässt das an einer anderen Person aus. Dann hilft eine ehrlich gemeinte Bitte um Verzeihung.

Danach sollten Sie sich aber bemühen, es besser zu machen. Informieren Sie sich über Asexualität und darüber, welche Äußerungen problematisch sind, und vermeiden Sie diese in Zukunft.

Habe ich meinen Lieblingsmenschen zu etwas gezwungen, das sie*er nicht wollte? Mir wird gerade ganz anders!

Durchatmen. Wenn Ihr Lieblingsmensch noch da ist, heißt das, dass er*sie an einer Lösung interessiert ist. (Ansonsten hat er*sie Ihnen wohl einige Vorwürfe gemacht und Sie dann verlassen. Dazu am Ende des Abschnitts mehr.)

Wie sich Ihr Lieblingsmensch fühlt, kann ich nicht beantworten. Falls Sie diesbezüglich Sorgen haben und die andere Person deswegen nichts gesagt hat, können Sie sich vorsichtig an das Thema herantasten. Beachten Sie dabei, dass Ihre Gewissensnöte nicht so schwer wiegen wie die Verletzungen, die Sie eventuell verursacht haben. (Das gilt auch dann, wenn Sie bereits verlassen wurden.)

Bei der Suche nach Lösungen können Sie auch herausfinden, was Sie in Zukunft anders machen sollten. Falls Sie Hinweise heraushören, dass Sie die Wünsche Ihres Lieblingsmenschen nicht respektiert haben, versuchen Sie es mit einer ernst gemeinten Bitte um Verzeihung. Seien Sie sich bewusst, dass Sie kein Anrecht auf Vergebung haben. (Genauso, wie niemand ein Anrecht auf Sex hat.) Lernen Sie aus Ihren Fehlern. Falls Ihr Lieblingsmensch Ihnen Vorwürfe gemacht und/oder Sie dann verlassen hat und/oder nicht mehr mit Ihnen redet, wissen Sie, dass Sie etwas falsch gemacht haben. Lernen Sie aus Ihren Fehlern und begegnen Sie Ihren Mitmenschen ab jetzt mit mehr Respekt und Achtsamkeit. In diesem Fall können Sie persönlich oder schriftlich um Verzeihung bitten. Aber wie immer gilt, dass es darauf kein Anrecht gibt.

Wie kann ich meinen Lieblingsmenschen am besten unterstützen?

Hören Sie zu. Fragen Sie, ob und wie Sie helfen können. Manchmal ist es völlig in Ordnung, einfach nur eine ausgiebige Umarmung zu verteilen, anstatt sich in Kämpfe zu verwickeln.

Verzichten Sie auf Vorwürfe. Ihr Lieblingsmensch leidet vielleicht unter erheblichen Selbstzweifeln, das möchten Sie gewiss nicht noch verstärken. Keine Vorwürfe zu machen klingt leicht, aber es ist sehr schwierig. Das funktioniert nur, wenn Sie sich über Ihre eigenen enttäuschten Erwartungen im Klaren sind.

Lesen Sie Blogs, schauen Sie Videos, hören Sie Podcasts, um sich über die Lebenswelt Ihres Lieblingsmenschen zu informieren. Beweisen Sie echtes Interesse.

Seien Sie solidarisch mit Ihrem Lieblingsmenschen, wenn andere über sexuelle Minderheiten herziehen. Wenn andere Verallgemeinerungen benutzen wie „Beziehungen brauchen Sex!" können Sie vorsichtig einhaken, dass das nicht in allen Beziehungen der Fall ist. Sie können allgemein anderen Menschen mit weniger Voronnahmen über deren sexuelle Wünsche und Erfahrungen begegnen.[382]

Oder besorgen Sie sich Infomaterial, das Sie in Ihrem Bekanntenkreis streuen oder in Cafés, Gemeindezentren usw. auslegen können, die Sie besuchen. Sie könnten Ihrem Lieblingsmenschen auch anbieten, ihn zu einem Stammtischtreffen oder zum Demonstrieren auf eine CSD-Parade begleiten.

---

[382] Decker (2014), Seite 163f.

Sollen wir anderen davon erzählen?

Diese Frage sollten Sie als Paar gemeinsam beantworten, sobald es Personenkreise in ihrem Umfeld berührt, die sich überschneiden. Insofern wird ein Coming-out Sie häufig auch beide betreffen. Wenn es um Menschen geht, die Ihr Partner*Ihre Partnerin nicht kennt, denen sie*er aber vielleicht irgendwann begegnen, sollten Sie ebenfalls vorher absprechen. Ansonsten könnte Ihr Lieblingsmensch das als einen Vertrauensbruch auffassen.

Das heißt aber nicht, dass Sie sich immer zu zweit mit den Menschen zusammensetzen müssen, denen Sie davon erzählen möchten.

Wie oben genannt, zweifeln Außenstehende manchmal am Verstand der asexuellen Person. Bei gemischten Paaren kann es sein, dass die Paardynamik an sich abgewertet wird. Liebe ohne Sex könne nicht funktionieren. Die allosexuelle Person sei zu unattraktiv, ungeschickt oder im Bett untalentiert. Der allosexuelle Mann sei ein Weichei, der sein Recht nicht einfordern könne. In diesem Zusammenhang können selbst bei weltoffen erscheinenden Personen leider die hässlichsten Vorurteile über Männer und Frauen zum Vorschein kommen. Stellen Sie sich darauf ein, dass Sie Witze über oder Verharmlosung von Vergewaltigung hören könnten.

Deswegen ist das – wie ein einzelnes Coming-out – eine Frage der Abwägung und des persönlichen Umfelds. Die offensichtlichen Sicherheitsvorkehrungen gelten. (Siehe oben unter: Coming-out: Ja, nein, vielleicht? Und wenn ja, wie viele?)

In vielen Fällen kann ein offener Umgang mit dem Thema jedoch sehr befreiend sein. Falls Schwierigkeiten auftreten, können Sie als allosexueller Partner*allosexuelle Partnerin sich damit bei Menschen Ihres Vertrauens besser Unterstützung oder ein ruhig zuhörendes Publikum suchen.

Wie gehe ich damit um, wenn andere sich abfällig über mich oder meinen Lieblingsmenschen äußern?

Manche Coming-outs ziehen negative Reaktionen nach sich. Meist liegt das daran, dass die Menschen in die Minderheiten-Denkfalle tappen oder

Schwierigkeiten haben, ihre Wahrnehmung anzupassen. Das ist in diesem Fall kein böser Wille, aber es kann sehr anstrengend sein, die entsprechende Aufklärungsarbeit zu leisten. Ihr Lieblingsmensch ist in diesem Fall wohl die beste Person, um darüber zu lästern.

In manchen Fällen können die Motive aber bösartiger sein.

Sie wissen aber, dass die andere Person möchte, dass Sie sich schämen. Denn damit kann die andere Person Macht über Sie ausüben. Vor diesem Hintergrund können Sie sich passende Antworten zurechtlegen. Asexualität ist eine sexuelle Orientierung[383] und kein Grund, sich zu schämen. Man kann sie weder an- noch aberziehen, und sie hat nichts damit zu tun, wie gut die allosexuelle Person im Bett ist.

Trotzdem können solche Kommentare natürlich sehr verletzend sein. In diesem Fall ist es manchmal sinnvoll, sich Unterstützung bei einer Person Ihres Vertrauens zu suchen, die Ihnen zuhört und bestätigt, dass der Kommentar nicht in Ordnung war. Hier ist Ihr Lieblingsmensch Ihr natürlicher Verbündeter*Ihre natürliche Verbündete.

Wie bei anderen Coming-outs kann es sein, dass Sie von Reaktionen anderer enttäuscht sind. Im Zweifelsfall kann es sinnvoll sein, den Kontakt zu Personen abzubrechen, die Sie und Ihrem Lieblingsmenschen mit versteckten oder offenen Beleidigungen begegnen.

3.6. Ein wichtiger Mensch in meinem Leben ist vielleicht asexuell. Wie gehe ich vor?

Egal ob der betreffende Mensch das Wort schon kennt und Ihnen davon noch nichts erzählt hat, ob der betreffende Mensch seinen Frieden mit seinem Anderssein geschlossen hat oder nicht: Sie werden diesem Menschen zu verstehen geben wollen, dass Sie ihn wertschätzen und ihn nicht verurteilen.

---

[383] Lassen wir das so stehen, obwohl die Profis sich noch nicht ganz einig sind.

Das erste, was Sie vermeiden möchten, sind daher Schnellschüsse, die diesen Menschen verunsichern könnten. Das heißt: Beruhigen Sie sich. Wie Coyote so schön schreibt: Es ist nicht das gleiche wie herauszufinden, dass jemand ein internationaler Spion, ein Drogenbaron oder ein Roboter ist.[384]

Ihre wichtigste Aufgabe ist daher, sich über das Thema schlau zu machen. Sie werden umso mehr recherchieren, je mehr Raum dieser Mensch in Ihrem Leben einnimmt. Machen Sie sich mit den Schwierigkeiten vertraut, die dieser Mensch wahrscheinlich hat (oder, im günstigsten Fall, hatte).

Danach geht es an ein umgekehrtes Coming-out. Je nachdem, wer die betreffende Person ist und wie diese vermutlich reagiert, können Sie sich in Ruhe mit diesem Menschen hinsetzen und ein (auf)klärendes Gespräch führen.

In anderen Fällen kann es sinnvoll sein, der Person Informationsmaterial, Links oder Ähnliches zukommen zu lassen und das mit einem passenden Kommentar zu versehen. „Ich finde das interessant. Was hältst du davon?" – „Die Person in dem Interview scheint ähnliche Erfahrungen zu haben wie du. Vielleicht hilft dir das weiter?"

Es kann sein, dass Sie nicht sofort eine dankbare Reaktion oder überhaupt eine Reaktion erhalten. Genauso wie Sie sich an die neuen Informationen gewöhnen mussten, muss sich die andere Person daran gewöhnen. Dabei hat die betreffende Person aber wahrscheinlich sehr viel mehr gedankliches und emotionales Gepäck, das sie neu sortieren muss. Das kann ein bisschen dauern, und manche Menschen tun so etwas lieber in Ruhe anstatt in Gesprächen. In diesem Fall können Sie vorsichtig nachhaken und der anderen Person unterdessen zu verstehen geben, dass Sie den Kontakt nicht abbrechen lassen wollen. Bieten Sie also andere Gesprächsthemen

---

[384] „If your partner is asexual, figuring that out is not the same thing as finding out that your partner is an international spy, or a drug lord, or a robot."
Der gesamte Beitrag ist sehr lesenswert: https://theacetheist.wordpress.com/2014/03/24/what-to-do-if-you-think-your-partner-might-be-asexual/ (26.05.2019).

an. Die betreffende Person wird immer noch Meinungen zu Serien, Kinofilmen, Büchern, politischen Ereignissen, dem neuesten Klatsch und so weiter haben, auch wenn sie gerade schwere gedankliche Arbeit leistet.

Asexualität ist nur ein Teil dieser Person (vorausgesetzt, Sie haben richtig geraten). Sie wird deswegen nicht sämtliche anderen Interessen ablegen. Indem Sie sich daran erinnern, machen Sie der betreffenden Person klar, dass Sie sie als ganzen Menschen wahrnehmen.

3.7. Die ganz kurze Version aller Ratschläge

Egal, ob man selbst zum asexuellen Spektrum gehört oder eine nahestehende Person sich geoutet hat: Der wichtigste und schwierigste Schritt ist, nicht sofort blind zu reagieren, sondern Ruhe zu bewahren. Nicht lospreschen, sondern stehenbleiben. Durchatmen. Informationen aus mehreren Quellen suchen, und erst ein Gespräch anfangen, wenn die Gemüter sich beruhigt haben.

Seien Sie dabei respektvoll. Wenn das aus irgendeinem Grund nicht möglich ist oder Ihr Gegenüber es nicht schafft, respektvoll zu sein, könnten Sie erwägen, Abstand zu suchen.

Es gibt manchmal vertrackte Situationen, an denen niemand Schuld hat oder in denen alle Beteiligten sich schlecht verhalten haben. Schuldeingeständnisse kosten viel Überwindung, können sich aber lohnen. Wenn Sie allein nicht weiterkommen, ist es in Ordnung, wenn Sie sich Unterstützung suchen.

4. Asse in freier Wildbahn – Community online und offline

Worin die Autorin einen kurzen Überblick gibt, wie aus ein paar hundert Leuten 2001 ein paar hunderttausend wurden. So ungefähr, denn das Nachzählen ist naturgemäß schwierig.

4.1. Von der Unwahrscheinlichkeit von AVEN

Zwar spukte schon in den 1990ern der Begriff „asexuality" durch das Internet, aber das Internet damals war eine relativ exklusive Veranstaltung. Man brauchte einen Personalcomputer, ein Modem und eine Telefonleitung, über die sich das Modem einwählen konnte. Wer so wie ich Pech mit den Anschlüssen in der Wohnung hatte, war noch bis 2005 entweder im Internet *oder* auf dem Festnetz erreichbar, und abgerechnet wurde mit Telefonminuten. WLAN fühlte sich damals eher nach einer Offenbarung denn nach einer Selbstverständlichkeit an. Das Internet war jedenfalls noch kein Ort, wo sich sehr viele Menschen über lange Zeit hin aufhielten.

Die Wahrscheinlichkeit, schon zwischen 1997 und 2001 ohne dieses Internet auf den Begriff „Asexualität" in Bezug auf Menschen zu stoßen, war extrem gering, und auch mit Internet musste man gezielt suchen oder Glück haben.

Als David Jay seine erste Seite zum Thema online stellte, waren also vor allem die paar Hundert Menschen angesprochen, die das Wort „Asexualität" schon kannten und die eine offene Herangehensweise statt einer restriktiven bevorzugten. Ansonsten war David Jay – wie die älteren Communities – darauf angewiesen, dass Menschen quasi von selbst darauf kamen, ihre Sexualität so zu benennen[385], und dann online suchten, ob es

---

[385] https://graphicexplanations.info/2017/10/29/asexuality-bc-before-cake/ (02.06.2019) und Interview mit Kati Radloff: https://www.main-echo.de/sonderthemen/lustundliebe/Lust-Liebe-Warum-Marie-einen-Mann-sucht-der-keinen-

noch jemanden gab, dem es ähnlich ging. (Selbstverständlich gibt es immer Menschen, denen es ähnlich geht, egal welches Problem man hat. Aber wenn man niemanden kennt und von niemandem weiß und es nicht einmal eine Buch- oder Fernsehfigur mit demselben Problem gibt, kann sich das trotzdem sehr einsam anfühlen.)

Eine Do-it-yourself-Schublade? Auf diese Idee muss man erst einmal kommen, statt sich einfach nur als „kaputt" zu begreifen. Ich kann vor solch unabhängig Denkenden nur den Hut ziehen. Meine zeitweilige Selbstbeschreibung als „misstrauische Hete" kann damit nicht konkurrieren. Allerdings war mein Kommunikationsbedürfnis in diesem Punkt damals nicht hoch genug, um Altavista[386] deswegen zu bemühen. Ich wurstelte mich so durch und hatte irgendwie auch Wichtigeres zu tun.

Ein Blick in die Anmeldezahlen zeigt uns, dass im August 2002 42 Menschen im gerade zwei Monate alten AVEN-Forum angemeldet waren. Zu diesem Zeitpunkt hatte David Jay sich bereits mit Nat Titman zusammengetan, di*er eine LiveJournal-Gruppe mit einer ähnlich offenen Herangehensweise gegründet hatte.[387] Das sind nicht besonders viele Menschen. Was aber nicht überrascht bei der Unwahrscheinlichkeit, dass Menschen mit dem passenden Begriff überhaupt darüber stolperten. Dennoch: Es bestand offensichtlich Redebedarf. Zunächst langsam stiegen die Anmeldezahlen.

Sex-mit-ihr-will;art505267,6703361 (13.06.2019).

[386] Altavista war eine der größten Suchmaschinen im Internet. Dann kam Google.

[387] https://graphicexplanations.files.wordpress.com/2017/10/worldpride-012.png (13.06.2019).

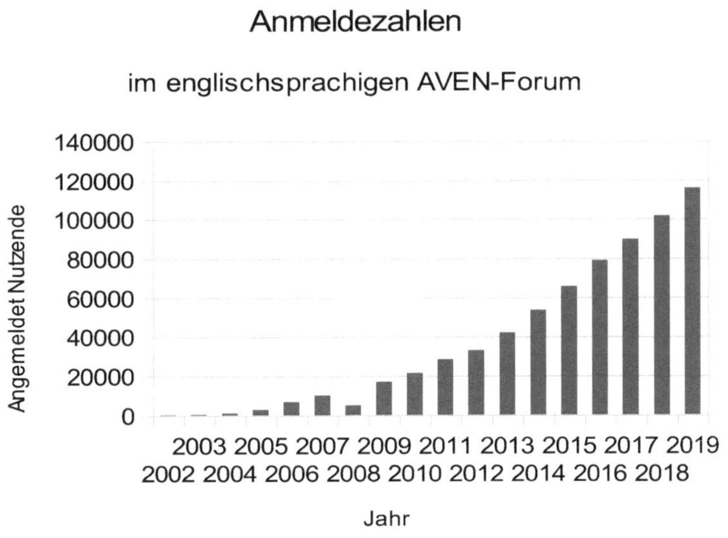

4.2. Es lohnt, sich zum Affen zu machen: Eine Lektion in Öffentlichkeitsarbeit nach David Jay

Einige Faktoren machten AVEN allmählich zu *der* Adresse. Zunächst die niedrige Hemmschwelle, da das Forum ein anonymer Tummelplatz ist. Im Gegensatz zu LiveJournal ist es außerdem kostenlos. Dank David Jay und Nat Titman herrschte eine queer-freundliche und offene Herangehensweise. Beide arbeiten bevorzugt beschreibend, nicht vorschreibend – ohne Vordenkende wie die beiden gäbe es die Option „Asexuell ist, wer sich so beschreibt“ wohl nicht.

Obwohl auch im AVEN-Forum immer wieder Konflikte darüber ausbrechen, ob jemand dieses oder jenes Wort richtig verwendet oder verwenden darf[388], hat sich die Methode bewährt, den Leuten zu sagen, dass sie ein Wort benutzen können, wenn es für sie persönlich Sinn ergibt.

Die damals aktiven englischsprachigen vorschreibenden Gemeinschaften sind für die derzeitige Landschaft nicht mehr relevant, obwohl tumblr ähnliche Tendenzen zeigt und Menschen eher einmal Begriffe zuweist oder verweigert.[389] (Das dürfte auch daran liegen, dass tumblr nicht moderiert wird.)

Ein weiteres Plus konnte AVEN verzeichnen, weil es sehr früh eine Linksammlung[390] und statische Inhalte hatte. Man musste sich die wichtigsten Informationen also nicht aus ein paar Hundert Einträgen in einem Forum, in einer LiveJournal-Community oder einer Mailingliste zusammenklauben, sondern konnte bequem über zwei Links dorthin gelangen.[391] Dazu gehörten ein FAQ (Frequently Asked Questions/Häufig gestellte Fragen), das Nat Titman erstellte und das unter anderem immer noch die Grundlage für die Broschüre von AktivstA bildet[392], sowie ein paar Theorie-Artikel von David Jay, in denen er Kinseys „X" mit der Kinsey-Skala verband, um ein auf der Spitze stehendes Dreieck in schwarz-weiß zu schaffen, das von da an zum offiziellen Symbol für AVEN avancierte.

Relativ schnell wurde ein Flyer entworfen, 2003 gab es erstmals T-Shirts zu kaufen.[393]

---

388 Vergl. Bellamy (2017), vor allem Teil 1.

389 https://theacetheist.wordpress.com/2019/05/22/2013-2014-in-ace-tumblr-the-gray-wars/ (13.06.2019).

390 https://web.archive.org/web/20020806030238/http://asexuality.org:80/Links.htm (13.06.2019).

391 https://web.archive.org/web/20030115090758/http://www.asexuality.org/info.htm (13.06.2019).

392 https://graphicexplanations.info/2017/10/29/asexuality-bc-before-cake/ (13.06.2019) und https://aktivista.net/wp-content/uploads/2019/03/AceBrosch%C3%BCre_2019_f%C3%BCr-Blog.pdf (13.06.2019).

393 https://www.asexuality.org/en/topic/398-buy-t-shirts/ (13.06.2019)

Dazu gibt es bei AVEN seit 2004 die Möglichkeit, sich in das Projektteam wählen zu lassen.[394] Wer sich engagieren möchte, ist also schnell dabei, und schon vorher wurden Freiwillige für die Moderation gesucht.[395] Das Projektteam ist unter anderem dafür zuständig, Anfragen aus der Forschung oder von Medien schnell und passend zu beantworten bzw. weiterzuverbreiten und unterstützt bei Veranstaltungsplanungen bzw. organisiert solche selbst. Wer die US-amerikanischen und kanadischen Studien aus den letzten Jahren liest, wird feststellen, dass a_sexuelle Teilnehmende sehr oft über AVEN rekrutiert wurden.

Das Projektteam und diverse Einzelpersonen begannen außerdem zu bloggen, Videos zu drehen und Kontakte im LSBTTIQ-Bereich zu knüpfen und zu pflegen. Ab 2008 gab es ein Team, das die APA, also die American Psychiatric Association, fast sieben Jahre lang bearbeitete, um „Asexualität“ als Ausschlusskriterium für die Diagnosen „Störung von sexuellem Interesse/Erregung bei Frauen“ (FSIAD) und „Hyposexuelle Störung des Begehrens bei Männern“ (MHSDD) zu erreichen.[396] Wer ein lebenslanges abwesendes Begehren mit Asexualität erklären kann bzw. sich als asexuell beschreibt, ist daher seit 2013 offiziell nicht mehr behandlungsbedürftig.

Zuletzt liegt es vielleicht an der charismatischen Persönlichkeit des Gründers selbst. David Jay ist ein engagierter, brillanter Netzwerker und mitreißender Redner, den ich schon einmal live erleben durfte.[397] Eine Zeitlang schrieb er nicht nur bei AVEN mit Konzeptgeschichte, sondern hatte auch den Podcast „Love from the Asexual Underground“, wo er sehr offen über seine Erlebnisse und Gefühle sprach.[398]

Im Nachhinein ist es schwierig zu sagen, wie viel die Werbetrommel gerührt wurde, um Bogaerts Studie von 2004 zu nutzen, aber es ist eindeutig, dass das Medieninteresse 2004 in Großbritannien anzog, da die Studie

---

[394] https://www.asexuality.org/en/topic/5759-the-avenelection-now-accepting-nominations/ (13.06.2019).

[395] https://www.asexuality.org/en/topic/1969-moderators/ (13.06.2019).

[396] http://www.asexualityarchive.com/asexuality-in-the-dsm-5/ (10.06.2019).

[397] https://www.youtube.com/watch?v=tXL00aiglQk (10.06.2019).

[398] http://asexualunderground.blogspot.com/ (10.06.2019).

ja asexuelle Menschen in Großbritannien gefunden hatte.[399] Man hielt das für eine erstaunliche Sache und suchte daher Menschen, die sich fotografieren und ausfragen ließen. 2005/2006 zog die restliche englischsprachige Welt nach und entdeckte Asexualität als Schlagzeile.

David Jay war sich nicht zu schade, sich in Fernsehsendungen „zerreißen" zu lassen, um seine Botschaft zu verbreiten. Die Damenrunde bei *The View* machte sich im Januar 2006 kaum die Mühe, ihm überhaupt zuzuhören, sondern überschüttete ihn unter anderem mit Spekulationen, was an ihm falsch sei.[400] Beim Auftritt bei Tucker Carlson zwei Monate später durfte er sogar manchmal ausreden.[401] Diese beiden Fernsehsendungen sind wohl mit der Grund, warum Menschen aus dem asexuellen Spektrum in Deutschland immer noch gegenüber (privaten) Fernsehsendern skeptisch sind.

Mitten in all dem Medientrubel gründete sich Anfang 2005 das deutschsprachige Forum auf Anfrage von AVEN-Userin xaida. (Siehe oben, „Vom Ringen um die Definition".)

4.3. Flyer, Treffen, Infostände und Vereine: Mobilisierung – oder auch nicht

Die deutschsprachige Medienlandschaft machte sich schnell über das für sie neue Phänomen her: *Woman*, Radio Eins Berlin/Brandenburg, *Bild*, *Neon*, *Focus*, *polylux*, *taz*, *ZeitWisse*n und *Brigitt*e, beispielsweise.[402] Danach flaute das Interesse etwas ab.

Ein ähnliches Schicksal war auch den Aktivitäten der ersten Forenmitglieder beschieden. Die ersten überregionalen Treffen fanden in Köln 2006

---

[399] http://asexualunderground.blogspot.com/search?updated-max=2012-08-23T15:20:00-07:00 (10.06.2019).

[400] https://www.youtube.com/watch?v=6kPfLYuQlL8 (10.06.2019).

[401] https://www.youtube.com/watch?v=Iwxo6t7XBYs (10.06.2019).

[402] https://aven-forum.de/viewforum.php?f=14&topicdays=0&start=450 und https://aven-forum.de/viewforum.php?f=14&topicdays=0&start=500 (10.06.2019).

zunächst vierteljährlich statt, ab 2007 noch halbjährlich an wechselnden Orten. Nach 2008 verlief die Sache im Sande.[403] Dafür organisierten sich in den größeren Städten eigene Stammtische, mal mehr, mal weniger erfolgreich. Tatsächlich hängt es sehr von der Motivation Einzelner ab, die sich den Hut aufsetzen und so etwas organisieren. Es gilt, einen (wohlgemerkt passenden und für Auswärtige gut auffindbaren) Platz und ein Datum festzulegen und dann vor Ort zu sein, egal, wie viele (beziehungsweise wenige) Personen zuerst kommen oder sich angemeldet haben. Eine gewisse Flaute nach der ersten Begeisterung muss man ebenso aushalten wie die Tatsache, dass Pärchen, die sich gefunden haben, oftmals nicht mehr auftauchen.

Das ist anstrengend und erfordert das Opfer von Freizeit, was nicht alle Menschen zuverlässig langfristig leisten können oder wollen. Über längere Zeit und regelmäßig funktionstüchtig sind bzw. waren unter anderem die Stammtische Stuttgart, Köln, Ruhrgebiet, Hamburg, Leipzig, Berlin, Karlsruhe, Hannover, Rhein/Neckar, Rhein/Main, Franken und Wien.

Die Idee mit dem überregionalen Treffen oder einer Art kleinem Fest grub AVEN-User Tankred für AktivistA im Jahre 2014 wieder aus, am Ende wurde eine kleine Konferenz mit Treffen daraus, die regelmäßig über 25 Teilnehmende aus allen deutschsprachigen Regionen und Ländern hat.[404]

Dank nicht zu häufigen Terminen, einer festen Struktur (und Geld zur Raummiete) im Hintergrund ging die AktivistA-Konferenz im Jahre 2020 in die sechste Runde.[405]

Ein ähnliches Schicksal wie das überregionale Treffen ereilte die Infostände: Diese Einrichtung zu verstetigen, erwies sich als recht schwierig.

---

[403] https://www.aven-forum.de/viewforum.php?f=4&topicdays=0&start=100 (11.06.2019).

[404] https://aktivista.net/konferenz/ (11.06.2019).

[405] Als Online-Konferenz, wie so viele Veranstaltungen 2020. Die Playlist ist hier: https://www.youtube.com/watch?v=KEdEMzkIXVk&list=PLiOX4qU9JxSGO1rnEGkWI0q2rBqPWCGmL (09.12.2020).

Ein erster Flyer wurde schon 2006 entworfen. Während der Diskussionen erblickte die Definition „kein Verlangen nach sexueller Interaktion“ das Licht der Welt (siehe Teil 1). Es gab in Berlin Infostände beim Motzstraßenfest 2006 und 2008, und beim schwul-lesbischen Parkfest 2008 und 2009.[406] Ein Versuch für den CSD Köln 2007 mit einem neuen Flyer schlug kurzfristig fehl.

Gefühlt war damit dennoch mehr los als in den USA, wenn man die reine Personenanzahl betrachtet. Ein erster Vorschlag für die Londoner Pride[407] 2005 wurde erfolgreich zerredet.[408] Offenbar fehlte zunächst ein Stamm motivierter Menschen, die sich schon kannten und denen die Bedenken egal waren, was sich auch dadurch erklärt, dass die Menschen im englischsprachigen Forum sehr viel weitere Entfernungen trennen als die im deutschsprachigen. Und bei etwa 15.000 Leuten (Stand Spätjahr 2008) ist man eben sehr verteilt, auf die USA, Australien, Neuseeland, Irland, Großbritannien, Südafrika und zahlreiche Länder, in denen die Leute Englisch in der Schule lernen.

In den USA gab es eine erste organisierte Teilnahme als Fußgruppe bei der San Francisco Pride 2009, wo zufälligerweise neben David Jay auch die damals sehr engagierte Bloggerin Ily zu Hause war.[409] Soweit ich den Blogpost richtig verstanden habe, musste zunächst eine andere gemeinnützige Gruppe als Sponsor gefunden werden, damit sich die Teilnahmegebühren im Rahmen hielten. (Sonst hätte es wohl 500 $ gekostet.)

Im Jahr darauf war den AVEN-Mitgliedern standup und Bristrek die Auswahl zwischen dem inzwischen grau schattierten Dreieck und den Kartenspielsymbolen nicht mehr genug. (Wir erinnern uns: „ace“ als Abkürzung für „asexual“ ist die Ass-Karte in einem Kartenspiel.)

---

406 Zusammengeklaubt aus diversen Threads unter https://aven-forum.de/viewforum.php?f=14 (10.06.2010).

407 „Pride“ heißt ja eigentlich „Stolz“. Im englischsprachigen Raum hat sich „Pride“ statt dem „Christopher Street Day“ durchgesetzt, obwohl der erste Jahrestag in New York mit einem „Christopher Street Liberation Day“ begangen wurde. (Carter, 2004.)

408 https://www.asexuality.org/en/topic/7104-a-pride-2005/ (11.06.2019).

409 http://theonepercentclub.blogspot.com/2009/06/when-i-blow-my-whistle-people-cheer.html (11.06.2019).

Abb: Gelegentlich verwenden Menschen das Herz-Ass als Symbol für alloromantische asexuelle Menschen und das Pik-Ass für Aroaces.

Somit wurde über eine Flagge abgestimmt – und eines der einfachsten Designs gewann: Vier horizontale Streifen in den Schwarz-Grau-Weiß-Stufen des bekannten Dreiecks und lila als Signaturfarbe des Forums für „Gemeinschaft“: Fertig. Nun hatte man endlich ein flexibles Symbol, zumal die Farben sich im Nachhinein ohnehin als wichtiger erwiesen als deren Anordnung.[410]

Da mittlerweile die Online-Kreativshops wie Pilze aus dem Boden schossen, machte sich dies bald bei den Fanartikeln bemerkbar. Mittlerweile gibt es fast alles: von T-Shirts über Aufkleber bis hin zu Schmuck, Jutebeuteln und Handyhüllen. Und für jeden Geschmack ist was dabei: von nüchtern über verspielt bis nerdig.[411]

---

[410] https://www.asexuality.org/en/topic/51751-asexual-flag-voting-first-round/ (11.06.2019) und https://asexualagenda.wordpress.com/2018/02/21/the-ace-flag-a-history-and-celebration/ (14.06.2019).

[411] Bei Etsy beispielsweise: https://www.etsy.com/de/search?q=asexual&ref=

Eine Filmemacherin namens Angela Tucker entdeckte das Thema, und 2011 erschien *(A)Sexual*, eine Dokumentation von 75 Minuten.[412]

Im gleichen Jahr organisierte ein britisch-US-amerikanisches Team erstmals die *Asexual Awareness Week* („AAW“), mitsamt einem „Community Census“, einer Art Volkszählung im englischsprachigen asexuellen Internet. Man beschloss, in der letzten vollen Woche im Oktober (in diesem Fall der 23. bis 29.10.2011[413]) für Veranstaltungen zu sorgen, die auf das asexuelle Spektrum aufmerksam machten. Menschen wurden ermuntert, in diesem Zeitraum selbst etwas auf die Beine zu stellen oder auch nur ein entsprechendes Posting im Internet zu erstellen.

Etwa um diese Zeit, aber sicher nicht wegen der AAW, explodierte die englischsprachige asexy Internetlandschaft und damit die Anzahl der Konflikte innerhalb der Communities und die Anzahl der Reibereien mit Außenstehenden. Tumblr hatte nun genug asexuellen Zustrom, um neben AVEN eine eigene, ernstzunehmende Präsenz darzustellen. Von da an brauchte man sich um Nachwuchs nicht mehr zu sorgen, und das Ganze entwickelte ein echtes Eigenleben.

Das Team der AAW war 2016 bis 2018 nicht sehr funktionstüchtig, sodass deren Internetseite im Juni 2019 mit dem Stand vom Herbst 2018 vor sich hin dümpelte. Im Herbst 2019 bekam das Ganze einen anderen Namen (Ace Week), sodass wir gespannt sein dürfen, ob das neue Konzept auf Dauer besser funktioniert.

Im Gegensatz dazu brodelt bei tumblr ununterbrochen das Leben. Die traditionell Bloggenden halten sich zumeist wacker. Eine 2011 ins Leben gerufene a_sexuelle Blogparade (wo also Bloggende dazu aufgerufen sind, sich zu einem gewissen Thema zu äußern und eine Person alle Beiträge auf ihrem Blog sammelt), Englisch *The Carnival of Aces,* erfreut sich immer noch reger und fast monatlicher Teilnahme. Sicher mit zu verdanken ist das dem Team der *Asexual Agenda.* Dieser Gruppenblog wurde mit dem

---

auto2&as_prefix=ase (14.06.2019).

412 https://www.imdb.com/title/tt1811293/ (11.06.2019).

413 https://web.archive.org/web/20110923185021/http://www.asexualawareness week.com/ (12.06.2019).

Ziel gegründet, Diskussionen über A_sexualität jenseits von „es existiert!" zu fördern und Schreibende in Sachen A_sexualität so miteinander zu vernetzen.

Während also die englischsprachigen Aktivitäten Fahrt aufnahmen, brach im deutschen Forum 2010 eine Diskussion um einen neuen Flyer aus, da der alte nach dem US-Vorbild ein Faltblatt in dezenten Blautönen war, das Fotos und persönliche Statements beinhaltete. Insgesamt wirkte das Ergebnis weniger wie eine Information und eher wie ein Werbeblatt für eine religiöse Gemeinschaft – spielte also einem beliebten Vorurteil in die Hände.[414] Ich mischte mich ein, denn wenn man schon ein neues Layout haben wollte, dann wenigstens mit einem Text in ordentlichem Deutsch, dem man seinen englischen Ursprung nicht von drei Metern Entfernung ansah. Der Text selbst war recht einfach aus dem US-Vorbild upzudaten. Dann passten wir ihn für deutsche Verhältnisse an. Aber über die Gestaltung gab es Streit, beziehungsweise kam man zu keiner sinnvollen Einigung. Hier wirkte sich wohl nachteilig aus, dass es im deutschsprachigen Forum eben keine Wahlen und offizielle Projektteams gibt.

Ein Aktions-Team wurde zwar schon im September 2005 angeregt und sogar eine eigene Benutzergruppe geschaffen,[415] aber was danach passierte, war wohl außerhalb der Infostände nicht mehr viel. Jedenfalls ist die Benutzergruppe nicht mehr aufzufinden, und ein paar Vorstöße für Ideensammlungen und ein Vortragsteam wurden 2006 nicht beantwortet.[416]

Ähnlich wurde auch über den neuen Flyer viel geredet, aber es passierte nichts. Die süddeutsche Fraktion um den Karlsruher Stammtisch war von der Situation frustriert. Dank regelmäßiger Treffen und gemeinsamer Interessen hatte sie sich nämlich einigermaßen organisiert und dachte über eine Vereinsgründung nach, um den hoffentlich irgendwann fertigen Flyer auch drucken zu können.

---

[414] https://web.archive.org/web/20060821163143/http://www.asexuality.org/de/index.php?option=com_content&task=view&id=42&Itemid=71 (11.06.2019).
[415] https://www.aven-forum.de/viewtopic.php?t=2840 (19.06.2019).
[416] https://www.aven-forum.de/viewtopic.php?t=3006 und https://www.aven-forum.de/viewtopic.php?t=5259 (19.06.2019).

Viel passierte aber wieder nicht, bis ausgerechnet der CSD Lörrach – der damals kleinste und früheste CSD Deutschlands – nach einem Infostand für den April 2012 fragte. Zwei Gründungsmitglieder des noch in Planung befindlichen Vereins AktivistA transportierten einen rudimentären Infostand von Karlsruhe ins verregnete Lörrach, eine Schweizer AVEN-Userin organisierte Buttons, und die nicht benutzten Flyer vom CSD Köln 2007 wurden ausgeteilt. Trotz dem kühlen, regnerischen Wetters und einiger seltsamer Reaktionen[417] war die Truppe angefixt. Man plante für den transgenialen CSD in Berlin-Kreuzberg am 23. Juni 2012 eine Kleinst-Fußgruppe und für das neu eingerichtete Sommerfest des CSD Stuttgart am 21. Juli 2012 einen Infostand. Neue Flyer mit dem besseren Text mussten her, aber schnell. Die Entwürfe aus dem Forum wurden also zunächst in ein knallorangefarbenes, aber sonst uninteressantes Layout gepackt und in kleiner Auflage gedruckt.[418] Außerdem musste Geld dafür her. Also gründete sich AktivistA dann doch recht schnell im Mai 2012 in Karlsruhe, mit drei Gründungsmitgliedern – der absoluten Mindestzahl für eine Vereinsgründung. Dies ist der Grund, warum AktivistA kein eingetragener Verein ist, denn dafür sind sieben Menschen notwendig, und der neue Vorstand muss dann möglichst gleichzeitig bei einem Notar ein Dokument unterschreiben.[419]

Ich werkelte zudem an einer neuen Version der „Häufig gestellten Fragen“. Diese bekamen ein ebenso knallorangefarbenes Cover (und wurden ansonsten bis 2017 in Heimarbeit gedruckt und geheftet).

---

[417] Ich wurde gefragt, ob ich nackt dusche. Ja, ehrlich.
[418] Die Flyerhistorie ist hier zu besichtigen: https://aktivista.net/materialien/gedrucktes/ (11.06.2019).
[419] https://deutsches-ehrenamt.de/verein-gruenden/die-vereinsgruendung/ (19.06.2019).

4.4. Kleiner Meilenstein: WorldPride 2012 in London

Ende 2011 waren Gerüchte laut geworden: Die nächstjährige WorldPride sollte in London stattfinden. Die WorldPride ist eine nicht sehr regelmäßige Veranstaltung: Eine Vereinigung von Orgateams verschiedener CSDs aus der ganzen Welt wählt die gastgebende Stadt, ähnlich wie das Olympische Komitee den Austragungsort der Olympischen Spiele. Anlässlich dieser einmaligen Gelegenheit planten die britischen Aces eine Fußgruppe bei der Demoparade und vielleicht sogar eine Konferenz. Zwei der Menschen, die gerade AktivistA gegründet hatten, fuhren hin, also meine Wenigkeit und AVEN-User Tankred. (Nummer Drei ist unsere langjährige Kassenprüferin. Sie bleibt bevorzugt im Hintergrund.)

Obwohl aus der Konferenz wenig Konkretes hervorging – Pläne für eine Kurzgeschichten-Anthologie scheiterten beispielsweise an verschwundenen Personen und an Diskussionen, wie der Verlagsvertrag politisch korrekt zu formulieren sei – wirkte das Ganze doch wie ein Stromstoß für Aktivitäten in Sachen Sichtbarkeit und Akzeptanz. Warum? Zunächst hatte das Orga-Team des Londoner CSD kein Problem mit einer Fußgruppe für Aces und gestattete, das „WorldPride" in die Überschrift der Konferenz zu nehmen.[420] Damit bekam die Konferenz ein offizielles Siegel, und es war eindeutig erkennbar, dass meinungsmachende Personen innerhalb der LSBTTIQ/LGBTQI-Gemeinschaften kein Problem mit der Anwesenheit von Menschen aus dem asexuellen Spektrum bei derartigen Veranstaltungen hatten.

Die positive Atmosphäre bei der Konferenz dürfte dazu geführt haben, dass es seitdem im englischen Sprachraum regelmäßig Konferenzen gab – mittlerweile sind sie kaum mehr wegzudenken. Außerdem haben die Bilder von der Fußgruppe wahrscheinlich einige animiert, selbst so etwas zu versuchen.

---

[420] https://graphicexplanations.info/2017/10/29/asexuality-bc-before-cake/ (12.06.2019).

Der Rest ist, wie man so schön sagt, Geschichte, auch in Deutschland. AktivistA sorgt für mindestens zwei Infostände bei CSDs im Jahr, andere werden dadurch motiviert, selbst etwas auf die Beine zu stellen, und auch die Fußgruppen haben mittlerweile Nachahmende gefunden, sodass der Verein an der Organisation der Gruppen in Köln und Hamburg nicht beteiligt ist.

4.5. Wir sind viele. Wir sind fast überall.

Wie berichtet, ist es möglich, mit einer völlig fremden Person an einem Tisch zu sitzen und nach mehr als zwei Stunden zu erfahren, dass diese ebenfalls zum asexuellen Spektrum zählt. Man kann auch an einem Werbestand bei einer Fantasy-Convention stehen und eine demisexuelle Person treffen, die vor Freude über das Treffen quietscht. Das sind lustige Geschichten, die mir tatsächlich passiert sind. Aber auch 2019 gibt es noch Aces in Deutschland, die noch niemals andere Aces außerhalb des Internets getroffen haben, bis sie mehr oder weniger zufällig an einem Infostand von AktivistA landen. (Sofern sie den Begriff überhaupt kennen.)

Nun ist es innerhalb des Internets nicht besonders schwer, andere Aces zu finden. Ein neuer Server ist schneller eingerichtet als ein Club mit echten Räumen oder eine Veranstaltungsreihe, wenn man denn überhaupt einen Server braucht. Neue Seiten oder Gruppen bei tumblr, bei vielen traditionelleren Bloganbietern, facebook, WhatsApp, Discord etc. sind vordergründig kostenlos, das heißt, man bezahlt nur mit Daten.

Eines der erfolgreicheren Netzwerke außerhalb von AVEN sind die Ameisenbären, die eine Präsenz bei Facebook, Instagram und tumblr haben und für Aces unter dreißig eine ganze Reihe WhatsApp-Gruppen unterhalten.[421] Witzigerweise hat die deutschsprachige Gruppe mehr Mitglieder als

[421] https://www.facebook.com/pg/ameisenbaeren/about/?ref=page_internal (14.06.2019) und

die englischsprachigen Anteaters. Die Ameisenbären organisieren seit 2018 eine Fußgruppe beim CSD Hamburg, hatten vorher aber auch schon seit 2016 als eine Untergruppe des Queer-Referats der Uni Hamburg Präsenz gezeigt.[422]

Aufgrund des Corona-Lockdowns, der 2020 zahlreiche Infostände und Stammtischtreffen verhinderte, wurde außerdem ein Discord-Server ins Leben gerufen, dem ich auch wegen der Beteiligung einiger meiner Betaleserinnen die Daumen drücke.

Tatsächlich sind auch in den Orga-Teams einzelner CSD-Vereine a_sexuelle Menschen unterwegs. Dies ist die beste Voraussetzung, dass Aces in die Satzung als vertretungswürdige Gruppe Eingang finden und dass ihre Belange bei den Veranstaltungen berücksichtigt werden. Wenn also jemand mitliest, die*der noch Kapazitäten hat: Warum nicht bei einem solchen Multiplikator mitmischen? CSD-Vereine haben üblicherweise gute Kontakte zu allen Gruppen, die in Sachen sexueller und romantischer Minderheiten und Menschen mit Geschlechtsthematik in einer Stadt aktiv sind.

AVEN ist immer noch *die* Adresse, wenn es um Stammtische geht. Allerdings hat das deutschsprachige AVEN-Forum eben nur die eine Webpräsenz, da für eine Facebook-Seite, eine offizielle Facebook-Gruppe, einen Shop oder einen Account bei Twitter, Instagram oder tumblr die offizielle Legitimation eines gewählten Projektteams fehlt. Organisiert werden die Stammtische in der Regel von engagierten Einzelpersonen. Deren theoretische Reichweite beträgt mit Stand Juni 2019 über 18000 Personen im deutschsprachigen Internet. Die Termine (und die Terminumfragen) für die Stammtische werden allerdings oft hinter der Anmeldeschranke des Forums verbreitet, sind also nicht auffindbar, wenn jemand „Asexualität + Stadtname“ in eine Suchmaschine eingibt.

---

https://www.facebook.com/pg/ameisenbaeren/groups/?ref=page_internal (14.06.2019).

[422] https://aktivista.net/2018/07/12/fussgruppe-beim-csd-hamburg/ (14.06.2019).

Das asex-web[423] ist ein Versuch, diesen Stammtischen eine suchmaschinentaugliche Plattform zu bieten, was mal besser und mal schlechter funktioniert. Irgendwer muss die entsprechende Unterseite ja pflegen.

Es gibt dank AVEN-User Tankred eine Baden-Württemberg-weite Mailingliste und eine von den Ameisenbären separate WhatsApp-Gruppe. Damit dürfte der deutsche Südwesten eine der besser vernetzten Gegenden sein. Ohne das Engagement Einzelner, die regelmäßig zu verschiedenen Stammtischen fahren, Neulinge beim Aufbau neuer Strukturen unterstützen und Ähnliches, wäre dies nicht möglich.

Aber auch das Netzleben erfordert ein gewisses Durchhaltevermögen, denn Blogs wollen ebenso gepflegt und mit Inhalten gefüttert werden wie Stammtisch-Webseiten, weshalb die meisten sich nicht dauerhaft halten.[424] Dies dürfte aber kein auf das asexuelle Spektrum begrenztes Phänomen sein.

Von einer deutschsprachigen Blog-Landschaft zu sprechen ist gewagt, zumal die mir bekannten längerfristig agierenden Blogs anscheinend alle von Personen betrieben werden (oder wurden), die sich dann auch persönlich kennen oder kennengelernt haben und vielleicht sogar mit mir im echten Leben befreundet sind.

Entgegen anderslautender Gerüchte ist AktivistA eine von AVEN separate und vergleichsweise kleine Organisation (die Zählung von Dezember 2020 ergab 25 Mitglieder), die weniger dafür gedacht ist, Räume bereitzustellen, sondern eher dafür sorgt, dass es zuverlässiges Informationsmaterial gibt, das auch versandt wird.

Im Fazit heißt das: Nicht alle geschätzten 800.000 Aces in Deutschland sind vernetzt. Und der größte Teil, also so um die geschätzte 90 Prozent, dürfte nicht einmal wissen, dass es die Option Asexualität gibt. Das ist umgerechnet die Bevölkerung einer recht großen Stadt wie etwa Köln. Das sind zwar weniger Menschen als BC – Before Cake – vor dem Kuchenwitz,

---

[423] http://asex-web.de/seiten (14.06.2019).

[424] Ich muss hier eine gewisse Faulheit gestehen, dass ich jetzt nicht zehn oder mehr Adressen zur Beweisführung zusammentrage. Wie Sie vielleicht erahnen können, übe ich für dieses Buch schon eine Weile, gehöre also mit acht Jahren Erfahrung eher zu den Blog-Mamas, wenn auch nicht zu den Omas oder den Methusalems.

der besagt, dass asexuelle Menschen lieber Kuchen als Sex mögen. Aber es sind immer noch verflucht viele, von denen man annehmen muss, dass sie sich an den Erwartungen der Gesellschaft wundreiben.

Abb: Der Ace Cake von Galadnilien ist eins von vielen flaggenfarbenen Kuchenstücken, die im Internet zu finden sind.

In Sachen Community-Bildung und Aufklärung ist also noch einiges zu tun. Und irgendwann, irgendwann gibt es dann in jeder Großstadt eine asexuelle Partyreihe, wo alle willkommen sind, die einfach nur tanzen wollen, ohne angegraben zu werden.

Man darf träumen.

5. Endbemerkungen/Fazit

„Es ist nicht meine Aufgabe,
es Leuten bequem zu machen.“[425]
Danyi

In unserer Gesellschaft ist Asexualität (oft noch) ein Aufreger. Personen aus dem asexuellen Spektrum widersprechen vielem, was der „gesunde Menschenverstand“ über das Menschsein und Sexualität zu wissen glaubt. Ich habe hoffentlich überzeugend aufgezeigt, wie und warum die Minderheiten-Denkfalle und der Bestätigungsfehler zuschlagen, wenn Menschen zum ersten Mal mit dem asexuellen Spektrum konfrontiert sind.

Selbst wenn anerkannt wird, dass Asexualität existiert, kann man sich noch über zahlreiche Dinge streiten. Welche Definition ist die bessere? Dürfen sich Aces „queer“ nennen? Was ist „queer“ überhaupt? Ist Asexualität eine sexuelle Orientierung? Hat man als allosexuelle Person Vorteile? Werden Menschen aus dem asexuellen Spektrum wirklich diskriminiert? Wieso zum Teufel braucht ihr Jungspunde schon wieder ein neues Wort plus Flagge für irgendeine Unterkategorie?

Hinzu kommen auch 2019 immer noch Menschen, die seltsame Definitionen in Umlauf bringen und versprechen, Asexualität therapieren zu können.[426] Medienschaffende recherchieren mal eben kurz und veröffentlichen entsprechend halbgare Artikel. Autor*innen von Belletristik opfern eine akkurate Beschreibung der erwarteten heißen Sexszene oder versehen ihre Geschichten mit dem Schlagwort „Asexualität“, obwohl es nicht dazu passt.

---

[425] „It's not my job making people comfortable.“ http://theasexual.com/article/2018/12/25/a-normal-asexual (26.05.2019).

[426] https://podcasts.rp-online.de/gutleben/2019/05/16/035-vom-16-5-2019-was-steckt-hinter-asexualitaet/ (26.05.2019). Nur für Hartgesottene.

Es gibt innerhalb der Communities mit den vielen Buchstaben (LSBTTIQundsoweiter) noch Animositäten und Berührungsängste, vor allem, wenn diejenigen Personen noch nie bewusst mit Aces zu tun hatten. Aces of Color und Aces mit Behinderungen sind weiterhin unsichtbar unter Unsichtbaren.

Als a_sexuelle Communities haben wir hier noch einen Haufen Arbeit zu erledigen. Sichtbarkeit ist nur der Anfang. Es geht um Aufklärung und Bildung. Wir müssen Akzeptanz und gleiche Rechte einfordern, wo nötig, und manchmal (leider) auch ganz grundlegenden Anstand. Wenn ich mir ansehe, wo die Schwulenbewegung heute ist – die Ende des 19. Jahrhunderts angefangen hat, vor über hundert Jahren also – liegt ein anstrengender Weg vor uns.

Dabei gäbe es interessantere Dinge zu diskutieren, als Informationen zu wiederholen, die man schon finden kann. Ich selbst habe hier ja auch nur zusammengefasst, umformuliert und vielleicht zu Ende gedacht, was andere vor mir geschrieben und gesagt haben.

Über welche Fragen könnte man nachdenken?

Was ist Sex und wieso definiert eine Ecke der Gesellschaft das so und die andere es so? Wird die romantisch-sexuelle Zweierbeziehung von dieser kapitalistischen Welt instrumentalisiert? Was ist Geschlecht? Was ist sexuelle Orientierung? Was ist romantische Orientierung? Was ist Anziehung? Braucht man das? Beziehungsweise: Warum können wir nicht akzeptieren, dass diese Kategorien keine „One size fits all"-Universalgrößensocken sind?

Kann man Asexualität definieren, ohne eine Abwesenheit dieser Kategorien zu nennen? Wie kommen wir an einen Punkt, an dem Coming-outs nicht mehr nötig sind, weil wir anders zu denken gelernt haben?

Wie all das zusammenhängt, und warum Asexualität so ein unbequemes Thema ist, habe ich hoffentlich auf den letzten Seiten ausführlich und unterhaltsam dargelegt.

Damit verabschiede ich mich als Guide Ihrer Erkundungstour. Vielleicht sehen wir uns wieder. Vielleicht haben Sie Lust bekommen, den einen oder anderen Pfad noch einmal zu gehen oder ihn im Dickicht des Internets bis zu seinem Ende zu verfolgen.

Ich hoffe, Sie haben sich unterwegs wohlgefühlt, hatten es aber nicht zu bequem. Denn: Vielleicht habe ich Sie mit mehr Fragen als Antworten zurückgelassen. Auch das würde mich freuen, denn nur Fragen und Zweifel verhelfen zu neuen Erkenntnissen.

Dankeschön/Acknowledgements

First off, I'm indebted and eternally grateful to the Asexual Community Survey Team, who let me sneak peak into the Summary Report on the 2017/2018 Ace Censuses. A very big thanks especially to Lea and Siggy who facilitated this!

Julie Sondra Decker, die großartige swankivy, hat vorgemacht, dass man mit Asexualität gut recherchierte Bücher füllen kann. An *The Invisible Orienation* werden sich die nachfolgenden Schreibenden noch eine Weile lang messen lassen müssen.

Ohne T. A. Wegberg, der *The Invisible Orientation* so gern übersetzt hätte und von so vielen Stellen Absagen erhielt, wäre ich nie auf die Idee gekommen, dieses Buch zu schreiben.

Ohne das AVEN-Forum wüsste ich nicht, wo ich derzeit wäre, daher vielen Dank an xaida, Dirk Walter und Maz, die das Ding ins Leben gerufen haben und unabhängig vom englischsprachigen Mutterschiff unterhalten. Maz und Dirk haben mich außerdem bei der Recherche zu Teil 1 und 4 unterstützt.

Den vielen Mitgliedern der a_sexuellen englischsprachigen Blogosphäre schulde ich Respekt und Dank, denn sie sind Ansporn und Ideengebende. Ohne sie wäre mein Blog vielleicht schon tot.

Der Karlsruher Stammtisch ist seit 2011 meine persönliche Lieblings-Ace-Blase: Leute, ich habe euch schon einen Roman gewidmet, aber ihr verdient weiterhin jede erdenkliche Ehrung. (Und Cocktails, wahlweise ohne Alkohol.)

Mein Verein AktivistA n. e. V. ist mir die zweitliebste Ace-Blase. Ohne euch hätte ich mich nicht so engagiert, dass ich gewusst hätte, wo die ganzen Infos sind.

Jede auf ihre Weise haben mich meine vier Schreibschätze unterstützt und mich mit ihrer Begeisterung motiviert.

Carmen von *Nixblix' simple Sicht der Dinge* hat das Talent, schön kritische Fragen zu stellen, mich zu tieferem Nachdenken zu animieren und mir Links zu schicken, die ich nicht kannte.

Die einzig echte Fiammetta von AVEN und *Fructus Dulces* (möge Blogsport in Frieden ruhen) hat mit ihrem Hang zur Mäßigung die Fähigkeit, meine spitze Feder zu zügeln und mich daran zu erinnern, gerecht zu bleiben. Außerdem hat sie mir ebenfalls Links geschickt.

Clara bestach mit klugen Rückmeldungen und vielen Ideen, war mir indirekt beständige Ermahnung, die Zitate ordentlich zu halten, und gewährte mir den besten Draht aller Zeiten zu wissenschaftlicher Literatur.

Lea hat mir wegen einiger unzureichender Recherchen wohlverdiente Rüffel erteilt und medizinisch und auch sonst wichtige Perspektiven ergänzt. Ohne euch wäre der Text nur halb so lang und halb so gut.

Zuletzt gilt mein Dank meiner Verlegerin, die sich mit mir in dieses Abenteuer stürzen wollte, und meiner Lektorin, die mich mit wertvollen Hinweisen versorgte.

Anhang

Adressen

Foren und Netzwerke

Das deutschsprachige AVEN-Forum: https://aven-forum.de

Das englischsprachige AVEN-Forum: https://www.asexuality.org

Die Ameisenbären: https://www.facebook.com/pg/ameisenbaeren/about

Einladungslink zum deutschsprachigen Ace-Discord-Server (Aspec*German): https://discord.gg/HnkcTgX

Das asex-web: http://asex-web.de

Beratungsstellen

Jugendberatung In&Out: https://www.comingout.de

Institute for Sex Couceling and Sexual Sciences Zürich: https://www.is-css21.com – Asexualität ist nicht explizit auf der Seite erwähnt, Dr. Burri forscht und berät aber zum Thema.

Andere Informationen

AktivistA n.e.V. – Verein zur Sichtbarmachung des asexuellen Spektrums:
https://aktivista.net

Asexuell Info:
http://asexuell.info
Für eine zweite Perspektive bei der theoretischen Einordnung von A_sexualität. Ein Projekt von Dr. Guido Gebauer, Betreiber der Partnervermittlung gleichklang.de.

The Asexual Agenda:
https://asexualagenda.wordpress.com
einflussreicher, englischsprachiger Gruppenblog

Ace Week:
https://aceweek.org
Versuch einer Neuauflage der Asexual Awareness Week. Englischsprachiges Infomaterial zum Download.

AZE:
https://azejournal.com
Aufwendig gestaltetes und kuratiertes Online-Magazin mit englischsprachigen Aufsätzen und Think-Pieces zum Thema.

Bingo!

Oder: Blöde Fragen und Vorurteile mit Antworten
Dies ist eine etwas aktualisierte Kopie einer Sammlung auf meiner Webseite: https://dertorheitherberge.wordpress.com/bingo/
Diese Liste habe ich anlässlich des Lörracher Christopher Street Days 2012 zusammengestellt. Der Tonfall ist absichtlich frech bis konfrontativ – bei Bedarf bitte anpassen.

Du findest eben niemanden. Du bist offenbar unfähig, eine_n Partner_in zu finden. (Impliziert: du bist zu hässlich/seltsam/andere negative Eigenschaft.)

Du bist doch gar nicht so hässlich.
Wie heißt es so schön: wer sucht, der findet. Wer nicht sucht, kann nicht finden. Meine relative Fähigkeit, mir jemanden anzulachen, ist vollkommen irrelevant, wenn ich mir gar niemanden anlachen will.

Hast du schon mal nach deinen Hormonen schauen lassen?
Erstens: Ich wage zu behaupten, dass asexuelle Menschen im Durchschnitt eine höhere Quote für Hormonchecks haben als die Gesamtbevölkerung. Asexualität ist häufig ein Eliminationsprozess – wenn man alle anderen Ursachen ausgeschlossen hat, bleibt nichts mehr anderes übrig.
Zweitens mangelt es nicht allen asexuellen Menschen an einer Lidido, die das einzige wäre, das man mit Hormonen, also Testosteron, „behandeln" könnte. Zu Risiken und Nebenwirkungen fragen Sie die Muskelmänner, die in der Apotheke Viagra ohne Rezept kaufen wollen …

Du hast eben noch nicht den richtigen Menschen gefunden. (Mit der Option: Versuch doch mal mich.)
Erstens: Wie lange muss ich warten, um auszuschließen, dass es jemand Richtiges gibt? Und warum klingt deine Antwort so, als sei mein Leben wertlos, bis ich diese eine hypothetische Person gefunden habe?
Zweitens: Ich suche nicht, also kann ich auch nicht finden.
Drittens, liebe Hete, hast du offensichtlich noch nicht den Richtigen*die Richtige gefunden, der*die dich bi macht?

Woher weißt du, dass du keinen Sex willst, wenn du es nie ausprobiert hast?
Woher wusstest du, dass du Sex willst, bevor du ihn ausprobiert hattest? Woher weißt du, dass du keinen Sex mit Männern bzw. Frauen willst, wenn du es noch nie ausprobiert hast?

Du hattest eben noch nicht die richtige Sorte Sex.
Das setzt voraus, dass ich nach *irgendeiner* Sorte Sex Verlangen hätte … Die deutsche Definition sagt „kein Verlangen nach sexueller Interaktion“, und die meisten Menschen wissen, ob ein grundlegendes Verlangen besteht – oder eben nicht.

Du hast Angst vor einer engen (Liebes-)Beziehung.
Die zahlreichen alloromantischen asexuellen Singles werden hier empört nach Luft schnappen.
Es gibt übrigens genug „beziehungsunfähige“ Allosexuelle, die regelmäßig One-Night-Stands haben. (Das sind vielleicht solche Leute, die sich fragen, was mit ihnen los ist und keine Ahnung haben, dass das Wort aromantisch existiert.) ***Sex ist nicht Liebe.***

Du bist (als Kind) missbraucht worden.
Ui. Böse, ganz böse. Menschen, die tatsächlich schlechte Erfahrungen gemacht haben, mit so einer unsensiblen Diagnose zu konfrontieren, ist unhöflich und kann in Extremfällen bei Traumatisierten zu Flashbacks führen. Also: Bitte in Zukunft drüber nachdenken, bevor ich jemanden zwinge, sich an schlechte Erfahrungen zu erinnern.
Außerdem ist es ziemlich frech, zu unterstellen, dass jemand wegen eines Traumas die eigene Identität nicht richtig kennt oder die eigenen Gefühle nicht beurteilen kann.

Du bist schwul/lesbisch und hast nur Angst, es zuzugeben.
Ähh, ja. Genau deswegen haben wir einen Stand auf einem CSD, wo es von Schwulen und Lesben wimmelt … /Sarkasmus Ende

Ach, hast du gerade eine schlechte Beziehung hinter dir?
Nein. Es gibt übrigens Hinweise im AVEN-Forum, dass zahlreiche Beziehungen von asexuellen Menschen schlecht laufen, weil sie ihre Schwierigkeiten nicht richtig einordnen können. Wie auch, wenn sie das Wort nicht kennen?

Abgesehen davon sind viele Menschen bei AVEN entweder aufgrund ihrer aromantischen Neigungen oder aus Mangel an passenden Gegenstücken Dauersingles. Von „gerade“ etwas hinter sich haben kann also keine Rede sein.

Hast du schlechte Erfahrungen gemacht?
Ich ***bin*** die schlechte Erfahrung von anderen Leuten, Schätzchen.
Scherz beiseite: Antwort siehe oben.

Masturbierst du?
(Ziel dieser Frage: zu „beweisen“, dass das interviewte Ace gar nicht asexuell ist.)
Erstens: Fragst du das alle, die hier einen Stand betreuen?
Zweitens: Wissenschaftliche Studien haben ergeben, dass asexuelle Menschen im Schnitt etwas seltener masturbieren als die Gesamtbevölkerung.
Drittens: Die deutsche Definition ist „kein Verlangen nach sexueller ***Interaktion***“. Masturbieren ist keine Interaktion. Beweisführung somit fehlgeschlagen.

Hattest du schon mal Sex?
(Ziel: wie oben.)
Fragst du das alle, die sich als nicht heterosexuell outen? Ich erzähle hier von Vorlieben, von dem, was ich fühle, nicht von dem, was ich tue. Einen Schwulen, der dem gesellschaftlichen Druck erlegen ist, eine Frau geheiratet und vielleicht sogar ein Kind gezeugt hat, meckerst du doch auch nicht an, dass er gar nicht schwul sein kann.

Das ist bloß eine Phase.
Grün gefärbte Haare mit dreizehn sind vielleicht eine Phase, können aber auch der Beginn einer wunderbaren Laufbahn als Punk sein.
Hinweis: Derartig herablassende Kommentare sind auch gegenüber Dreizehnjährigen nicht angebracht. Kein verständnisvoller Mensch wird einem Dreizehnjährigen, der sich als schwul outet, unterstellen, dass es eine Phase ist. In der Regel darf man davon ausgehen, dass sich outende Menschen vorher nachgedacht haben und zu dem Schluss gekommen sind, dass es eben keine Phase ist.

Das ist irgendwie traurig. Du verpasst das schönste, was es im Leben gibt.
Zugegeben, wenn mir jemand erzählt, dass er*sie mit Musik nichts anfangen kann, geht es mir ähnlich. Ich bin mir aber auch im Klaren darüber, dass „Heilungsversuche“ in diesem Fall zum Scheitern verurteilt sind. Meine Wahrnehmung der Welt ist anders als deine. Jede*jeder mag eine andere Sorten Kuchen, oder auch gar keinen.

Du hast eine Depression.
Tatsächlich kann eine Depression die Libido senken oder ganz verschwinden lassen. Allerdings ist nur ein Teil der asexuellen Menschen tatsächlich ohne Libido. Und tja, wie gesagt, eine Depression v***erändert*** die Libido. Wenn meine Libido schon immer bei null war, dann ist es vollkommen gleichgültig, ob ich gerade eine Depression habe oder nicht.

Das ist doch so ein religiöses Ding.
Du glaubst, dass du dadurch rein bleibst.
Glaubst du, dass Sex böse ist?
Wollt ihr uns den Sex verbieten?
Nein. Wir wollen einfach in Frieden keinen Sex haben können.
Du hast Angst, dass ich mich für etwas Besseres halte, weil ich meinen animalischen Trieben nicht folge? Die Sorge kann ich verstehen. Immerhin ist die heterosexuelle Neigung, irgendwem vorschreiben zu wollen, was er*sie im Bett anstellt, der Grund für jeden CSD.
Nun ist es so, dass wir mit unserer „Weigerung“, den horizontalen Tango zu tanzen, genauso anecken wie du mit deinen Vorlieben. Sicher ist dir aufgefallen, dass ein Nonnen- oder Mönchsdasein in unserer Nach-68er-Gesellschaft nicht mehr so anerkannt wie im Mittelalter.
Fazit: Wir hoffen, dass irgendwann die Vorsilbe vor dem „sexuell“ als Kategorie nicht mehr relevant ist und auf ein Coming-out verzichtet werden kann.

Warum hasst du Sex?
Tue ich nicht. Ich interessiere mich aber bloß für die Theorie, deswegen sind schmutzige Witze und Erfahrungsberichte in geselliger Runde für mich eher langweilig bis unangenehm. Das Gespräch könnte schließlich auf mein Liebesleben kommen, und je nach Zusammensetzung der Runde könnten dann ausweichende Antworten fällig sein.

Und was ist mit anderen asexuellen Menschen? Hassen die Sex?
Die meisten wollen gern einfach mit dem Thema in Frieden gelassen werden. Ein paar werden sich über nackte Körper in der Werbung und dergleichen aufregen, weil sie dadurch immer an das erinnert werden, was sie laut vorherrschender Meinung fühlen ***sollten***. Taucht Sex in den Medien auf, wird ihnen unterstellt, dass sie irgendwie kaputt sein müssen, wenn sie es nicht gut oder spannend finden. Kein schönes Gefühl.

Asexualität ist nicht natürlich.
Das ist genau das, was der Katholizismus über gleichgeschlechtliche Beziehungen sagt.
Fakt: Homosexuelles Verhalten ist bei mehreren hundert Tierarten beschrieben worden, asexuelles Verhalten mindestens bei Mäusen und Schafen. Da Tieren jegliche moralische Wertung ihres Sexualverhaltens fehlt, ist Asexualität wohl doch natürlich.

Aber alle Menschen sind sexuelle Wesen. Jeder hat eine Sexualität.
Ich habe nicht gesagt, dass ich keine Sexualität habe, ich sage, dass ich niemanden auf sexuelle Weise begehre. Das ist ein Unterschied.

Du kannst niemanden lieben, ohne Sex mit ihr*ihm zu haben.
Aber andersrum geht, also Sex ohne Liebe? Du solltest dich schon entscheiden. Und dann vermutlich deine Eltern, Geschwister, Haustiere und Kinder vorwarnen.

Was machst du dann den ganzen Tag?
Ähnliche Sachen wie du auch, gemessen daran, wie oft die Durchschnittsbevölkerung Sex hat. (Also, ich habe zweimal wöchentlich eine halbe Stunde mehr Zeit für so Dinge wie lesen, den Abwasch machen, aufräumen, schreiben, Serien gucken oder sonst was. Unglaublich, oder?)

Bist du irgendwie geistig oder körperlich behindert? Dann bist du deswegen asexuell.
Die meisten geistig oder körperlich behinderten Menschen würden dir für so eine Frage zumindest im übertragenen Sinne in den Hintern treten. Nur weil du die Vorstellung irgendwie eklig findest, heißt das noch lange nicht, dass abstinente Behinderte gern abstinent sind.
Sicherlich gibt es geistig und körperlich behinderte Menschen, die asexuell sind, genauso wie es solche gibt, die es nicht sind. Zwischen dem einen und dem anderen gibt es keinen ursächlichen Zusammenhang.

Das ist doch eine Form von Autismus.
Du bist autistisch, und hast nur keine Diagnose.
Dankeschön, dass du mich jetzt diagnostiziert hast! Und das, obwohl wir uns erst seit zwei Minuten kennen! Wow!
Wie viele autistische Menschen kennst du eigentlich? Bist du Neurologe?
Der Prozentsatz an autistischen Menschen ist unter asexuellen Menschen tatsächlich etwas höher als in der Gesamtbevölkerung. Das liegt daran, dass autistische Menschen grundsätzlich seltener heterosexuell sind als die Gesamtbevölkerung.
Aber: Die meisten asexuellen Menschen sind nicht auf dem autistischen Spektrum, also kann man von dem einen niemals auf das andere schließen.

Du unterdrückst deine Sexualität. Du solltest eine Therapie machen.
Zahlreiche asexuelle Menschen haben sehr, sehr schlechte Erfahrungen mit Therapeuten*Therapeutinnen gemacht. Eben weil diese Therapeuten*Therapeutinnen von einem ähnlichem Sachverhalt ausgehen wie du. Tatsache ist, dass ich keine Neigungen unterdrücken kann, die nicht vorhanden sind.

Du bist bloß gehemmt/schüchtern/introvertiert.
Hmm. Weißt du, ich bin tatsächlich introvertiert. Ich frage mich allerdings, warum ich dann nicht online bei friendscout24 oder den „Absoluten Beginnern" rumhänge[427] und auf diese Weise einen Partner*eine Partnerin suche, anstatt mich deinen Fragen auszusetzen.

Asexuelle Menschen können keinen Orgasmus haben.
Äh … doch, schon. Üblicherweise funktioniert unsere Ausstattung hervorragend, selbst, wenn sie nur von uns selbst benutzt wird.

Asexuelle Menschen haben keine Ahnung von Sex und sind naiv.
Hmm. Es gibt sicherlich solche, die kein Interesse daran haben, sich über Dinge weiterzubilden, die sie sowieso nicht brauchen, andererseits ist eine ganze Menge Aces unterwegs, die ein intensives theoretische Interesse am menschlichen Paarungsverhalten zeigen, gerade, weil sie es nicht verstehen.

---

[427] Das sind Menschen über dreißig, die noch nie Sex und/oder eine Beziehung hatten und verzweifelt danach suchen.

Heißt Asexualität, dass dir irgendwelche Teile fehlen?
Nö. Danke der Nachfrage.

Wie wird man asexuell?
Ähnlich, wie man schwul wird. Warum findest du es nicht raus und sagst uns Bescheid, wenn du die Antwort kennst.

Du willst bloß was besonderes sein/auffallen.
Ja … und der richtige Weg dafür ist, mich bei einem CSD an einen Stand zu stellen und impertinente Fragen zu meinem Privatleben zu beantworten. Wenn ich etwas richtig Besonderes sein wollte, würde ich mich bei DSDS bewerben und ein „Asexuals party hardest"-Shirt tragen.
Abgesehen davon will ich tatsächlich auffallen – wenn keiner kräht, sind wir in fünfzig Jahren immer noch an der gleichen Stelle und beantworten respektlose Fragen.

Der Fragebogen zur Asexual Identification Scale auf Deutsch[428]

1. Ich verspüre sexuelle Anziehung zu anderen Menschen.
2. Es kommt vor, dass ich andere Menschen sexuell anziehend finde.
3. Mir fehlt ein Interesse an sexuellen Handlungen.
4. Ich wäre erleichtert, wenn man mir sagen würde, dass ich nie wieder sexuell aktiv sein müsste.
5. Es fühlt sich nicht so an, als würden konventionelle Kategorien sexuelle Orientierung (wie heterosexuell, bisexuell, homosexuell) auf mich zutreffen.
6. Der Begriff „nicht-sexuell" würde meine Sexualität zutreffend beschreiben.
7. Der Gedanke an sexuelle Aktivität stößt mich ab.
8. Es verwirrt mich, wie viel Interesse und Zeit andere in sexuelle Beziehungen investieren.
9. Ich wäre zufrieden, wenn ich nie wieder Sex haben würde.
10. Sex hat keinen Platz in meinem Leben.
11. Ich vermeide Situationen, in denen Sex von mir erwartet werden könnte.
12. Meine ideale Beziehung käme ohne sexuelle Aktivitäten aus.

[428] Übersetzung der Verfasserin aus Table 3 in: Yule M.A., Brotto L.A, Gorzalka B.B. (2015) A Validated Measure of No Sexual Attraction: The Asexuality Identification Scale. Psychological Assessment, Vol. 27, No. 1, 148–160.

Quellen

Bücher:

Anthony F. Bogaert, Understanding Asexuality, Rowman & Littlefield Publishers, Plymouth, 2012.

Simone de Beauvoir, Das andere Geschlecht. Sitte und Sexus der Frau, Rowohlt Taschenbuch Verlag, Reinbek bei Hamburg, 20. Auflage, 2019.

Sandra Bellamy (Hg.), Asexual Perspectives – 47 Asexual Stories, Love, Life and Sex, a celebration of asexual diversity, Quirky Books, Truro, 2017.

David Carter, Stonewall. The Riots that Sparked the Gay Revolution. St. Martin's Press, New York, 2004.

Angela Chen, Ace. What Asexuality Reveals About Desire, Society and the Meaning of Sex. Beacon Press, Boston, 2020.

Julie Sondra Decker, The Invisible Orientation, Carrel Books, New York, 2014.

Johann Wolfgang Goethe, Faust. Der Tragödie erster und zweiter Teil. Urfaust. Hrsg. u. kommentiert v. Erich Trunz (München 1986, Unveränderter Nachdruck 2014).

Rachel Hills, The Sex Myth, Simon & Schuster, New York, 2015.

Beau Lotto, Anders sehen, Goldmann, München, 2018.

Edward W. Said, Orientalism, Vintage Books/Random House, New York, 1994.

Robert Sapolsky, Gewalt und Mitgefühl. Die Biologie des menschlichen Verhaltens, Carl Hanser Verlag, 2017.

Julia Serano, Excluded. Making feminist and queer movements more inclusive, Seal Press, Berkeley, 2013.

Noah Sow, Deutschland Schwarz Weiß: Der alltägliche Rassismus, BoD, Norderstedt 2015.

Karl Heinrich Ulrichs, Die Geschlechtsnatur des mannliebenden Urnings, 7. Band, 1. Abtheilung, 1868.

David Wheitner and Evan Ocean, I Fell In Love with an Asexual – Navigating Needs Without Blame When You Like Sex, Your Partner Doesn't, & Asexuality Is a Possibility. E-Buch Version 2.0, Divergent Drummer Publications, Portland, 2017, 2018.

WHO/DIMDI, Internationale Statistische Klassifikation der Krankheiten und verwandter Gesundheitsprobleme, 10. Revision, Version 2006, German Modification, Vierstellige Ausführliche Systematik, abgerufen von https://www.dimdi.de/static/de/klassifikationen/icd/icd-10-gm/kode-suche/htmlgm2006/index.htm?gf60.htm+

Dominique Zimmermann mit Beiträgen von Ayşegül Şah Bozdoğan, Das Maß der Liebe: Plädoyer für ein subversives Nein. Schmetterling Verlag, Stuttgart 2015.

Aufsätze und Wissenschaftliche Artikel:

Banner L., Whipple B., Graziottin A. (2006). Sexual aversion disorders in women in: Porst H. Buvat J. (Eds), ISSM (International Society of Sexual Medicine) Standard Committee Book, Standard practice in Sexual Medicine, Blackwell, Oxford,UK, 2006, p. 320-324

Bauer, C., Miller, T., Ginoza, M., Chiang, A., Youngblom, K., Baba, A., Pinnell, J., Penten, P., Meinhold, M., Ramaraj, V. (2017). The 2015 Asexual Census Summary Report. Retrieved from https://asexualcensus.files.wordpress.com/2017/10/2015_ace_census_summary_report.pdf. The Ace Community Survey Team.

Bauer, C., Miller, T., Ginoza, M., Guo, Y., Youngblom, K., Baba, A., Penten, P., Meinhold, M., Ramaraj, V., Ziebert, J., Trieu, T., Adroit, M., (2018). The

2016 Asexual Community Survey Summary Report. Retrieved from https://asexualcensus.files.wordpress.com/2018/11/2016_ace_community_survey_report.pdf. The Asexual Community Survey Team
Bauer, Markus & Truffer, Daniela: Intersexualität und Selbstbestimmung (2016), in: Katzer, Michaela und Voß, Heinz-Jürgen (Hg.): Geschlechtliche, sexuelle und reproduktive Selbstbestimmung. Praxisorientierte Zugänge. Psychosozial-Verlag, Gießen 2016.

Bogaert, Anthony F. (2004). Asexuality: Prevalence and Associated Factors in a National Probability Sample. The Journal of Sex Research, Vol. 41, No. 3, pp. 279-287

Bogaert, A. F. (2012b). Asexuality and autochorissexualism (identity-less sexuality) Archives of Sexual Behavior, 41(6),1513–1514.

Brotto, Lori & Knudson, Gail & Inskip, Jess & Rhodes, Katherine & Erskine, Yvonne. (2009). Asexuality: A Mixed-Methods Approach. Archives of Sexual Behavior. 39. 599-618. 10.1007/s10508-008-9434-x.

Brotto, Lori A., Yule, Morag (2017). Asexuality: Sexual Orientation, Paraphilia, Sexual Dysfunction, or None of the Above? Arch Sex Behav 46:619–627

Cerankowski, Karli June, Milks, Megan (2010). New Orientations: Asexuality and Its Implications for Theory and Practice. Feminist Studies Vol. 36, No. 3, SEX AND SURVEILLANCE, pp. 650-664

Diamond, Lisa M. (2003). What Does Sexual Orientation Orient? A Biobehavioral Model Distinguishing Romantic Love and Sexual Desire Psychological Review Vol. 110, No. 1, 173–192

Dübgen, Franziska, „Erwiderung auf Soumaya Mestiri“ in: Gerechtigkeit in transkultureller Perspektive (Hg. Sarhan Dhouib), Velbrück Wissenschaft, Weilerswist 2016

Fricker, Miranda, „Introduction“, in: Epistemic Injustice. Power & the Ethics of Knowing, Oxoford University Press, Oxford NY 2007

Haeberle, Erwin J., Bisexualitäten – Geschichte und Dimensionen eines modernen wissenschaftlichen Problems. Erschienen in: Bisexualitäten – Ideologie und Praxis des Sexualkontaktes mit beiden Geschlechtern, hg. von E. J.

Haeberle u. R. Gindorf, Gustav Fischer Verlag, Stuttgart, 1994, S. 1-39, abgerufen von: http://www.sexarchive.info/GESUND/ARCHIV/DEUTSCH/BISEX.HTM

George R, Stokes MA (2018). Sexual Orientation in Autism Spectrum Disorder. Autism Res.;11(1):133-141. Epub 2017 Nov 21.

Government Equalities Office (2018). National LGBT Survey: Research report. Abgerufen von: https://assets.publishing.service.gov.uk/government/uploads/system/uploads/attachment_data/file/721704/LGBT-survey-research-report.pdf

MacInnis, Cara C., Hodson, Gordon (2012). Intergroup bias toward "Group X": Evidence of prejudice, dehumanization, avoidance, and discrimination against asexuals. Group Processes & Intergroup Relations 15(6) 725 – 743 (2012)

Orlando, Lisa, The Asexual Manifesto. New York, 1972, als PDF abgerufen von: https://app.box.com/s/p7ngvv3iueaj0hk7xadkwd92af2zx4yz

Price, J. (2015). The Ontology of Asexuality: A Genealogical Analysis of Invisibility. Unpublished MSC by Research Thesis. Coventry: Coventry University

Przybylo, Ela (2011). Crisis and safety: The asexual in sexusociety. Sexualities 14: 444

Schönherr-Mann, Hans-Martin, Sexualität als Macht, als mediale und individuelle Kommunikation, in: Medialisierung und Sexualisierung, Aigner, Josef Christian, Hug, Theo, Schuegraf, Martina, Tillmann, Angela (Hg.), Springer VS, Wiesbaden, 2015.

Storms, M. D. (1978). „Sexual Orientation and Self-Perception" in: P. Pliner K. R. Blankenstein and I. M. Spigel (Eds), Advances in the Study of Communication and Affect vol. 5 Perception of Emotion in Self and Others. New York. Plenum

Van Houdenhove, Ellen, Enzlin, Paul, Gijs, Luk (2017). A Positive Approach Toward Asexuality: Some First Steps, But Still a Long Way to Go. Arch Sex Behav 46:647–651

Wilson HW, Widom CS. (2010). Does physical abuse, sexual abuse, or neglect in childhood increase the likelihood of same-sex sexual relationships and cohabitation? A prospective 30-year follow-up. Arch Sex Behav.; 39(1): 63-74.

Weis, R., Tomaskovic-Moore, S., Bauer, C., Miller, T. L., Adroit, M., Baba, A., van der Biezen, T., Burns, R., Cotter, N., Dodson, K., G, L., Ginoza, M., Guo, Y., Hermann, L., Lee, W., McCann, S., Mellema, R., Meinhold, M., Nicholson, S., Penten, P., Trieu, T. H., Walfrand, A., Youngblom, K., & Ziebert, J. (2020). The 2017 and 2018 asexual community survey summary report. Asexual Community Survey Team. Retrieved from: https://asexualcensus.wordpress.com/2020/10/29/2017-2018-ace-community-survey-report

Wöller, W., Langenbach, M., Ott, J., Hartkamp, N., Schizoide Persönlichkeitsstörung (ICD-10, F60.1), in: Tress, W., Wöller, W., Langenbach, M., Ott, J., Hartkamp, N., Persönlichkeitsstörungen: Leitlinie und Quellentext. Schattauer Verlag, Stuttgart, 2002.

Yule, Morag A., Brotto, Lori A., Gorzalka, Boris B. (2014). Biological Markers of Asexuality: Handedness, Birth Order, and Finger Length Ratios in Self-identified Asexual Men and Women. Arch Sex Behav 43:299–310 (Yule, Brotto und Gorzalka 2014a)

Yule, Brotto, Gorzalka (2014). Sexual fantasy and masturbation among asexual individuals, The Canadian Journal of Human Sexuality 23(2), pp. 89–95 (Yule, Brotto und Gorzalka 2014b)

Yule M.A., Brotto L.A, Gorzalka B.B. (2015). A Validated Measure of No Sexual Attraction: The Asexuality Identification Scale. Psychological Assessment, Vol. 27, No. 1, 148–160

Yule, Brotto, Gorzalka (2017). Sexual Fantasy and Masturbation Among Asexual Individuals: An In-Depth Exploration, Arch Sex Behav 46:311–328

Zheng Lijun, Su Yanchen (2018). Patterns of Asexuality in China: Sexual Activity, Sexual and Romantic Attraction, and Sexual Desire. Arch Sex Behav https://doi.org/10.1007/s10508-018-1158-y

Substanz
Antje Neumann
Geschlechterverhältnisse verändern.
Formen queer-feministischer Interventionsstrategien
Marta press

In dem vorliegenden Buch vollzieht Antje Neumann sowohl theoretisch als auch empirisch nach, wie queer-feministische Praktiken in gesellschaftliche Bilder von „natürlichen" Geschlechtern und „normaler" Sexualität intervenieren und fragt nach ihrem Potential für gesellschaftlichen Wandel. Mit Hilfe von Interviews und einer Gruppendiskussion zeigt die*der Autor*in, welche gesellschaftsverändernde Kraft in der spezifischen Form von queer-feministischen Interventionsstrategien liegt und dass sie somit als Widersacher*in bestehender Herrschaftsverhältnisse zu verstehen sind.

Marta Press, ISBN: 978-3-944442-27-3
140 Seiten, 19,90 €

In ihrem Buch „Subjektbildungsprozesse von Trans*Jugendlichen" thematisiert Franziska Börnicke die oftmals vergessenen Subjekte innerhalb sozial- und bildungswissenschaftlicher Theoriebildung, denn über die Lebenswelt von jugendlichen und jungen Trans*menschen, die sich nicht oder nur teilweise mit ihrem Körpergeschlecht identifizieren und ggf. einen Geschlechtswechsel anstreben, ist wenig bekannt. Ausgangspunkt ist ein spezifisches Verständnis von Bildung, welches (Subjekt-) Bildung als Bildungsprozess wahrnimmt. Die Zusammenführung mit einer queer-feministischen Theorieperspektive macht es möglich, auch alltägliche Erfahrungen der Vergeschlechtlichung, hier speziell von Trans*Jugendlichen, als Subjektbildungsprozesse, und somit als bedeutsame Transformationen im Selbst- und Weltverständnis von Subjekten wahrzunehmen.